日本史籍協會編

坂本龍馬關係文書　一

東京大學出版會發行

肝膽元雄大　奇機自湧出
飛潛有誰識　偏不耻龍名

右武市瑞山先生評自然堂先生語
錄以代題辭

坂本龍馬關係文書第一

卷頭に

一

本書の刊行に際して、私は何時もの例言の型を脱して、口語體の文章を以て、一言卷頭に題さして戴きたいと思ひます。夫は私の鄕國の誰もが憧憬の眼を瞠つて居る、豪傑の事を申叙べる上に於て、より多く率直にして、親しみを感ずる爲めであります。

凡べての生物が、環境と傳統とに支配せらるゝことは、一般の意味に於ける生物學の敎ゆる所で御座ります。傳統は個人個人で異つて居りますから、姑く措くと致しまして、坂本先生の生地の環境のことでありますが、是また種々の形容詞を省くことゝ致しませう。兎に角、土佐は山を負ひ、海に臨み、其山たる、海たる、一通のものでなくて、キツイ特色のあるものであります。海に臨める所は、海岸線の廣い割合には面積は狹く、直ちに丘に接し、山に迫まられ、平地は幾何もなくして、山嶽が三分の二を占めて居ります。其爲めか、この間に輩出せる人物の上を點檢して見まするに、まづ山精水靈としましやう山精を受けた人が多い樣であります。これを元龜天正頃の所謂七守護、五十何とやらいふ土豪の上に見ましても、かの北山の嶮巓峻峯が、箭の根を立てた樣に聳立して居る狀には譬へらるゝが、迚も高山巨嶽が、多くの子山孫山を連れて天空にそゝり立つ概はないのであります。かの長曾我部元親にした所が、精々石槌山や、雪光位のものである。卽ち山にしても、其規摸は殘念ながらまだ矮少なるを免れないのであります。況んや、海の浩蕩汪洋として際涯を知られぬといふ如き所は到底見られぬのであります。降て維新の際の諸豪の内には、我々と時代が接近して居つた爲めに、或は親しく其風丰に接し、或は直接に、また極めて纔かの間隔を置て、其事功を觀察する便宜がありましたが、これがまた所謂山精の氣を受けた人が多かつた樣であります。かの吉田東洋の如き、武市瑞山の如き、中岡迂山の如き、板垣無形伯の如き、谷隈山子の如き、素より人物の大小其主義事業を異にするは勿論であるが、孰も其孤峭卓立、崔崒嵯峨たる所に於て、自ら科を一にするものがないでありましやうか、その孤峭卓立といひ、崔崒嵯峨といひ、山の形容ではありませんか。板垣伯と谷子とはよく衝突しよく互に論諍せられたのであるが、或人が評して、板垣と谷とは性質がよく肖て居るから喧嘩をするのである、互の修養と環境とを取り替へたならば、板垣が谷となり、谷が板垣となるのは譯のないことであるといつたことがあるが、密かに以て至言と思つて居ります。卽ちこの科に屬する人は氣節凛然として、其守る所に篤く、主義に忠實で他人をして、感憤興起せしむるものがありますが、豪宕濶大の氣象に於ては、缺くる所がないといへませぬ。

二

卷頭に

土佐の人材中、其水靈に煦育せられたと見るべき人は洵に尠い、私共はよく知らぬが、平井善之丞などいふ人は、或はこれに近い人ではなかつたであらうか、佐々木高行侯なども、普通の土佐人とは一寸型を異にして居つた。其春風の習々たる如く何といへない和氣が、人を陶化せしむる狀は、山ならば京都の東山とか、叡山とかいふ山であつて、尾根正しくして、線の柔なる、悠揚迫らざる所に、特色がある。併しどちらかといへば、海洋型の人であつた。純粹の海洋型の人物としては、僅かに後藤暘谷伯と、坂本直柔先生とを見るのみである。後藤伯のことを詳論するのは、今私の目的外であるが、陸奥福堂伯が、伯を評せる言の中に『試に彼と語りて瞑目せんか、彼は明治世界の產物にあらずして、殆ど晉末の六朝か、唐末の五代に成功すべき怪傑が、偶然其形を我國に現出したるに非るかを思ひ至るべし』とあるが如く、偉大といふよりは、寧ろ尨大に近いものがあつた。どうしてもこれは山よりは、海洋型の英雄といはなければならない。

坂本先生の大は、後藤伯に比して更に遜色がなかつか。後藤伯を支那の六朝若しくは五代の豪傑に比すべきものとすれば、坂本先生は十八世紀末から、十九世紀の始頃の歐州政治家の趣があつた。先生の大は天衣の縫目なきが如く、何處まで大きいのか、一寸際涯が分らなかつたが、夫であつてちやんと括《くゝ》りが付いて居た。天馬空を行くといはんか其爲す所は、毫も規矩準繩に拘束せられずして、人の意表外に出づるが、夫であつてちやんと、要領を把握して居つた。決して粗大でもなければ厖大でもない、中々細心なる刻劃と工夫の痕蹟が見える。かの海援隊の創立といひ、薩長連衡といひ、大政返上の劃策といひ、みなそれである。後藤伯の大は、どうも黄河の氾濫せる如く、茫洋として更に纒まりが付かなかつた。イクラカ行當りバツタリの氣味が見える、かの坂本先生死後の對薩長の運動といひ、高嶋炭坑の始末といひ、征韓論から明治十年にかけて進退といひ、大同團結の仕事といひ、多くそれではあるまいか。こゝが坂本先生と、後藤伯の異なる所でないでありましやうか。

更に是を藩外の諸豪に比するに、其大に於て殆ど坂本先生を壓するもの、薩の西郷南洲がある。乍併、先生の有する明と鋭とに於て、南洲は或は一着を輸せぬであらうか。長の高杉東行は、其明と鋭とに於て、優に先生に拮抗するものであるが、先生の有する大に至ては、到底東行は先生の敵手でない樣に思はれる。其他薩の大久保甲東の如き、長の木戸松菊の如き、勿論卓出せる人材であつて、是等の諸士が有するすべてのものを、先生が有して居つたと云はないが、この大と明鋭兩面を併せ有する先生の如きは、當時に於て他に追隨を許さざるのみならず、歷史を通じての人傑といはなければなりませぬ。

三

世間には如何なる槖駝師の手を藉るも、容易に園樹とならない樹木もあれば、また自然の姿態が、伎巧を加へずして其儘庭前の風致を添ゆる樹木もあります。坂本先生の一生は、波瀾重疊、舟筏を僦うて急灘を降るが如く、奇觀變幻、人をして應接に遑あらざらしめ、卽ち作爲せずして一部の活小說であります。而も故坂崎紫瀾翁一たび遒麗の筆を『汗血千里駒』の演義に染めましてより、先生の傳記と稱して出版せらるゝもの、所謂汗牛充棟も啻ならず、特に近時大衆文藝の聲が漸く盛なると共に、或は小說に、演劇に、或は講談に、先生の行歴を敷演せるもの滔々底止する所を知らぬ有樣であります。乍去多くは是荒唐不稽の綺語でなければ、舌耕者流の誕言でありまして、殆ど正確なる史料に憑據するものあるを見ないのであります、若し夫れ先生に關する正確なる史料文書を蒐集し編纂することがなかつたならば、長い年月の間には、眞假混同して、先生の正傳なるものは、到底知られないことゝなるでありましやう。私がこゝに氣が付きましたのは、大正五年の秋京都で坂本中岡兩先生の祭典のあつた時からのことでありまして、爾來十年の間、諸家の記錄文書を涉獵する內に、苟も事の先生に關して正確なりと認められたものは、手抄謄寫して裒次堆を爲すに至りました。先生の足跡は、藩國は勿論、江戶、京坂地方、薩摩、長崎、長門、周防等と諸所に跨り、其間交遊するもの諸藩の志士でありましたから、其往復の文書の如きも、諸所に散在して居りましてこれを蒐集することは、容易の業ではありませぬ。この編に收む所のものも、唯々私の目に觸れたものゝみに止まりまして、決して完璧とは云へませぬ。乃ち完璧は何時の事かも分りませぬので、補遺の業を他日に期し、本年は恰も先生横死後六十年に相當しますから、よい機會と存じまして、項目を分ち次第を付してこれを本會に御願して、刊行することゝ致しました。

四

正確なる史料は恰も新鮮なる魚菜の如きものでありまして、これを調理し、鹽梅しましてこそ始て本來の滋味を感ずる如く、正確なる史料によりて起草せられ脚色せられて、始めて其人の本來の面目が分明であります。場違ひや、日越しの魚菜では、一寸は安價でウマイ樣でも、魚菜本來の味は、味はうことは出來ぬのであります。

よく坂本先生のことを無學であるとか無筆であるとか申します、成程先生は決して呫嗶訓詁の學者ではなかつたが、書を讀まなかつたかと申しまするに、中々左樣でなかつた樣であります、濫讀こそしないが、會心の書はよく讀で居られます、其眼光は紙背に徹して、其要領を摑む上に、分寸の隙間もなかつた。先生は平生老子を耽讀したとのことでありますが、其飄逸虛無の趣は、これによりて得たものと思はれます、――先生の自然堂の號はこゝに胚胎すると聞いて居る――先生の書翰中には意外にも時々經典の成句に接することがあります。先生の手抄中には、韓非子を引用したり、また英語を學習したりしたものがあります、況んや立憲政體の創設の如きは、當時多くの識者が、猶且机上の珍什視する際に於て、先生は直ちに實地にこれを運行せんとして居られます。先生の如きは、洵に學ばざるの學者といはなければなりませぬ。先生の文字は、決して上手であるとは云へないが、よく見て居ると、蚯蚓の蠢動せる如き、不恰巧なる文字の中に、一種の風韻を感ずる。卽ち巧ではないが、決して俗惡ではないのである、特に其文章に至ては、雅言俗語、方言を混同し、文章口話を併用し、苟も意の趣く儘に、自由自在に書流して、毫も窘澁する所がない。しかも其間條理一貫一絲紊れず、特に其兄姉等に寄せるものに至ては、眞情流露、先生の爲人が反影して、溫籍頗る掬すべきものがあります。所謂百練の鋼鐵、時に指を繞るの類乎、是亦彫琢せざるの妙文といはなければなりませぬ。

先生の諱直柔は、ナホナリと讀むとのことである。スヅト早くは直隱と書いて居らるゝ、武市瑞山の血盟書中には直陰とあり、また慶應二年春頃の文書中にも、矢張直陰とあるものもある、直柔は同年の秋冬か三年の春頃より稱せられたものと見える。變名は才谷梅太郎が一番有名であるが、其他高坂龍次郎、西鄉伊三郞、取卷拔六等がある。

偶々本書の發刊に際しまして、坂本先生に關して懷抱せる所見數則を揭げて、例言に代ゆることゝします。

大正十五年四月

岩崎鏡川謹識

坂本龍馬關係文書一　目次

目次

目次

補遺

（系圖一）

控

高松順藏 妻坂本權平妹
- 淳輔
- 習吉 坂本權平養子

才谷屋八郎兵衛
- 初代八郎兵衛惣領 坂本八平 明和八卯年新規郷士ニ被召出天明四辰年郷士御用人被仰付
  - 二代 八平實子 坂本八藏
    - 三代 同八平 實者山本覺右衛門末子
      - 四代實子 同權平
        - 先養子 精次郎 去ル慶應卯年五月脱走妻權平女
        - 春猪
        - 後養子 習吉 實者權平甥高松順藏次男 後南海男又直寛
        - 女子 直寛妻 二女ヲ生ミ死ス
        - 女子 海水浴ニテ死ス
      - 千鶴 高松順藏妻
      - 乙女 岡上樹庵妻 今ハ離別
  - 濱武孫右衛門正勝 熊本縣山鹿郡郷士 後彌平
    - 三男 彌太郎 坂本直寛養子
- 同末子 才谷屋 八郎兵衛
  - 實子 儀助
    - 某
  - 末子 八三郎
    - 八三郎惣領 八太郎
      - 市太郎 拾七歳
    - 末子 八兵衛
      - ケン惣領 龜之助 拾七歳
      - 二男 喜久次 七歳
      - 三男 助馬 五歳

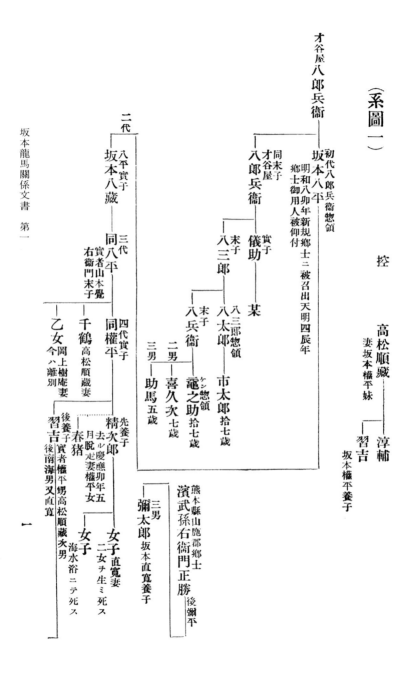

龍馬
直柔

直　實高松順藏長男小野淳輔
妻留大正四年十二月十五日歿年六十九

直衞

養子
彌太郎

女　直意彌太郎妻

女　直惠窪田某妻不縁

直道

勝清　土居磯之助養子

明治三午年十月藩廳ゟ申來指出ス控

（編者今直寛以下ノ系ヲ追加ス）

系圖（二）

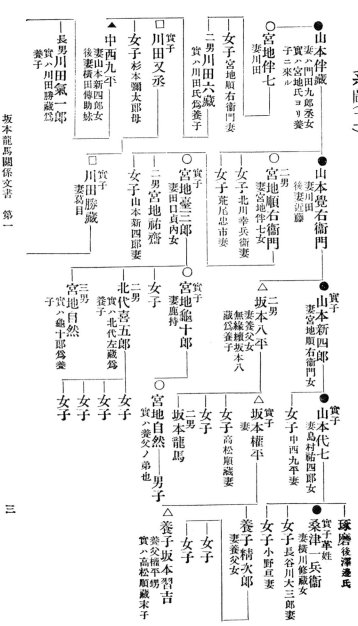

●山本伴藏 妻ハ門田九郎丞女 實ハ宮地氏ヨリ養子ニ來ル

○宮地伴七 妻川田

女子 宮地順右衛門妻

二男川田六藏 實ハ川田氏爲養子

□實子 川田又丞

女子 杉本彌太郎母

▲中西九平 妻山本新四郎女 後妻横田傳助妹

長男川田氣一郎 實ハ川田勝藏爲養子

●山本覺右衛門 妻川田 後妻近藤

○二男 宮地順右衛門 妻宮地伴七女

女子 北川幸兵衛妻

女子 荒尾忠市妻

○實子 宮地臺三郎 妻田口貞內女

二男宮地祐齋

女子 山本新四郎妻

□實子 川田勝藏 妻葛目

●實子 山本新四郎 妻宮地順右衛門女

△二男 坂本八平 妻養父女 無緣續坂本八藏爲養子

○實子 宮地龜十郎 妻鹿持

女子

二男 北代喜五郎 實ハ北代左藏爲養子

三男 宮地自然 實ハ龜十郎爲養子

●實子 山本代七 妻島村祐四郎女

女子 中西九平妻

△實子 坂本權平 妻

女子 高松順藏妻

女子

二男 坂本龍馬

○宮地自然 實ハ養父ノ弟也

男子

女子

女子

女子

女子

琢磨 後澤邊氏

●實子 革姓 桑津一兵衛 妻横川修藏女

女子 長谷川大三郎妻

女子 小野亘妻

養子精次郎 妻養父女

女子

女子

△養子坂本習吉 養父權平甥 實ハ高松順藏末子

▲二男中西男八
　妻
三男中西淸馬

□養子
川田氣一郎　實ハ中西九平長男
　妻
□男子
男子
女子

明治三年年十月落廳ゟ申來リ差出ス控ニ

先祖書指出控

一先祖坂本太郎五郎生國山城國郡村未タ詳仕聲《マヽ》避弓戰之難長岡郡才谷村ニ來住ス但年暦妻之里且病死之年月等未詳嫡男彦三郎元龜二年出生妻ハ須藤加賀守娘也明暦二年中正月十六日嫡男太郎左衞門出生之年暦月日等分明妻豊永氏之娘也延寶四年辰ノ七月廿三日病死右三氏之墓所才谷村ニ有リ右太郎左衞門二男八兵衞寛永十七辰年出生寛文十年高知ニ罷出爲酒肆元祿十丑年五月廿七日病死仕以後代々高知住居仕候

是ゟ口ノ分取次方へ記シ出ス

○傳云紀武內之孫也但連枝繁榮諸國ニ仕スト云

皇極天皇元年坂本長兄エ擊テ二任那ヲ一有功ト云

但此傳聞書後日一笈之中ヨリ見出シ記ス仍而取次方ゟ指出シ有之帳

面ニハ不記之也

○天武天皇初爲ニ　皇太弟ニ太弟ノ將トナッテ坂本財攻ニ陷高安城ー

但書同斷

第一坂本兼助

一明和八卯年五月廿七日新規郷士ニ被召出之

一同年南川洪水御城下火災之節十一御丁場本御藏ﾍ詰方被　仰付之

一天明四辰年閏正月先達而寸志銀指上奇特被思召依之三人扶持被下置

郷士御用人ニ被召出御貸米方出米方役被　仰付之

一同年閏正月大道夫料銀取立作配被　仰付之

一同年七月

攝津守樣御引退銀作配兼帶被　仰付之

一同四辰年八月當春　御參勤之節夫料銀取立方被　仰付候ニ付爲太儀

料夫料銀之內御銀拾五匁被下之

一同五巳年十月今春
御歸國之節大道夫料銀鄕中ゟ指出分受取方被　仰付爾來繁多之役場
致出精候譯を以夫料銀之內爲太儀料御銀拾五匁被下之
一同年十二月爾來役方堅固ニ相勤候ニ付切米五石被下之
一同六午二月火災ニ付御役家御家中幷御町方燒失ニ付爲寸志八拾文錢
三拾貫目指上申度段鄕士支配頭へ願出御聞屆被　仰付之
一同年二月今　御參勤之節大道夫料銀取立方兼帶被　仰付之
一同年七月右御用相勤候を以爲太儀料御銀拾五匁被下之
一同七年未四月今　御參勤之節大道夫料銀請取作配被　仰付之
一同八申年四月御趣向を以爾來之役目無異儀御免被　仰付之
一寬政元酉二月舊臘以來
御城下廻番被　仰付候處都而火沙汰無之御奉行中へ相達候處畢竟致
出精無油斷相勤候ニ付御靜謐之旨依之御褒詞被　仰渡之

一同三亥二月御手向御用向鯨方ニ寸志等差出譯を以鯨肉被　仰付之
一同年十二月當分御浦御分一役被　仰付之
一同年同月去ル申年以來引續火之守廻番被仰付候處無懈怠致出精候譯を以御奉行中へ御達之上爲御褒美御銀貳拾匁被　仰付之
一同四子五月仁井田窪川大野見郷御代官下役幷村々地下高作配役兼勤被　仰付之
一同年十二月爾來之名指閊之儀有之遂御斷八郎兵衞と革之
一同五丑五月去冬支配鄕割付佳米正米拂相濟御貢物縮之場合ニ至時變場を以米品不宜上納不足ニ相成候段申出候然ニ右等之儀前弘ニ遂穿鑿可達出筈之處實ハ當役被仰付間も無之ニ付不案內とハ乍申屹度御定目有之廉々ハ先輩ニも相尋可念入筈之處無其儀右之次第不埒之至依之日數五日追込之上前體御免被　仰付之
一同十二月仁井田窪川鄕作配方厚奉引受御趣意厚存込鄕中成立ニも趣

譯を以爲御褒美御米六斗被成遣之
一同六寅十一月　二之御丸御奥御錠前役被　仰付之
一同年十二月御取分を以御屋敷御錠前役被　仰付之
一同七卯三月　元次郎樣御誕生爲御祝儀御吸物御酒頂戴之上御銀拾匁被下之
一同年　丑五郎樣　御髮置御祝儀ニ付御赤飯御酒頂戴御銀拾匁拜領
金壽樣御肩合御祝儀ニ付御召下之御小袖御わた入拜領被　仰付之
一同八年　丑五郎樣御袴著
金壽樣御髮置御祝儀ニ付御赤飯幷ニ御酒御銀拾匁拜領被　仰付之
一同九巳年二月去ル未年
御先代樣重　思召を以御政事御改革被仰出去辰年御年限滿相成候處
出精相勤御趣意被相行候譯を以御吸物御酒頂戴被　仰付之
一同年八月及老年爾來之役目無異儀御免被　仰付之

一同年九月老年其上就病氣御奉公役勤相勤遂御斷世倅八藏代勤奉願文化九申年迄貳拾九ヶ年相勤病死仕候

第二八藏

一寛政九巳年父八郎兵衞代勤被召仕以後勤方

一同十一年未五月此度御園籾摺仕成被　仰付ニ付當分御藏役を以右作配方被　仰付之

一同年七月本合方當分加役被　仰付之

一同年八月先達而籾摺御用被　仰付之處大暑中數日晝夜繁多ニ相勤依之爲御補銀拾匁被成遣之

一文化二丑五月父八郎兵衞儀老年ニ罷成鄕士職難相勤依之職分幷領知共倅八藏江相續被仰付度段奉願御聞届被　仰付之

一同五辰年二月爾來之役目無異儀御免被　仰付之

一同年三月御　廟所御番被　仰付之

一同年四月父八郎兵衞儀名八平と革之
一同年閏六月先達而
藤並明神御宮御建立ニ付厚存入寸志指出御受納被　仰付
御滿足被　思召依之御褒詞申聞候樣被　仰出之
一同九申二月父八平跡目三人扶持切米五石格式共無相違家督相續被
仰付且爾來之御番其儘被　仰付之
一同十酉十一月病氣ニ付爾來御番難相勤拜辭奉願御聞濟被　仰付之
一同年同月右同斷ニ付御奉公役難相勤遂御斷養子常八郎代勤奉願同十
三子年八月迄養子代勤共貳拾ヶ年之內相續以後五ヶ年相勤病死仕候

第三　常八郎　山本覺右衞門二男

一文化十酉年養父代勤被召仕以後勤方
一同十一戌年八月御免方見習勤被　仰付之
一同十二亥年十二月當秋大變ニ付東西鄕山分共古今稀成大破及損田右

改方幷當秋粒毛檢見數十ヶ村有之處重キ御物成米御損益ニ掛ル御用
向古式嚴重ニ相守殊ニ別而過急之御場合夫々行屆晝夜盡紛骨出精相
勤追々出鄕濟ゟ引續致夜詰此節御算用等相縮旁格段之御詮儀之上爲
御褒美御米四斗被遣成之
一同十三子年十月父八藏遺職領知共相續被　仰付之
一同年同月養父跡目三人扶持切米五石格式共無相違相續被　仰付之
一文政元寅年四月御免方中見役被　仰付之
一同三辰正月倅大藏儀御馭初下乘之節馬場筋通し馬いたし候旨然ニ幼
少者右等之儀不相成譯ニ候處示方不行屆ゟ件之次第不心得之至依之
日數十日追込之上爾來之役被指退之尤於御目附方被　仰付之
一同四巳年正月二之　御丸御奥當分御錠前役被　仰付追而御用相濟御
免被　仰付之
一同年十二月幡多郡御免方中見役幷出米根居役被　仰付之

一同五午三月御免方中見役被　仰付之
一同年八月名長兵衞と革之
一同六未十二月先達而幡多郡御免方附屬被仰付處出情相勤去今別而東西鄕中損田夥敷且新田檢地村茂余計有之處夫々行屆晝夜共致出精鄕中往來繁多之場合引續致夜詰此節夫々相濟趣畢竟御切替之御趣意厚引受盡粉骨御爲之筋廉々有之旁格段御詮儀之上爲御褒美御米八斗被成遣之
一同七申十一月去今被差立檢見村之內本免上リ免相成村余計有之畢竟御趣意引受致出精譯を以御奉行中ゟ相達御褒詞被　仰付之
一同八酉十月爾來之役目御免被　仰付之
一同十一子年福岡圖書殿御須被　仰付之
一同十一子九月根居方加役被　仰付之
一同十二丑年十月十二日御人減を以爾來之役目無異儀御免被　仰付之

一天保元寅年二月六日根居方當分加役被　仰付之
一天保二卯正月廿六日私病氣之節は鄕士職世倅大藏江名代勤被　仰付度段奉願御聞屆被　仰付之
覺本文書入福岡牒面を以詮義之上二月二日建地加筆也
一文政十一子年　福岡圖書殿御須　被仰付之
一天保二卯年正月廿六日私病氣之節は倅大藏名代勤被仰付度段奉願御聞屆被　仰付之尤於支配方被　仰付之
一天保二卯九月廿七日倅大藏名前內々指問之儀御坐候而左吉と革名奉願御聞屆被　仰付之尤於支配方被　仰付之
一同四巳年先般　御昇進被遊候ニ付奉祝爲寸志金拾兩指上度願之趣奇特之至御詮儀之上御取上被　仰付之
二月二日　九日御聞屆
出

以上十二行別紙綴込ノ分也

一同年病症ニ付爾來之當分役御免被　仰付之

一同年九月廿七日倅大藏名前左吉と革之

一同二卯三月廿四日

御著城御當日ゟ西ノ口御門番被　仰付之

一同四巳年二月於仁井田濱御檢使丁打之節父子共中リ宜依之御奉行所へ御達之上御褒詞被　仰付之

一同年二月二日先般

御昇進被遊依之乍恐奉祝爲寸志金拾兩指上度願之趣奇特被思召御詮儀之上御取上被　仰付之御旨同九日被　仰付之

一同年六月十八日先般

御昇進被遊候ニ付重キ御書付奉拜承御祝儀御補旁御銀拜領被　仰付之

一倂年八月廿一日爾來之御番勤御免被　　仰付之
一同五午年十二月廿五日　御廟所御番被　　仰付之
一同六未年閏七月先般
若殿樣　御昇進被遊候ニ付重キ　御書附奉拜承御祝儀御補旁御銀拜
領被　　仰付之
一同八酉年於仁井田濱御檢使丁打之節父子共中宜依之御奉行所へ御達
し之上御褒詞被　　仰付之
一同年七月御趣向を以仲間共領知物成米五ヶ年平等被　　仰付候處去ル
申年ニ而年限滿ニ付一統神文被　　仰付節指出等取扱方專遠在不案內
も有之ニ付惣肝煎被　　仰付處厚引受致出精夫々世話方行屆無滯相濟
依之御吸物頂戴被　　仰付之

貼紙ノ分
取次方へ此帳面指出候後也

文政九戌年十月十四日先達而御巡見御用無滯相勤候ニ付御褒詞被
仰付之
△私言宿毛ゟ甲浦迄之仲間百九人爲惣代御請仕御奉行中御三所御
仕置所二軒御目附所三軒御郡奉行三軒集錄奉行二軒廻禮いたし
候事

天保九戌年
正月
坂本長兵衛
取次方

御役人所

此指出正月廿九日取次方へ持參先草案を以內見ニ入候處宜ニ付致淸書
指出候樣長谷川克丞噂有之二月四日持參いたし候處八ッ過候而御藏相
仕廻候ニ付受取難出來趣同五日高松之指出自分差出共二通手紙指添長

谷川氏ヘ頼進候處受取之旨返書來ル則此奥ニ張付置候也

口　上

（書翰）
御先祖書貳通御受取申候間左樣御承知可被成候以上

長谷川克丞

坂本長兵衞樣

御報

坂本龍馬祖先美談

其一須藤加賀守娘おかあ事蹟

土佐の國に昔御案物語といへる書ありこは今より三百年前彼の帶屋町故山田平左衞門君の先祖山田去暦の娘御案といへる女丈夫の物語りを記せる者にて試みに之を一讀するときは御案等江州佐和山籠城の時に血腥き敵首を天守に運び兵士に賴まれ其白齒に御齒黑などを塗り御齒黑首とて功名の種に之を用ひしといふ話など書き記され戰國時代の婦女が如何にも雄々しく武勇の氣象男子にも劣らざるものありしこと忍ばれていとも珍しき物語本なり今それとこれと事變れども維新の豪傑坂本龍馬の先祖に關係ある女流中又御案物語に劣らざる武勇の話ありて戰國時代の婦女が愈其精神氣象おさおさ男子に讓らざる面目あらはれ出で且は又豪傑の

系統自ら豪傑を出し所謂將門將を出すの古諺理あることを忍ぶべき一場の面白き物語りあり

元來坂本氏の家筋は藩政の昔は才谷屋と稱し高知城下本町筋の酒屋にて其大先祖は江州坂本の明智氏に出で土佐國長岡郡才谷の里に暫し假住し後移りて城下に出で其出身の地名に因みて才谷屋と稱せしと言傳へらる彼の坂本龍馬が後來變名して才谷梅太郎と稱し又同家が代々桔梗紋を用ゐるも明智氏關係の爲とぞ見えし然るに已頃故あり右の坂本氏の總本家たる本丁舊酒屋たりし坂本源三郎につき其祖先の系圖書類を借り受け之を一覽するに初代坂本太良五良は江州坂本產とあり當國に罷越候譯竝年月知れ不申と記載あり明智の系統と申すことは明白には書き記されず按ずるに江州坂本とは如何なる地なりやを尋ぬるに同國滋賀郡に屬し湖水の西南に當り卽ち有名なる比叡山の東麓にして所謂叡山の坂の元なるより坂本と呼ばれし地なり大山の坂路の麓を坂本と呼ぶこと諸國に例多し特

に此地は都に近く叡山の搦手口として昔より歴史上名高き所なり元龜二年織田信長が叡山攻略を企つるや城を此に築き明智光秀を封じ茲に居らしめたり光秀は後自ら其本領たる丹波龜山に在城甥十郎光春をして此を守らしむ天正十年光秀反逆あり山崎の戰敗に及び光春勇戰して退き大津より坂本を目掛けて二里の間湖水を馬にて泳ぎ渡りしことは猶人口に膾炙する物語なり已にして光春は坂本入城の後家族を手刄し城に火を掛け自殺して果たりされば坂本城の陷落明智氏の滅亡は天正十年の事にて其遺臣眷族が浪人して東西に逃げ隱れしも此時の事ならん

坂本龍馬の大先祖太良五良と申すは果して明智氏の系統なるや不明なり江州坂本産にて坂本と名乘るとは尤もならんも江州の坂本姓が盡く明智の裔なるや否やは猶同國に立ち越して之を穿鑿せざれば決定し難し但明智氏は美濃の土岐氏の一族にして土岐氏は源賴光の後裔なれば紛ふ事なき立派なる淸和源氏の系統なり然らば坂本氏は果して明智姓なりとせば

世にも尊き源氏の名流たるや疑ひもなけんか
偖其太良五良と申す人は天正十年の後如何なる傳手によりてか兎に角土佐國に下り長岡郡才谷里に移り住みし者の如し當時才谷村の有機如何なりしや今知り難きも天正十六年の長曾我部元親の地檢帳を見るに長岡郡植田村の中佐比谷(才谷)云々合計田地十五町五反卅代とありて其外精しき記載なし想ふに當時の才谷は戶口も少く開墾も行渡らず多くは荒蕪地のまゝに打ち捨て置かれし一閑地なりしならん偖は坂本氏の先祖は或る關系により此地に卜居し自ら荒地を開墾し歲入を增し子孫追々に繁昌し遂に一鄕の望族となりしも强ち理りなき事にあらざるぞかし余は今日才谷龜岩より一宮にかけ長岡土佐兩郡ニ跨る坂本氏は皆此同姓一系の家筋ならんと信ず此坂本氏の初代太良五良の妻女こそ珍らしき門閥家にて其同胞が土佐に下りし物語は勇ましくも亦哀れに余が御案物語に匹敵すべき珍談ありといふは卽ち其の事なり但し此話は從前未だ世上に顯れざりし

ものにて余は今回右の坂本氏家本家の舊系圖書類披見する際測らずも之を發見せしなり

扨其物語とは如何にといふに右古系圖中に古き包紙におかあ殿事蹟と書きたる一卷あり之を披き見るに坂本家五代八郎兵衞を宛て元文中眞島端齋名義の手紙一通あり其文左の如し

豐永左兵衞殿

九州豐前國宇佐郡蓮臺寺の麓より來る

おか阿どの　　小笠原源忠頼

大和國吉野之住須藤加賀守殿の娘なり亂世の時土佐の國へ落給ふが道迄敵六人追掛卽ち勝負之由おかあ殿少し薄手をおはれ敵に待てといふ言葉をかけ左の小袖を引きちぎり鉢卷にあて又戰ひ終に六人を切留め夫より土佐の豐永に落ち給ふ土佐にて合宿と見えたり

尤も弟一人妹一人つれて被落由弟は須江村に有付き跡有之哉不存候妹

は才谷村へ被嫁之由是卽ち貴樣御先祖に可有御座候云々未得御意候得共ヶ樣の事は聞度物にて御座候故云々傳聞のまゝ記進申候今年八十三に相成候故手ふるひ見わけがたく可有御座候

十一月十二日　眞島端齋

才谷屋八郎兵衛殿

卽ち此文意によれば坂本家の先祖太良五良の妻女は大和國吉野須藤加賀守の妹娘にて右の話に見えたる女丈夫おかあ殿の實妹なりおかあ殿は豊前宇佐郡より來れる小笠原忠賴土佐にて姓名を改めたる豊永左兵衛の妻女となりし者の如し

抑戰國の頃我日本に於て武家の婦人其氣象雄々しく男子に劣らぬ勇氣の振る舞ある其例いと多し天正の昔加賀前田家の家老奥村永富が三百騎を以て能登末森城に立寄り佐々成政三千の兵を支へし時奥村が妻たすき掛にて薙刀をつき兵糧を運ひ城兵を勵まして遂に寄手を破りしは有名の物

語なり　其の外大名大臣の奥方が一家の末期に際し笑ふて懐劍の吮に貫き夫に殉ずる悲慘の物語は擧げ盡されぬ程の事あり武田勝頼夫人が天目山にて夫に殉じ柴田勝家夫人が北の莊城中にて又夫に殉ぜる事等殊に歴史上有名の悲劇なり此の如き武士道死を輕んじ義を重んずる節義武勇の習慣が婦女子にまでも及ぶ事實は古今東西我日本を除きて殆んど他に比類なき事なり偖も須藤の娘おかあ殿は如何なる一家沒落の事情ありけん今は其由を尋ぬる甲斐なきも定めて戰國爭鬪の習ひとて一城一家廢滅の悲運に際會し兎に角にも妙齡美人の身を以て年歯も行かぬ一人の妹一人の弟を引き連れて心ならずも住み馴し花の都の吉野の舊里を忍び出でいづくを指さすともなく宙有の旅の空に立ち出でて一樹一河の縁を尋ねて心細くも落ち行く有樣はげに一部の悲劇なりしとや申すべけん然るに當時戰國の習とて凡そ落人の通過することあれば村の百姓野武士は群れ集まりて其金銀武器類を掠め取るを例としたることなれば此時も

定めて若干野武士が其目的を以て好餌を追ふて來り脅かしたるものこれありしならん然れど若此場合に當り尋常翩々たる白面女子なりせば立ろに其魚肉となるは疑ひなけんもそこは流石に武士の娘なりおかあ殿はちつとも騷がず二人の弟妹を後に隱し少し待てと掛聲し甲斐々々しく振袖を引ちぎりて鉢卷となし懷中に隱し持たる一刀引拔きて立向ひし光景は如何なりけん其勇壯の姿繪にも見るべき光景にてげに古の巴御前板額女の武者振もよもや之に過ぎざりしならん

偖も六人の敵兵共屈强六尺の大男にて何とて不甲斐なき唯一人の手弱女に切り立てられ枕を竝べて一刀の下に横死す何ぞ其死樣の見苦しきやかくておかあ殿は不思議にも危難を免れ所謂虎の尾を蹈み毒蛇の口を遁れたる心地にてごゝを落ち行き如何なる奇しき緣によりてけん天さがる此鄙の地に來りて遂に此土佐國長岡の深山里に安著なしぬ然しておかあ殿の妹女は其事跡を知らざるも亦同胞の血を分ちしものとて定めて其人格

器量素より尋常婦女子に卓越せしものありしこと疑ひなけん然して其妹女こそ正しく坂本家の初代たる江州坂本村より土佐才谷の里に移住せる坂本太良五良の妻女たりしは實に不思議の奇縁と申すべしげにも其十代の子孫たる坂本龍馬が才氣卓落として一世の傑物たりしも亦偶然にあらずとやいはん

さても山田去暦の女阿案の物語は久しく世上に流傳し今や歴史研究家として其名を知らざるなし然して坂本氏の祖先の同胞須藤の娘おかあの事蹟は久しく同家の系圖箱に秘め置きし爲め今日まで世に聞えざりしは遺憾の至りにたえず然れど坂本氏は今や昔日の全盛にあらずと雖も祖傳は系書は敬重して之を保存し殊に眞島氏の書翰の如き煤色糢糊たる古楮紙か辛ふじて蠹魚の飼を免がれて今日に傳はりしは不思議の幸運なりといふを得べし

余は坂本家の先祖が江州坂本より來りたりとの說は信ずるも其の果して

明智氏にして源氏なりとの說は猶研究の餘地あるべしと信ず但何にせよ江州出身の武家にして然して其初代の妻女は大和の名族須藤加賀守の娘たりしとの事實は明かに之を證するを得たり是れ以て龍馬傳の一補遺となすに足るべし

其二坂本家祖先財產

坂本家は初代太良五良が江州より當地に移りて荒地を開き農作を營み家具を經營して自づと有福に赴きしが子孫能く其業を守り家門益々繁榮となり二代彥三郎三代太郎左衛門四代八兵衛の四世間は長岡郡才谷の里に住まひしも四代八兵衛の時寬文中遂に家を擧りて高知城下に出で本丁筋三丁目に巨大の邸宅を構へ酒造を業とし才谷屋の屋號を名乘りて初めて商業を營みしものゝ如し

當時高知城下の分限者は中央にて仁尾久太夫と櫃屋道淸是第一たり下町

にては酒屋の根來屋又三郎（桂井素庵の事）上町にては此坂本の才谷屋八兵衞皆屈指のものなりき（因にいふ淺井川崎兩家は文化文政以後の出世にて當時は其名なし）

此の四代八兵衞の子五代八郎兵衞孫六代八郎兵衞の代に至り上町の年寄役を命せられ家名益々揚がり其本丁の店は間口八九間奥行數十間の大土造構にて數棟の酒倉は甍を爭ひ使用する童僕婢女の數さへ十餘人に上り店繁昌の有様は餘所の見る目も羨む程なりきとぞ

此六代の八郎兵衞諱直益といひ順水と號し少しは學問の嗜もあり當時の名流谷垣守。谷眞潮。安並雅景。中山高陽。岩井玉洲等と往來し詩酒徴逐し風流富貴二つながら其清福を極めたり

今坂本氏の遺家に藏する六代直益の日記なる順水日記を讀むに或は伊勢參宮をなし或は東寺參り（室戸岬最御崎寺參詣の事）をなし年々歳々行樂やまず所謂多錢善買長袖善舞ふ家道有福の有樣推量するに餘りあり今參考

の爲め同家の所藏する名流の遺墨消息若干を左に錄す

○齡笑王喬。富輕陶洙多。只須常盡醉。風月任高歌

右侍坂本氏壽筵醉中吟安並雅景

○むまろの元服しけるに砌の松によせて祝の心を讀める(文政三年坂本氏息常三郎元服を祝す)

根ぬかめし砌の松の若綠さかえを行かん春や幾春

七十七歲　　下元眞清

○才谷屋八郞兵衞樣　　谷丹內

御手紙辱致拜見候誠に新陽之慶賀事舊冬共無盡期日目出度申納候貴樣益御無異に御加年珍重と被存候然は御聞及被下通に今度知行拜領仕難有本望之至御察被下度候右御悅被下生鯔五喉被遣御深志辱不殘御事幾久致受納候御歡被下度御出ヵヶ被成由重々忝仕合併舊要之所詮と別而大慶候得共以參御禮旁可申述早々如此に御座候已上

正月十七日

此六代八郎兵衛直益に男子二人あり長は兼助といひ次は八次といふ兼助家業を好まず依つて財産を分ちて郷士職を購ひ別に新宅の一家を立てしむ是ぞ即ち坂本龍馬の家筋にして龍馬は實に其三代の裔なり
又八次は依然として家業を嗜み本家を相續し才谷屋の屋號を名乘て酒屋を營み是又子孫三代にして當主源三郎に至りしが維新の瓦解に際し家道大に衰へて又昔日の狀態を保たざるは遺憾の至りといふべし
然るに右の本家たる坂本源三郎の家に保存する明和七年寅三月五日八郎兵衛直益より兼助八次の二人に財產分配讓渡狀を見るに當時坂本家の財產は莫大のものにて大凡そ百貫目に達し即ち現今の十萬圓に近かりし如し十萬圓とは今日餘りの大金とは申し難きも當時の物價に照しては確に今日の百萬圓の價値ありしならん其讓渡狀の文左の如し

覺

銀米竝に質物貸諸賣物

一合凡そ百貫目に付

三步二三厘　　鄕士相續　　兼助

六步四五厘　　本家相續　　八次

一加治子米百石也

四十石　　兼助

三十石　　八次

三十石　　隱居料

（中略）

一御免營御貢物　　本家

一壹丁目屋敷（これは坂本龍馬誕生の屋敷の如し）

一酒林道具　　七藏　　兼助

一本家屋敷

一前ノ酒林　　　　　　　　　　　八　次

一堺町出店之事兩人申合可作配云々

右は祖父兩君より我等相續此度兩人へ右之通讓り渡し候間目出度可致相續永久に尚々繁昌可被致以上

明和七年寅三月五日

八郎兵衛直益花押

兼助殿

八次殿

先づ相當に立派なる財産なりしと申すべし今猶兩家分系の略譜を叙すればば左の如し

坂本八郎兵衛直益─┬─(酒屋才谷屋本家)
　　　　　　　　└─兼助後八郎直海(郷士新規坂本氏)─八藏直澄─八平直足─┬─權平直方
　　　　　　　　　　　　　　　　　　　　　　　　　　　　　　　　　　└─龍馬直柔

八次（後八郎左衛門）─八三郎─八兵衛─┬源三郎
　　　　　　　　　　　　　　　　　└菊次（内田養子）

余右の本家源三郎主より同家の舊記を借覽し坂本氏の祖先につきては尤も明確なる志料を得たり猶上文に記載せる事柄を更に便宜の爲め再括すれば左の如し

一坂本氏の祖先は江州坂本より來りたる明智光秀の裔といふことは猶不明なる如し

一坂本の先祖の妻は大和吉野須藤加賀守娘おかはといへる女丈夫の妹なりといへば兎に角名家なり

一坂本家六代の頃は家道尤豊富にて此頃財産を二分けにし郷士と酒屋との二軒に分れ龍馬は郷士の家筋に生れたるものなり

一土佐國に於ける長岡土佐兩郡の相接近する所瓶岩村一宮村等に蕃衍せ

る坂本家は無論同姓同系の家筋ならん然して龍馬等の家筋は其總本家ならん

一江州滋賀郡坂本村に猶坂本氏ありや明智氏關系の家筋と傳へらるゝものありや之を穿鑿する時は尤も右につき明白なる斷案を得ん寺石正路著南國遺事抄

○嘉永六年三月（父八平直足ヨリ龍馬へ）

修行中心得大意

一片時も不忘忠孝修行第一之事

一諸道具ニ心移り銀錢不費事

一色情ニうつり國家之大事をわれ《忘カ》心得違有間じき事

右三ヶ條胸中ニ染メ修行をつミ目出度歸國專一ニ候以上

丑ノ三月吉日　　老父

龍馬殿

（坂本彌太郎氏藏）

○嘉永六年九月廿三日（龍馬ヨリ父八平直足へ）

筆啓上仕候秋氣次第に相增候處愈々御機嫌能可被成御座目出度千萬存

奉候次に私儀無異に相暮申候御休心可被成下候兄御許にアメリカ沙汰申上候に付御覧可被成候先は急用御座候に付早書亂書御推覽可被成候異國船御手宛の儀は先免せられ候か來春は又人數に加はり可申奉存候

恐惶謹言

九月廿三日　龍

尊父樣御貴下

御狀被下難有次第に奉存候金子御送り被仰付何よりの品に御座候異國船處々に來り候由に候へば軍も近き内と奉存候其節は異國の首を打取り歸國可仕候かしく（野島家文書）

○嘉永七年十月十一月以後（龍馬ト河田小龍トノ關係。藤陰略話抄錄）

高知ヨリ近藤長次郎ナルモノヽ履歷ヲ問來レ𪜈其履歷タルモノハ心得ナシ然レ𪜈長次郎カ志ヲ立シ子細ヲ辨セハ自ラ其傳ノ一端トモ成ヘケレハ唯記臆スルモノヲ畧錄スヘシ然ニ此事ニ就テハ餘人

ノ一ヲ述且小龍カ身ノ一笑話モ出サヽレバ長次郎ノ事ニ及カタシ
故ニ憚ナク之ヲ掲述スベシ

嘉永六《七カ》年ノ九《十カ》月十《十一カ》月ノ際坂本龍馬小龍カ茅廬ヲ訪來リ突然ト云ヘルニハ時態ノ事ニテ君ノ意見必スアルヘシ聞タシトアルヨリ小龍大ニ笑フテ吾ハ隱人ニシテ書畫ヲ嗜ミ風流ヲ以テ世ニ處ルモノナレバ世上ノ事ニハ心懸ナシ何ゾ一說ノアルベキヤト云ヘハ坂本肯セス今日ハ隱遁ヲ以テ安居スル時ニアラス龍馬ナドハ如此迄世ノ爲ニ苦心セリト遠慮モナク身ノ上ノヿヲ述僕个樣ニ胷懷ヲ開ヒテ君ニ語ル上ハ是非ニ君ノ蓄ヘヲ告玉ヘト膝ヲ進メテ問ヘルユヘ止ム事ヲ得ス賤說ヲ畧述セリ其說ハ近來外人來航巳來攘夷開港諸說紛然タリ小龍ハ攘夷ニセヨ開港ニセヨ其邊ハ說ヲ加ヘス然ニ何レニモ一定セザル可カラズ愚存ハ攘夷ハトテモ行ハルベカラス假令開港トナリテモ攘夷ノ備ナカルヘカラス此迄我邦ニ用ユル所ノ軍備益ナカルベケレ圧未タ新法モ開サレバ何ヤ歟ヤ取用ヒサルベカラズ其中

ニ海上ノ一事ニ至テハ何トモ手ノ出ベキ事ナシ已ニ諸藩ニ用ヒ來リシ勢騎船ナドハ兒童ノ戲ニモ足ラヌモノ也先其一ヲ云フニハ弓銃手ヲ乘セ浦戸洋ヘ乘出セバ船ハ翻轉シ弓銃手トモ目標定メガタク其上ニ十ニ七八ハ皆船醉シテ矢玉ヲ試ムマテニ及バズタマ〳〵船ニ堪ユルモノアリトモ一術ヲ施ニ及ハス大概沿海諸藩皆此類ナルヘシ箇樣ノヿニテ外國ノ航海ニ熟シタル大艦ヲ迎ヘシトキ何ヲ以鎖國ノ手段ヲナスベキヤ其危キハ論マテモナキヿ也今後ハ我拜《マヽ》ニ敵タハズトモ外船ハ時ニ來ルヿ必然也内ニハ開鎖ノ論定マラス外船ハ續々來ルベシ内外ノ繁忙多端ニメ國ハ次第ニ疲弊シ人心ハ紛亂シ如何トモ詮方ナク遂ニ外人ノ爲呂宋ノ如ク牛皮ニ包マルヽヿニモ至ランヤ此等ノヿ藩府ナドヘ喋々云立タリトモ聞入ベキヿニモナク實ニ危急ノ秋ナルベシ何爲ソ默視シ堪ユヘケンヤ故ニ私ニ一ノ商業ヲ興シ利不利ハ格別精々金融ヲ自在ナラシメ如何トモシテ一艘ノ外船ヲ買求メ同志ノ者ヲ募リ之ニ附乘セシメ東西往來ノ旅客官私ノ荷物等ヲ

運般シ以テ通便ヲ要スルヲ商用トシテ船中ノ人費ヲ賄ヒ海上ニ練習スレハ航海ノ一端モ心得ベキ小口モ立ベキヤ此等盜ヲ捕繩ヲ造ルノ類ナレ𪜈今日ヨリ初メサレバ後レ後レシテ前談ヲ助クルノ道モ隨テ晩レトナルヘシ此ノミ吾所念ノ所ナリト語レバ坂本手ヲ拍シテ喜ヘリ且云ヘルニハ僕ハ若年ヨリ撃劍ヲ好ミシカ是モ所謂一人ノ敵ニシテ何ニカ大業ヲナサヽレハトテモ志ヲ伸ルヿ難シトス今ヤ其時ナリ君ノ一言善吾意ニ同セリ君ノ志何ソ成ラサランヤ必ス互ニ盡力スベシトテ堅ク盟契シテ別レケルカヤカテ又來リ云ヘルニハ船且器械ハ金策スレハ得ヘケレ𪜈其用ニ適スベキ同志無ンバ仕方ナシ吾甚タ此ニ苦シメリ何カ工夫ノアルヘキヤト云ヘルヨリ小龍云ヘルニハ從來俸祿ニ飽タル人ハ志ナシ下等人民秀才ノ人ニシテ志アレ𪜈業ニ就ベキ資力ナク手ヲ拱シ慨歎セル者少カラズソレ等ヲ用ヒナバ多少ノ人員モナキニアラザルヘシト云ヘハ坂本モ承諾シ如何ニモ同意セリ其人ヲ造ルヿハ君之ヲ任シ玉ヘ吾ハ是ヨリ船ヲ得ヲ專ラニシ

テ傍ラ其人モ同ク謀ルベシ君ニハ人ヲ得ヲ專任トシテ傍ラ船ヲ得テ謀リ玉ヘ最早如此約セシ上ハ對面ハ數度ニ及マシ君ハ內ニ居テ人ヲ造リ僕ハ外ニ在テ船ヲ得ヘシトテ相別レヌ

小龍ノ近邊ニ今井孝純ト云醫人アリ其男ヲ□井ト稱ス孝純之ヲ取立呉タシトテ來リシハマタ十二三ニテモアリシカ文章軌範ヲ讀タシトテ相手ヲ致セシニ暫時ニ卒業シ又諸家ヘモ入門シ何歟廣ク學ヒ成長ニ及ヒ大ニ才氣アレハ隱ニ坂本ト語リシヿヲ告今井ハ坂本繼母ノ遠緣モアリカタ〳〵大ニ喜ヒ蘭學ヲシテ外事ニ通シタシトテ是ヨリ純正ト革稱シ醫學修行ノ願ヲ以崎陽ニ遊ヒ蘭人シーボルトニ就キ學フ中シーホルトモ其才ヲ愛シ其男アレキサンドルニ日本書ヲ授呉タシトテ彼是ト勉學シケルカ折柄シーホルトハ耶蘇敎ノヿヨリ長崎ヲ逃亡シ今井ハ藩ヨリ差向ラレシ目官岩崎彌太郎ニ縛セラレ(元治元年)歸國ノ後放逐セラレ鹿兒村ニ謫居ス其頃新宮數々今井ヲ謫處ニ訪(欄外此時近藤不在)今井ノ意見モ時々通シ來リ

シヿアリ後ニ坂本ニ會セシトキ今井ハ長岡謙吉ト改稱ス
安政元年八月小龍ハ大炮鑄造ノヿニテ藩命ヲ帶薩州ニ赴キ十一月五日歸著ノ際地震ニ逢家宅燒亡シ万々村ニ遁レシ頃南奉公人町住紺屋業門田兼五郎ナル者ハ大ニ西洋學ヲ好ミケレ𪜈身老シユヘ若輩ノ者ニ是ヲ勸メ自ラ樂シミトセシカ小龍ノ万々村ニアルヲ傳聞シ尋子來リ云ヘルニハ築屋敷三丁目越戸ノ外ニ吾妹婿和田傳七ト云モノアリテ幡多郡沖ノ島ニ在官シ空宅トナレリ彼宅ヘ當分寓シ玉ヘトテ寺內外一人ヲ携ヘ彼家ニ僑居セシ𪜈兼五郎云ヘルニハ吾妻ノ兄ハ大里屋某トテ水通二丁目ニ住餠菓子ナドヲ製シ之ヲ以テ其日ヲ送ルモノナリ其長男長次郎トテ當年十七歲計ナルカ大ニ讀ミモノヲ好ミ近隣ニ吉田屋ト云ル貸本屋アリ日々小商ニ出テ父ノ助ヲ了レバ彼店ニテ軍書小說ナドヲ讀ミ夜ノ更ルモ知ラズ餘念ナキヲ父ハ不機嫌ナレ𪜈吾之ヲ賛成セリ君ヲ之ニ迎ヘタルハ此甥ヲ御世話賴ミタシトノヿヨリ僕ハ無學ニシテ人ニ敎ユルヿ及カタシ然レ𪜈軍書小說

ノ相手ハ可ナリ出來ルヿモアレバ話ニ參ルベシトテヤカテ長次郎モ來リ

初ハ日本外史ヲ讀ミケルガ（欄外）安政二年正月頃初テ讀史　原來讀書ノ才アレバ暫時ニ了リ史記ヲ讀新唐書ヲ讀ミケルトキ寺内馬之助ハ温史ヲ讀ミ岡崎參三郎ハ漢書ヲ讀ミ各相競フテ勉强セリ

寺内馬之助ハ香美郡新宮村ノ小農某ノ次男ニシテ十六歳ノ時突然ト小龍ヘ來リ書ヲ學タシトテ寄食セシガ讀書ナドハ小農ノヿニテ心得ナケレ𪜈淨瑠璃本ノ道行ヲ何ニテモ暗誦セルヨリ讀書ヲ勸メケレバ大ニ喜ヒ外史ノ素讀ヨリ追々進歩シテ温史ナドヲ讀ニ及ベリ其暇ニハ擊劍水練ナドヲ好ミ何カト心掛アリシカ其父ノ妹本丁布屋ト云ヘル旅籠屋ノ妻ナルヨリ彼家ニ燒繼商ヲ兼居ケルヲ自分ノ世業ニ繼續シタシト云立燒繼修行ノ願ヲナシ上國ニ出志ヲ立シトキ新宮次郎ト稱シ勝ノ門ニ入後ニ寺内庄左衞門民谷某ナド、穩稱シ遂ニ新宮驪《シメ》ト改稱シ海軍大尉ヲ以テ終ル（欄外）明治廿年頃長崎ニテ流行病ノ爲メ死ス五十二才岡崎參三郎ハ乾氏山内ト稱シ後土岐氏ト稱ノ家來岡崎彈三ノ長男ニシテ小龍ヘ來リシ頃ハ十三歳ナレ𪜈才氣近藤新宮ノ上ニ出讀書ヲ好メトモ嬉戲ヲ專ニシテ二氏ノ勉强セルヲ笑ヒシカ追々業ヲ進メ二氏ニ勝ントスルノ勢アリ後波多彥太郎ト革稱シ倉敷縣ニ就官シ間モ無ク病死ス

波多恭輔ハ彥太郎ノ弟ニテ土居幾馬龜谷某ヲ伴ヒ來リ兄ノ志ヲ繼キ勉强セシカ皆志ヲ立出國セシ中龜谷ハ小龍ヨリ坂本ヘノ添書ヲ持タセ出ケル途中癩ヲ病ミ出シ志ノナラサルヲ歎キ屠腹シテ死ス土居波多ハ大村暗殺ノ嫌疑ヨリ入獄セシカ土居ハ亂心シテ死セリ

夫ヨリ長次郎ハ南奉公人町甲藤市三郎鴨目村岩崎彌太郎等(欄外)岩崎ハ安藝郡役所ヘ落書セシ件ヨリ居村四ケ村放逐セラレ鴨目村ニ謫居シ解罪後目官トナリ長崎ヘ差遣サレシヿアリニ就キ學ヒシカ何分ニモ父ノ爲ニ小商ニ奔走シ日々伊野村ヘ鞋カケニテ走リ歸ルヤ否鞋ヲ脫キ直ニ書ヲ懷ニシテ學ニ就キ夜分ニハ槍劍モ習練シタシト志アリ其頃秋月藩合甲覺彌ナル槍術家チ藩ヘ迎ヘシヿアリ此人ヘ入門シ學ヒケルカ讀書サヘ寸暇アリ兼子シタナレハ又其寸暇チヌスミ充分武事ニ亘ルヿ難カルヘシト歎息セリ何分國ニアリテハ志ヲ

遂難シトテ歎息セシヲ小龍聞兼兼三郎ニ相計リ供ニ父某ヲ説諭シ東武ニ遊ハシメンヿヲ父ヨリ許サレケレ𪜈父ハ勿論資金ニ乏シケレバ藩士由比猪內ノ僕トナリ東行（欄外）初ノ東行記臆セスシ安積艮齋ノ門ニ入學フヿ一年ナラスシテ歸リ更ニ獨遊ノ志ヲ起シ多少ノ金ヲ得日ヲトシテ出足セシ𪜈（欄外）安政五年頃東武再遊岩崎彌太郎ハ其志ニ感シ自ラ帶フル所ノ刀ヲ贈リ餞別シ東行中富士川ヲ渡ルトキ雨後ノ逆流ニ船ヲ轉覆シ帶セシ衣金皆流失シ辛フメ東著シ遂ニ左ノ藤右衛門ヲ訪前件ヲ語リ衣食ヲ惠マレ此ニ滯留ス

左ノ藤右衛門ハ名ハ行秀筑前ノ鍛工ニシテ名手ノ聞ヘアルヨリ水通丁三丁目鍛治七兵衛ト云ヘルモノ之ヲ請シ已カ家ニ住マシメ其術ヲ學ヒ居シカ後藩ニ擧ケラレ士籍トナリ東武沙村ニ住メリ其水通ニアリシ頃長次郎近隣ナレバ日々彼ノ鍛場ニ遊ヒ懇切ナリシカ素ヨリ俠氣アル藤右衛門ナレバ今回ノ事ニ及ヘリ

其頃高島勝兩大家ハ聲譽殊ニ高ク且當世ノ實學家ナレバ此兩家ニ入門ス

レハ志ヲ述フベシト左ニ其意ヲ語リシヨリ左モ之ヲ賞シ媒介シテ入門サセケルカ尤勝ノ愛憐ヲ受學業モ稍進ミケルヨリ他諸侯ヨリ扶持シ抱ヘタキ旨勝ヘ依頼セシヨリ本藩ニ其事聞ヘ苗字帶刀ヲ許サレ扶持セラレ陸士（文久元年カ）格トナリ更ニ勝ノ門人ヲ許サレ初テ近藤長次郎ト稱シ名ヲ昶ト名乘爾後坂本龍馬モ勝ヘ從フノヿトナリ新宮次郎長岡謙吉ナトモ皆會同セリ坂本ハ兼テ小龍ト約セシヿヲ踏ミ小龍亦其志ヲ立ンヿヲ欲大金ヲ出納スルヿヲ計リ海鹽製造ハ本州ニ乏シキヿユヘ此沿海ノ地コソ幸ニ之ヲ大ニ興セハ利不利ハトモ角國益ノ一部分ニシテ大金運融ノ道ヲ開クベシ此ヲ開クノ際ヨリ漸次ニ金融ノ途ニ入ラハ士ヲ造ルノ一端ヲ起シ小ヨリ大ニ及ホスベシト鹽製藩許ヲ得其手段ニ懸リシ頃長尾悦之助ナルモノ大坂ニテ坂本ニ出逢坂本云ルニハ小龍鹽製興立ノヿハ如何ナリシヤ若資本ニ苦シムヿモアラハ當方ニテ周旋スベケレハ早ク上ルベシトノヿヨリ長尾ハ急ニ歸國セリ

長尾悅之助ハ廿代町久板屋幾馬ナルモノヽ甥ニテ新宮等ト與ニ寄食セシモノナルカ京都ニテ書ヲ研究シタシトテ坂崎耕雲ト云醫士德大寺與付ノ醫員トナリ上京セシ時之ノ僕トナリ日根對山ヘ小龍ノ添書ヲ以テ入門シアリシカ主人ノ爲下坂ノ際坂本ニ逢右ノヿヲ聞ヨリ主人ニ暇ヲ乞態々歸國シテ坂本ノ口上ヲ小龍マテ傳ヘケル從來長尾感慨心ナキモノト心得故ニ今回ノ選ニハ入レザリシカ坂本ハ矢張近藤新宮ノ徒ト思ヒシヨリイサヽカ漏ス所アリケルカ長尾ハ之ヲ喜ヒ小龍志ヲ達スル時ニ至ラハ何分使用下サレタシトテ再ヒ上京ヲ急キケル長尾後ニ半城ト通稱シ縣廳ノ雇官ヲ以テ終ル

夫ヨリ小龍ハ直ニ上坂セントセシトキ父大病ニ罹リ詮方ナカリシカ父ノ勸メニヨリ弟土生撥(欄外)文久三年十二月土生上坂ヲ遣ハシ坂本ヲ兵庫ノ旅館ニ訪ハシム其時坂本ハ將軍ヲ京都ヘ迎フル爲ニ勝ニ從ヒ東行シアルトノヿナレ𪜈一(欄外)文久四年正月坂本歸坂兩日ノ中ニ歸ルベシ待合スベシトテ一二泊スル中坂本大坂迄歸リタリト

テ近藤新宮兩人同道ニテ大坂旅館ヲ訪遂ニ坂本ノ周旋ヨリ手續シテ鹽製資本ヲ京都三條柳馬場田中三良兵衛ニテ約定トナリ撥ハ歸國シ夫ヨリ鹽製手初トナリ父モ全快シ小龍モ追々上京セリ其頃坂本ハ伏見遭難ヨリ潛行シ新宮ハ九州ヘ行近藤ハ自殺セシトノヿヲ聞鳥丸薩州邸ヲ訪中村半次郎別府彦兵衛ナドニ近藤自滅ノ顚末ヲ聞及ベリ◎慶應二年四月中村別府ヨリ近藤ノ實ヲ聞ク其後坂本ハ航海ノ一端ヲ開キ小龍ハ長州征伐ノ際金融不通ヨリ影響シ大ニ失敗セシヿトナリ坂本ト約セシヿモ空シクナリシカ坂本モ亡ヒ万事行違ヒ小龍モ平凡ノ老人トモナレ𪜈今日ノ隆盛存亡與ニ殘懷ナリタヽ万慶ヲ唱フルノミ

河田小龍妄草

○安政五年十月十一日ヨリ十二月九日迄（吉田健藏日記抄出）

（朱書）次紙面水藩士ヨリ取入ル分土方直行記

安政五年午十月十一日水府ゟ御下ヶ之

敕諚御回達之儀ニ付天下之諸侯應するや否探索之爲水藩住谷寅之介大胡聿藏右兩人之從者吉田健藏根本正之介山方村横目役合四輩十月十一日曉天江戸

發程云々

一十一月十七日豫州馬立村晝食行程五拾丁壹里ニ而始終山計リ六里也是ゟ土州へ入番所二ヶ所あり一ヶ所ハ通る立川村木屋岩吉宅に七ッ時著泊リ

一同十八日　高知城下に飛脚を出す奥谷喜宗次坂本龍馬に書狀を遣す右人に行くならハ番所に土藩ゟ私懇意何某といふ者何月何日頃罷通るによりて關所無滯可被通旨其筋役人ゟ番所に斷りニ不相成候而ハ通行堅く不相成趣也殊之外六ヶ敷國法ニ有之候高知城下迄十三里也

一同廿一日夕刻高知に飛脚ニ差出候人物歸り申候擊劍家坂本氏ゟ返書來る其趣ハ何レ御旅宿迄罷出拜眉之上御話可仕との挨拶也

一同廿二日　夜四ッ半時頃土藩二人著之由翌朝宿之主人ゟ話有之

一同廿三日　土藩二人來り加藤菊池兩君(肩書)住谷寅之助(肩書)大窪聿藏ニ逢ふ其姓名〔胡爲助甲藤馬太郎　坂本氏ハ足痛之由ニて此日八ッ半時著予使ニ行右生ニ面會則加藤菊池二氏之旅

宿ニ來りて談話ニ及よもすから兩撃劔ハ指合有之斷ニ相成候
一廿四日　土藩三人高知へ歸る一應城下迄入り度至情相託す依て又々返
答有之筈也
一廿六日晝七ッ時頃土藩奥谷ゟ返書來る土國へ入事ハ難取扱旨
一十二月朔日　此日立川村出立馬立村晝食菊池君根本氏立川ニ居殘リ土
州之返報を待
一同九日（朱書）宇和島城下逗留　晝八ッ時菊池君根本氏到著土藩ゟハ二度目之報なし云々

〇水藩二人ヨリ龍馬ニ差起シタル書取アリ左ニ掲ク
我國難之由テ來ル所一朝一夕之事ニ非ス其媒孽セル所尤モ舊シ家老結城
寅壽元來反逆之念ヲ抱キ此機ヲ察シ不容易誣罔之惡説ヲ申觸ラシ　台聽
ヲ驚シ奉リ遂ニ甲辰之難ヲ釀成セリ前中納言殿寃罪相晴國事漸挽回惡罪
ニ服ストイヘトモ餘黨尚間ヲ窺ヒ種々奸計ヲ運シ居ヌ甲辰之時三連枝政

事後見セシカ皆寅壽カ奸説ニ浸潤シテ其後ニ至リテ内奸之爲ニ力ヲ盡ス事許多ナリ前中納言殿在世中之仁政ハ人口ニ膾炙セル事故ニ玆ニ論述セス丑年米夷浦賀渡來ニ付テモ大イニ配慮アリテ　公邊江種々建白イタシタル義有之歟ニ傳承何分神州之汗辱ニ不相成樣トノ志ハ國中一統承知之事ナリ然ル處當六月ニ至リ米夷江假條約之儀ニ付テ尾張中納言殿越前中納言殿當中納言殿ニテ六月廿四日登營之上大老井伊江御議論有之第一天朝江被爲對御申譯ケ無之間速ニ上使ヲ以テ御申譯ケ云々之儀御申述有之歟ニ傳聞被致候本ヨリ無上信夷之輩ハ三公ヲ忌惡ム事甚敷殊ニ紀州水野土州之奸媒尤モ巧ニシテ後宮ヲ始メ一般ニ無根之惡説ヲ唱ヘ觸シ將軍家御他界ニ付テハ實ニ不可謂惡説アリ遂ニ七月六日三公ヲ陷ル丶ニ至ル三連枝ハ元ヨリ内奸ニ荷擔シ内奸之説ヲ取次キ直ニ非伊家ニ投井伊讃州近緣合躰ナリ此機ニ乘シテ忠節有志之徒ヲ打退ケ寅壽カ餘黨ヲ引出サン事ヲ計ル故先ツ當中納言殿江説キ入リ父子ヲ離間セン事ヲ第一策トナシヌ又鈴木石州太田丹州ヲ登庸セン事

ヲ進ム是ハ先年寅壽カ後職ニ居ヲ寅壽カ志ヲ繼キ父子ヲ離間シ忠良ヲ打退ケ國家ヲ傾覆スルノ徒故ニ當中納言殿其説ヲ用ヒス其後モ公邊御老中來リ其説ヲ入レシトモ聞ヌ扨七月極末（廿七八日頃カトモ覺ユ）紀州水野尾州竹腰（水野竹腰同腹ナリ）并三連枝之所ニテ前中納言殿隱居所駒込邸ヲ守護スルノ事アリ此擧ヲ聞テ一國寒心皆必死ヲ覺悟シヌ此勢自然ニ響キテカ此事モ先半途ニシテ止ヌ此ヨリ先（七月初ナリ）中山龍吉（御附家老）弱年ニテ水野竹腰ニテ政事ヲ成スノ命アリ是亦中山弱年ニモセヨ普代之家老其人ナキニアラズ先規見合モナキ事ニテ一統不服ニテ彼是押張漸ニテ免カレヌ八月中旬ニ至リ恐多クモ天朝深キ叡慮ニテ德川之御爲メ被思召敕書アマ下リヌ（公邊并六七大諸侯ヘモ下リヌト聞ユ）一統恐欣シ如何ニモシテ敕書之旨ニ叶ハン事ヲ祈望ス當中納言殿ニモ速ニ老中等ヲ招キ種々示談モ有シ所元ヨリ不正不忠之徒樣々之難説ヲ以是ヲ拒ムシカノミナラズ八月極末ヨリ三連枝ヲ入レテ政事ヲ爲ニ至リ又强テ命アリテ國中柱石ト頼ミタル家老五人退隱ナサシム於是前中納言殿之身上

モ此上如何ナルヘキト苦心之餘リ一國一時動搖シヌ然レ𪜈御府内ヲ騷セン事ヲ憚リテ先キニ登リタル若年寄一人側用人一人郡奉行一人小金宿ニ踏止リ此ニテ登リタル人數ヲ支ヘヌ是所ヨリ存意書ヲ上シ議論ヲ述ヘ苦心之餘リ割腹忠死之徒十八餘ニ至リヌ間道ヨリ上リ邸中ヘ入タル者モ士分二百人餘邸外ヘ潜ミ居タル者モ此ニ於テ國家老白井織部登リテ九月十日頃カト覺ユ國之情態士民之存意割腹之模樣委細ニ言上シヌ三連枝モ大ニ恐レテ自ラ願テ政事立入之儀ハ先止ヌ當中納言殿ヨリモ公邊ヘ御申立アリ追々懇切ニ諭シモアリテ同廿二三日頃ヨリ士民下國之模樣ニ成ヌ今程ハ如何ナル情態ニ成行シカ此先之過變不可測苦心々々

右上包ニ坂本樣加藤菊池トアリ

○安政五年十一月十八日廿三日（住谷信順廻國日記）

十一月十八日以飛脚奥宮猪惣次竝坂本龍馬ヘ書狀遣ス

龍馬ハ近々立川ヘ尋來候樣返書來ル奥宮御城下ゟ本ト《マヽ》云十五里計ニアルト《マヽ》云返書不來候事

同廿三日龍馬尋《二十五》來ル川久保爲介《廿一才》甲藤《同》馬太郎龍馬誠實可也ノ人物併擊劍家
事情迂濶何も不知トソ

一坂本話

小南忠《五郎右カ》左衛門　側用人江戸

仕置役
今江戸
吉田元吉　當君公代蟄居ゟ引上ケ用タリ

大須賀五郎右衛門　先般內用被申付京師へ行候事あるトソ

一當時君公病氣申立引込行々隱居ノ下知サスレハ先隱居樣ノ子跡式ノ筈
江國とも役人大替リタリト云

一隱居樣へ万事內わ家中二ツニ分レ逐々景氣見居リ決斷ノ出來候者一人
も無之トソ目付等へもいろ〳〵談合是非入國の事周旋ノ處出來不申事

一龍馬歸リ是非大須賀尋來候樣周旋致吳候筈ノ所沙汰なし廿五日龍馬立
川出立歸ル三日迄左右待候處何等沙汰なし予ハ見切朔日出立菊池氏ハ
四日出立ス

一外兩人ハ國家の事一切不知龍馬迚も役人名前更ニ不知空敷日ヲ費シ遺憾々々

一土佐側用人傑出　小南忠左（マ）衛門當時臺場受取ニ付大坂ニアルト云　高橋兄弟知識○奥宮猪惣

二百六十五里

次豐田知人會澤ヘ來ルコトアリ　○下略

○安政五年十一月十九日（龍馬ヨリ住谷信順大胡資敬ヘ）

尊札拜見仕候寒氣之節益御安泰長途無御置御修業珍重之御儀奉存候扨仰被越候御趣何レ拜願之上御相談可申上奉存候然ニ奴儀無據要用ニ相掛居申候間明後出足ニ而其御許迄參上可仕奉存候誠ニ偏境之地殊ニ山中御滯留故御徒然奉察候　恐惶謹言

十一月十九日　坂本龍馬

加藤於菟之介樣（○住谷變名）

菊池清兵衛様（○大胡變名）

貴下

加藤於菟之介様 尊報 坂本龍馬

○文久元年十一月六日（望月清平陣營日記抄）

文久元年十一月六日坂本龍馬旅宿新町ヨリ書狀來（小生宛）長州ヨリ來ル趣同十一日旅宿ニ訪ヒ面會

○文久二年正月十四日十五日十七日二十一日二十三日（久坂通武日記抄）

十四日　霽土州坂本龍馬携武市書翰來訪批松洞（○松浦龜太郎）　夜前街の逆旅に宿せしむ

十五日　晴龍馬來話午後文武修行館へ遣ス是日佐世（○前原一誠）中谷（○正亮）寺嶋（○忠三郎）岡部（○富太郎）松洞など來る藁束を斬る是日詩經休坂本生などの周旋

有之を以てなり夜與寺嶋訪薩人夜半歸家薩人は田上藤七と申す男にて有之候

十七日　晴訪土人薩人是日山根。吉松。大樂◎源太郎などの所へ參る

二十一日　晴土人の寓する修行館を訪中谷と同行此日訪薩人

二十三日　晴是日を以土州人去午後訪薩人　（下略）

○文久二年正月廿一日　（久坂玄瑞ヨリ龍馬ニ托シ武市瑞山ニ贈レル書）

其後は如何被爲在候や此内は山本大石君御來訪被下爲何風景も無之御氣毒千萬奉存候最早御歸國ならんと御察仕候此度坂本君御出浮被爲在無腹臟御談合仕候事委曲御聞取奉願候竟ニ諸侯不足恃公卿不足恃草莽志士糾合義擧の外には迚も策無之事と私共同志中申合居候事ニ御座候乍失敬尊藩も弊藩も滅亡しても大義なれは苦しからず兩藩共存し候とも恐多も
皇統綿々
萬乘の君の

御叡慮相貫不申而は神州に衣食する甲斐ハ無之歟と友人共申居候事に御坐候而ハ坂本君ニ御申談仕候事とも篤く御熟考可被下候尤モ沈密を尊ぶは申迄も無之候樺山よりも此内書狀來る彼藩も大ニ振申候よし友人を一兩日內遣す積ニ御座候樣子次第尊藩へも差出可申と存申候何も坂本樣より御承知ならんと草々亂筆推讀是祈敬白

正月念一

日下 誠

時氣御自保申も踈に御座候以上

（伯爵田中光顯氏藏）

○文久二年三月二十五日（平井收次郎ヨリ妹かほヘ）

坂本龍馬昨廿四日の夜亡命定めて其地へ參り申べく龍馬國を出づる前々ゟ其許の事に付相談に逢ひ候事御座候たとへ龍馬よりいかなる事を相談いたし候とも決して承知不可致今其許は家にありて父母にしたご

ふ身分なれば他人の爲に遣れ候事共出來不申候元より龍馬は人物なれとも書物を讀ぬゆへ時としては間違ひし事も御座候得はよく／＼御心得あるべく候只々拙者も其許も報恩の節を失せす忠孝の道に欠けざる樣致され度めで度かしく

文久二年三月廿五日　　収次郎

かほどの

○文久二年八月龍馬關係事項（松平慶永ヨリ土方久元へ）

坂本龍馬氏は土州藩臣にして國事の爲に日夜奔走して頗る盡力せしは衆庶の知る所なり老生初て面會せしは文久二年七月《八カ》と存する老生政事總裁職の命を受くるは六月也或日朝登城の前突然二士常盤橋の邸に參入して春嶽侯に面會を乞ふ諾して面話す登城前ゆゑ中根雪江に命じて兩士の談話を聞かしむ此二人は坂本龍馬岡本健三郎なり其後此兩士を招き兩士の談話を聞くに勤王攘夷を熱望する厚志を吐露す其他懇篤の忠告を受く感

佩に堪へす右兩士の東下せるは勝安房横井平四郎の兩人暴論をなし政事に妨害ありとの輿論を信じたるゆゑなりと聞く坂本岡本兩士余に言ふ勝横井に面晤仕度候の紹介を請求す余諾して勝横井への添書を兩士に與へたり兩士此添書を持參して勝の宅に行く兩士勝に面會し議論を起して勝を斬殺するの目的也と聞く兩士勝の座敷へ通ると勝は大聲を發して我を殺すために來るか殺すならば議論の後になすべしと云ふ兩士は大に驚き落膽せり兩士勝に面會して勝の談話を聞き勝の志を感佩心服しこれよりして屢々勝へ往來すと云ふ其後勝評判不宜暗殺の風聞ある頃には夜々坂本岡本兩士はひそかに勝の宅を夜廻りして警衛せしとこれ坂本氏の懇厚の志を見る一斑なり横井へも添書を以て面會す當時横井廢帝論家の評判を受く兩士横井に談話する尊王の志厚く廢帝抔の事は毫もこれなく横井の忠實に頗る感佩せりと云ふ慶應三年(月日忘る)坂本氏暗殺の翌朝後藤象二郎君に面會いたしたく書狀を送り候所答書に坂本氏の暗殺にて用多く

來邸を辭すとの事也初めて此の死亡を聞て驚愕痛悼に堪へず老生見聞する所を記載して追思往事の證を表す

明治十九年十二月十一日　故山內容堂公親友なる　松平慶永

土方卿閣下

○文久二年秋——慶應三年十一月（龍馬ト由利公正關係）

于茲舊土州藩坂本龍馬君之履歴編纂ノ擧アリ岡內君ヲ介シテ余カ龍馬君ト交際上ノ事實ヲ詳ニセンコヲ請ハル然ルニ余當時ノ手記幷往復書翰類等曾テ罹災ノ際總テ烏有ニ屬シ一モ證明スルニ足ルモノナシ今其記臆ノ儘ノ一二ヲ記シテ聊事實ノ一斑ヲ表ス

文久二年ノ秋月日詳ナラス龍馬君我藩ニ來遊小楠横井翁ノ客寓ヲ訪ハル余亦偶相會シ共ニ與ニ時事ヲ討論シ談數刻ニ及フ是レ余カ君ト相知ルノ初ニシテ頗ル意氣相投スルカ如シ爾後弊廬ヘモ屢々駕ヲ枉ラレ交情愈親密互ニ心肝ヲ吐露ス一日薄酒共ニ酎ム君酒間君カ爲ノ國歌ヲ

高唱セラル聲調頗ル奇ナリ後弊藩ノ壯士輩酒間常ニ國歌ヲ唱歌スルハ是ヲ濫觴トス

慶應三丁卯年十一月朔日君福井ニ來リ藩主ニ請フテ余ニ面話ヲ望ム藩主之ヲ聽ルス茲ニ於テ余謂ラク時勢如斯他日或ハ疑議スルモノアラン亦慮ラスンハアルヘカラス依テ立合ノ同行ヲ乞ヒ而メ明日辰刻相會スルヲ期ス則翌二日立合人用人松平源太郎目付出淵傳之丞ナル者ト同伴シテ君之旅寓山町烟草屋某ノ亭ニ到ル君歡迎把手云今ヤ國家多難之時有志輩宜シク座視スヘキ時ニアラス緊急共ニ談セント欲シテ來ル先座ニ著クヘシト余答云ク身譴責ニアリ而メ君ニ接對スル聊嫌ヒ無キヿ能ハス故ニ二人ノ立合人ヲ同行セリ願クハ座ヲ同フセン君云ク善シ予亦同藩岡本謙三郎ヲ同行セリ與ニ語ラント則爐上團欒シ時勢目下之概略徳川政權返上王政復古ヲ語ラル余云ク事爰ニ及フ幸ヒ甚シ今ヨリ大イニ爲スアルヘシ然ルニ目前只恐ル戰鬪ノ起ランヿヲ豫メ之

ニ備フルモノナクンハ有ヘカラス如何ン君云ク不戰ナリ余云ク戰ヒ我ヨリ爲サルハ既ニ解セリ若彼戰ヲ起サハ之ニ應スルノ策何レニ在ルヤ君云ク之最至難事ナリ

朝廷金穀ノ蓄ヘナク又信任ノ兵ナシ有志之士之ヲ賛ルモ所謂烏合ノ衆天下ニ敵スルニ足ラス兄必ス豫メ此ニ慮ル處アラン請審ニ之ヲ語レト余云ク金穀兵力ハ即天下ノ金穀兵力ナリ集散道ニヨリテ變ス賴ムヘク又賴ムヘカラス今ヤ

天皇位ニ在シテ自ラ天下ニ命シ乱ヲ治メ治ヲ圖リ暴ニ換ルニ仁ヲ以テス宜シク信義天下ニ明ナルヘシ

天皇ノ位ハ天下ノ至寶也信義ハ皇國ノ精神ナリ精神明ニシテ至寶ヲ持シ天下ノ財ヲ以テ天下ノ民ニ臨ム焉ソ金穀ノ闕乏ヲ憂ンヤ庶政多事ナルモ民ヲ安スルヨリ先ナルハナシ民ヲ安スルノ要ハ財制其宜ヲ得ルニアリ我國未タ財制其宜キヲ得ス今ヤ革命ヲ利用シテ融通ノ道

ヲ開キ開國ノ機ニ投シテ國ヲ富サハ　王政復古ノ實擧ラン余竊ニ謂ヘラク目下天下ノ財用ヲ補フハ只金札ヲ發行スルニ在ル而已余思フニ經濟ノ道ハ猶糸ヲ治ルカ如シ其條理ヲ得レハ知者ヲ竢タスシテ辨ス若條理ヲ誤レハ紛乱シテ停止スル處ヲ知ラス

天皇民ヲ愛スルノ誠ヲ以テシテ有司智術ヲ用ヒスンハ條理自ラ備具リ財擧テ用ユヘカラサルニ至ンカ君乞之ヲ思ヘ君大イニ之ヲ善トシ自ラ擔任讓ラス其細目手段應用事實ニ至ル迄詳論遺サス語ル了數刻辰ヨリ子ニ至リテ辭ス翌三日君京ニ歸ル嗚呼一訣既ニ二十三年往事追感ニ堪ヘス

明治二十二年六月　　公正謹誌

故坂本ぬしにむかし逢ひしとき物語
せし一言を書記しつる折り
硯の海にうかふ思ひのかす〳〵の

かきつくさぬハなミたなりけり

功業もなく我身ハいまになからへき

世にも人にもはしさらめやハ

（由利公正氏覺書）

○文久三年正月元日。九日（龍馬同志ト共ニ勝海舟ノ門ニ入ル）

正月元日　龍馬昶次郎◎近藤昶十太郎◎千葉重太郎外一人を大坂に至らしめ京師に歸す○濱口義兵衛方に文通す

昨夜愚存艸稿を龍馬子に屬し或る貴家に内呈す

同九日　因州侯之邸に至る海軍之事幷警衛之大體を論す御同人之臣數輩我門に入ることを被談昨日土州之者數輩我門に入る龍馬子と形勢之事を密議し其志を助く（海舟日誌）

○文久三年正月十六日（勝海舟山内容堂ニ面シテ龍馬ヲ救解ス）

文久三年春將軍京師に入覲す正月松平慶永侯亦海路より入朝余侯と同艦す歸途下田港に入る時ニ容堂山内侯もまた海路入朝同港に滯泊す余を邀

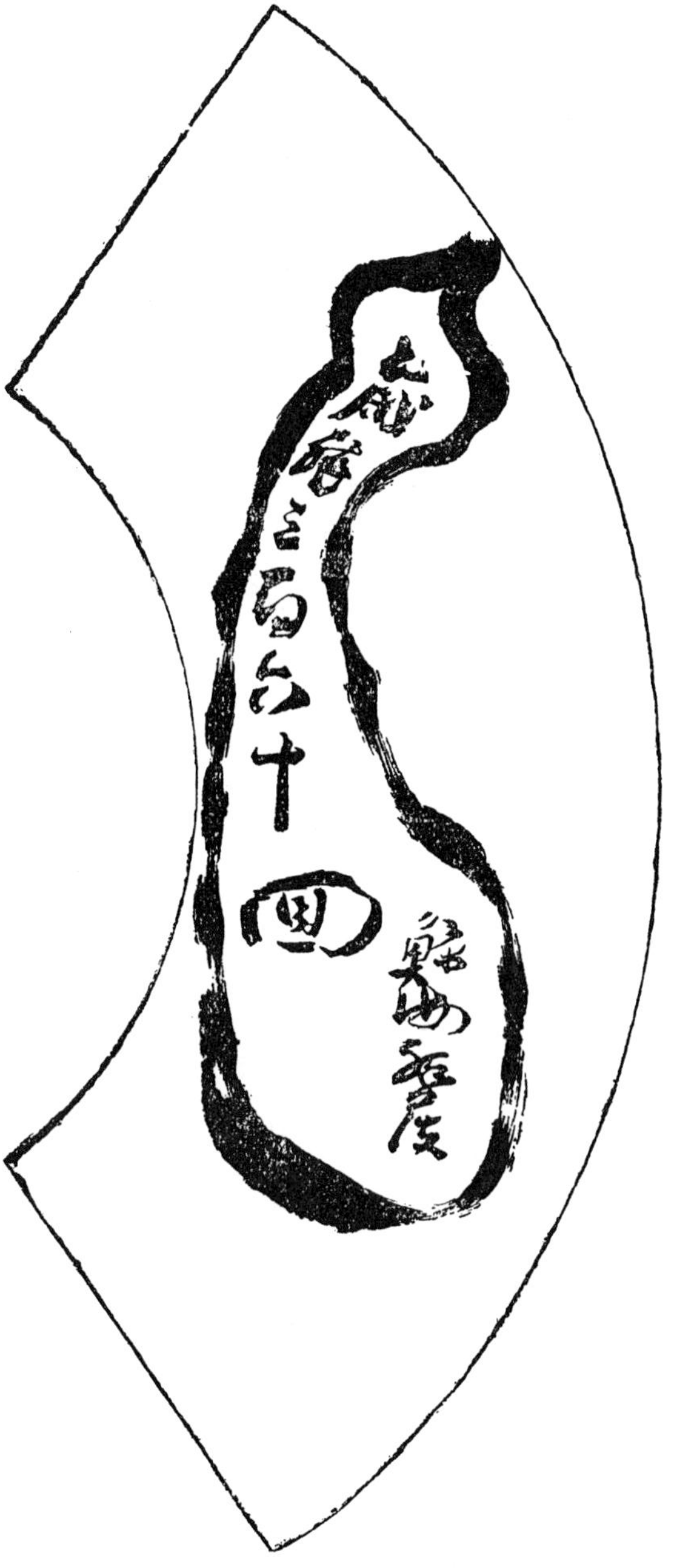

て京地の近狀を問へる我其見聞する所を以て答且侯に請て曰侯家の士近日過激を以て亡命之罪を得むとする者多し坂本龍馬以下八九名現に我か門下に潜匿す彼等原惡意なし願ハ處之寬典を以てし其罪を赦れむかやむなくは則以彼等余に托さられむ歟若許容を承らは實に望外の幸ならむと侯不答手座側の一酒瓢をとりて曰先一杯を盡せ不然は吾敢て不答と余强て一杯を盡す侯撫掌て大笑曰彼等の身事一に君に任す再過激に失せしむるなかれと余曰侯醉中の約信をとりかたし乞ふ其酒瓢を以て後日に證せむと侯益笑て抽腰解揮灑以て余に與ふ曰是を證とす大笑して止む侯外貌瀟灑襟度開豁固より一世の雄醉中の戯謔また以て其生平を概見するに足る　（勝海舟亡友帖）

○文久三年正月日　（大久保忠寬ヨリ横井平四郎宛書翰抄）

土州有志過日五人拙宅へ參候ニ付略承唯々歎息極候ヘドモ其來人中坂本龍馬澤村惣之丞兩人ハ大道可解人哉ト見受話中被刺候覺悟ニテ懷相開公

明正大之道ハ此外有之間敷ト素意之趣話出候處兩人丈ハ手ヲ打計ニ解得候ニ付サラバ早々上京ノ上何ト歟可盡死力見云々

○文久三年二月五日（龍馬順動丸ニ至ル）

二月五日　御城代松平伊豆守御城番某御船拜見として來る此日江戸より便あり

御上洛當月廿六日御乘船の處廿一日に操上らせ候間速に歸帆すべしとの旨也龍馬近藤新宮◎馬之助寺內新右衛門岡田黑木等御船に來る云岡田星之助惡意有之間擊つべきと議決せり若御船出帆の機に後れなば陸行すべしと云（海舟日誌）

○文久三年二月二十日（藩廳命）

坂本龍馬

右之者去戌ノ三月御國元ヲ立チ京攝幷九州關東邊諸所周旋致罷在今二月十二日御屋敷へ立歸候段方今ノ形勢ニ付忠憤憂國ノ至情難默止件之次第トハ乍申御關所越ノ儀御作法モ有之處窃令逃逸長々罷在事不心得

之至依右屹度被仰付筈之處御含之筋有之御叱之上無別儀被仰付之

○文久三年三月（平井かほヨリ兄收二郎へ）

今日御別れ申上候ては二度御目にかゝり候事も覺束なき御事ゆへ申上置度私下り候上御兩親樣御事は屹度御預り申しまゐらせ候故少しも御案し遊されす一筋に天下の御爲め御心盡され度下り候へは御兩親へハ少しも御案じ遊されぬ樣御談申上へく候まゝ何事も御立派に御思召立ち遊され候樣くれ〴〵も存上りまゐらせ目出度〳〵なほ〳〵御見送りつかわされ候時は人目を耻ち候ゆへ御暇乞も申しあけす候まゝ其通りに思召つかわされ度候

かを

御兄　上樣

たらちねの爲めにかくとは思へとも

なほ惜まるゝ今日のわかれ路

○文久三年三月八日。九日（田所壯輔激發セントス）

三月八日……此夜先日捕へられし者◎足利木像斬首一件犯人三輪田綱一郎等ノ吟味之由承る

○此夜三條之旅舍にて千屋虎之助の義兄切腹

同九日　出立　昨夜切害人五六人有之由土州之藩士我門田所島太郎◎壯輔來り其同志輩忠志不達憤激甚數同志三百人を會し書を奉らんとの密義ありと云（海舟日誌）

○文久三年三月二十日（龍馬ヨリ姉乙女へ）

扨も〳〵人間の一世ハかてんの行ぬハ元よりの事うんのわるいものハふろよりいてんとしてきんたまをつめわりて死ぬるものもあり夫とくらべてハ私なとハうんかつよくなにほと死ぬるバへてゝもしなれずじぶんてしのふと思ふても又いきねハならん事ニなり今にてハ日本第一の人物勝憐太郎殿といふ人のでしになり日々兼而思付所をせいといたしおり申候

其故に私年四十歳になるころまてハうちにハかへらんよふにいたし申つもりにてあにさんにもそふだんいたし候所このころハおヽきに御きげんよろしくなりそのおゆるしがいで申候國のため天下のためちからおつくしおり申候どふぞおんよろこひねかいあけかしこ

三月廿日　龍

乙　様

御つきあいの人々も極御心安き人々ハ内々御見せかしこ

（坂本彌太郎氏藏）

○文久三癸亥四月二日（龍馬越前ニ至ル）

龍馬ハ大久保忠寛ヨリ越前春嶽ニ紹介スルノ書ヲ托セラレ翌三日江戸ヲ發シテ西上ス此日忠寛ヨリ春嶽ニ致セシ書中ニ左ノ一節アリ

此度坂本龍馬ニ内々逢候處同人ハ眞ノ大丈夫ト存素懷モ相話此一封

モ托候事ニ候御一讀可被下候（海援隊始末抄）

○文久三年五月十六日（龍馬越前ニ至ル）

龍馬子を越前え遣す　村田生◎巳三郎え一書を附す　これは神戸之土着被命海軍教授の事に付費用不供助力を乞はむ爲也（海舟日誌）

○文久三年五月十七日（龍馬ヨリ姉乙女へ）

此頃は天下無二の軍學者勝麟太郎といふ大先生に門人となりことの外かはいがられ候て先きやく分の樣なものになり申候近き内には大坂より十里あまりの地にて兵庫という處にておゝきに海軍ををしえ候處をこしらへ又四十間五十間もある船をこしらへ弟子共にも四五百人も諸方よりあつまり候事私初榮太郎◎千屋孝健なども其海軍所に稽古學問いたし時々船乘のけいこもいたし稽古船の蒸氣船をもつて近々の内土佐の方へも參り申候其節御見にかゝり可申候私の存じ付はこのせつ兄上にもおゝきに御同意なされそれはおもしろいやれ〳〵と御もふしのつかふにて候間以前も

申候通り軍でもはじまり候時は夫れまでの命ことし命あれば私四十歳になり候をむかし云ひし事を御引合なされたまへすこしヱヘン顔をしてひそかにおり申候達人の見るまなこはおそろしきものとやつれ〱にもこれあり猶ヱヘンヱヘンかしこ

五月十七日　龍馬

乙大姉御本

右の事はまづ〱あいだがらへもすこしもいうては見込のちがう人あるからはお一人にて御聞おきかしこ

（文中榮太郎は高松太郎の初名宛名の乙大姉は實姉お留或は乙女と書せしにや文末のヱヘン〱土佐言葉其の儘なるは却々に眞情あり）

○文久三年五月廿五日（廣井磐之助復讐一件）

川越にて大坂え歸着上京出立の日安井九兵衛を賴にし門生廣井岩之助の父讐手掛り分りたることを聞く。此事に付同日新宮馬之助◎寺内新右衞門變名を紀州え遣す（海舟日誌抄）

○文久三年五月廿七日（廣井磐之助復讐一件）

紀州より廣井生の讐紀家にて召捕入牢せしに當人に無相違ゆへ助太刀として千屋虎之助◎菅野覺兵衞佐藤與之助を遣す○江戸より前河内愛助◎澤村惣之丞變名誰來る大越の書翰持參　同人云天下に奸人あり君察知するやと云然り今誰かこれを察せざらん我おもふ所あり云々其要は征韓の一事また其奸を防ぐに足る云々○同人川端少將殿◎川鰭實父え行く川端殿は頗る思慮あり能く國家の事情を解す然れども其力衆議を辯解し天朝正大の御意を更張すること不能と云（海舟日誌抄）

○文久三年五月二十七日（龍馬京都ノ越前邸ニ中根靱負ヲ訪フ）

同日◎五月二十七日土藩坂本龍馬來る中根靱負面會して時事を談せしに坂本過般橋水二侯鎖攘の命を奉して東下せられけれと事行はれす此節已に引籠り居らるゝ由春岳公の御意見ハ最早行はるへきの機なり就而は此際速ニ御上京御盡力ある樣云々申しき　樞密備忘（續再夢紀事第二）

○文久三年六月二日（廣井磐之助復讐一件）

木崎氏江◎尙匣底に一葉の寫眞あり紀泉境橋復讎之書と題せり土州の孝子吉川岩藏が佐藤楠太郎を打ちしもの十郎當時の狀況を記入せり則左の如し（寫眞對照◎今省之）

紀泉境橋復讎之書

土州三士

新宮馬之助

近藤勇次郎　忘却

紀州

田中正藏

水府　柴田源太郎

同　石川金七郎

土州孝子吉川岩藏

同　阿部新之介

（仇人）佐藤楠太郎

大和乾十郎

同　兜　惣介　　紀州　秋月孫平治

幕浪士伊藤雷之介

右岩藏眞甲を目的に切下す事三度楠太郎三度目に刀を受損じ右の肩下腕の上部を切下られ其まゝ斃る岩藏直に付入胴を七分ほと切落す快刀快力幷妙三度目に首級を取助勢之士一同凱歌を唱山號谷應じ悽々愴々殊に大風雨流車軸見物之市人凡四五千山に谷に滿鍵《マ》野衡、之助此圖を見れば切齒すべし扼腕すべし乾十郎蓄髮ザン切市人指して楠正雪の名を下す一笑すべし然し僕の紋處も菊水故然申すか僕の當時言行正雪に似たるか小次郎以爲如何

十　郎曰

此事實は文久三年六月二日土州の廣井岩之助父の讎なる同藩棚橋三郎を討たるものにして廣井は勝海舟の門人なりといふ而して木崎氏が此寫眞

を得たることは記臆に存せすといふ今何人の所藏に歸せりや（乾十郎事蹟考）

○文久三年六月二日（龍馬ト廣井磐之助復讐一件）

一文久三年癸亥六月二日土佐藩士岩井磐之助堺ニ於テ父ノ讐棚橋三郎ヲ撃ツ全ク龍馬ノ保護ニヨリテ其ノ素志ヲ遂ルヲ得タルナリ

是レヨリ先キ岩之助復讐ノ爲メニ諸國ヲ巡ルコト數年旅費缺乏シテ龍馬ノ救フ所トナリ爲メニ勝ヲ説キテ左ノ一札ヲ得セシム

拙者門人岩井磐之助ト申ス者父ノ仇有之候ニ付右見當リ次第打果サセ候間萬事御法ノ通御差配可被下候以上

御軍艦奉行

月　日　　勝　麟太郎

國々御役人御中

此日勝ノ塾頭佐藤與之助(庄內藩士)紀藩士田中長衞及ヒ龍馬ノ代理トシテ千屋寅之助新宮馬之助出張監視セリ（海援隊始末）

○文久三年六月三日（廣井磐之助復讐一件）
三日大坂へ歸る廣井岩之助復讐一昨日和泉山中村にて本意を遂たる趣佐藤千屋より聞く且此事によつて紀州家の事を執りし者え禮狀幷鹿品を送り其勞を謝す廣井生は堺奉行え訴出たり同所奉行へ紏濟の上引渡とらせべき旨賴遣す（海舟日誌抄）
○文久三年六月十一日（海舟乾十郎ヲ庇護ス）
大和の浪士乾十郎大義企の事あり此義を熟中紀藩の者え密告する者あり夜坂本。新宮。佐藤の三子を遣し詰問せしむ（海舟日誌抄）
○文久三年六月上旬（乾十郎ノ奇厄）
大坂北區絹笠町に現住する辯護士森權六君の語る處に
予幼時乾十郎が亡父竹亭（◎森竹亭又竹印ト號ス篠崎小竹門人）を訪ひて曰く先頃大坂へ行きしに幕吏の新徵組に捕へられ尻無川へ沈められんとせし時偶來坂の勝安房是を聞き殺すべき者にあらずと幸に放免せられ危き一命を助かり

しと物語れるを傍聽せしことあり云々（乾十郎事蹟考）

○文久三年六月上旬（龍馬乾十郎ヲ救護ス）

一文久三年癸亥六月上旬（日未詳）龍馬ハ陸奥小次郎ノ請ヒニヨリ乾十郎ヲ救ヒ水戸浪士甲宗助ノ爲メニ決鬪ヲ申込マル

當時大和ノ人乾十郎ナル者アリ勝ノ塾生ト交ル水戸藩甲宗助竊ニ勝ノ攘夷ニ反對スルヲ惡ミ之ヲ暗殺セント圖ル十郎亦宗助ト相識ルニヨリ或ハ其謀ノ勝ノ塾生ニ洩スヲ疑ヒ其徒十郎ヲ拉シテ及ヲ加ヘントス十郎ノ友陸奥小次郎（後ニ宗光）龍馬ノ寓ニ走リ救ヒヲ求ム龍馬ハ佐藤與之助ト共ニ安治川堤上ニ追ヒ至リ十郎ヲ白及之下ニ救テ之ヲ西町奉行松平大隅守ニ交付シ逸セシム甲宗助ハ龍馬ノ專斷ヲ怒リ決鬪狀ヲ龍馬ニ付シ龍馬亦已ニ之ヲ諸ス澤村總之丞爲メニ急ヲ勝ニ告ク勝即チ東町奉行小笠原壹岐守ニ謀リ調停セシメ決鬪ヲ中止セリ是レヨリ小次郎深ク龍馬ノ俠氣ニ感シ後日海援隊ニ身ヲ投スルニ至ル

（海援隊始末）

林豹吉郎贈正五位豹。大和義擧ノ一人。大和ノ人
西川耕藏贈正五位直純元近江ノ人

○文久三年六月二十五日（林豹吉郎ヨリ西川耕藏ヘ）

一書呈上仕候殘暑之砌に御座候處益御安全に御座被遊大慶奉賀候毎々致參堂御妨仕候此中も御厚志の段難有奉謝候拙御地廿一日發足其日八ツ時下坂直樣彼の勝先生の旅舘へ致參上候處最早町奉行松本勘太郎樣坂本龍馬兩公の御決談にて乾兄昨日歸國之由拙廿二日五條着御厚志御傳言之由早速申通候同志一統難有奉謝候浪花表之義御安心可被下候然處乾上京之事龍馬君にも同意不日に上京被致候間猶宜敷御願申上候水戸浪士五人左之通申上候間思召の處宜敷御願申上候井澤より御答延引乍慮外拙より御詫申上呉と申事に御座候不惡御海慮可被下候餘は拜顏萬々御禮奉謝候早々不備

六月二十五日　林豹吉郎

西川先生

水府五人
柴田源四郎
石川金七郎
阿部鼎之助
兜　惣助
伊藤雷之助
以上
(乾十郎事蹟考)

○文久三年六月廿六日(龍馬志士ノ暴發ヲ說得ス)
登城大坂より俵次郎半兵衞歸る聞く大坂の塾之長藩五十人程來たり圖書頭◎小笠原長行を打の企を告げ同志を募ると云龍馬子是を說解し敢て同ずる者なし(海舟日誌抄)海舟于時在江戸

○文久三年六月廿八日(龍馬ヨリ姉乙女へ)
かの小野の小町が名哥よみても。よくひてりの順のよき時ハうけあい雨か

新田義貞ノ誤ナリ（原註）

ふり不申。あれハ北の山かくもりてきた處を内々よくしりてよみたりし也

につたゞ丶つねの太刀おさめて。しほの引しもしほ時をしりての事なり

天下に事をなすものハねぶともよく〳〵はれずてはりへハうみをつけ

もふさす候

おやべどのハ早子かできたなどと申人ありいか丶私しかい丶よるという

ておやりかしこ

六月廿八日　龍馬

おとめさまへ

此手紙人にはけして〳〵見せられんぞよ。かしこ（伯爵田中光顯氏藏）

○文久三年六月二十九日（龍馬ヨリ姉乙女へ）

この文ハ極大事の事計ニてけしてべちや〳〵シヤベクリにハホヽチホ

丶ヲいややのけして見せられるぞへ

六月廿日あまりいくか丶けふのひハ忘れたり一筆さしあけ申候先日杉の

方より御書拜見仕候ありかたし
私事も此せつハよほどめをいだし一大藩《ひとつのたゝきな大名》によく〳〵心中を見込てたのみにせられ今何事かてき候得ハ二三百人計ハ私し預り候得ハ人數きまゝにつかひ申候よふ相成金子なとハ少し入よふなれハ十廿兩の事は誠に心やすくてき申候然ニ誠になけくへき事ハながとの國に軍《ユクサ》初り後月ゟ六度の戰に日本甚利《ハナハダ》すくなくあきれはてたる事ハ其長州てたゝかいたる船を江戸でしふくいたし又長州でたゝかい申候是皆姦吏《カンリ》の夷人《イシン》と内通《ナイツウ》いたし候ものニて候右の姦吏なとハよほと勢もこれあり大勢ニて候得とも龍馬二三家の大名とやくそくをかたくし同志をつのり
朝廷より先ッ神州をたもつの大本《タイホン》をたて夫ゟ江戸の同志はたもと大名其余段々と心を合セ右申所の姦吏を一事に軍いたし打殺日本《ニッポン》を今一度せんたくいたし申候事ニいたすへくとの神願《ガン》《ネガイ》ニて候此思付を大藩にもすこむる同意して使《シ》者《シャ》を内《ナイ》々下サルゝ事兩度然ニ龍馬すこしもつかへをもとめず實に天下に

入ぶつのなき事これを以てしるべくなげくべし

○先日下され候御文の内にぼふすになり山のをくへてもはいりたしとの事聞へハイハイエヘンをもしろき事《コト》兼《カネテ》而思ひ付おり申候今時ハ四方そふぞしく候得とも其ぼふすになり太極々のくされ〳〵たルけさころもをかたにかけ諸國あんきやにでかけ候得ハ西ハながさきより東ハまつまへゟエツまでもなんてもなく道中銀ハ一文も用意におよばすそれをやろふと思へハ先づねのシンゴンしうのよむかんをんきよふイツカヲしうのよむあみたきよふこれハちとふしがありてむかしけれとどこの國ももんとがはやり申候あいたせひよまねハいかんぞよおもしろや〳〵をかしや〳〵夫ゟつねにあまのよむきよふ一部それでしんごんの所へいけハしんこんのきよふいつかふしうゑいけハいつかふしうのきよふをよみこれハとまるやどの事ニて候ほふだんのよふな事もしんらんしよふにんのありかたきおはなしなんとする也いたしまちを。ひる。おふらい。すれハきよふよみ〳〵ゆけハせにハ十分とれるなりこれをせひやれバ。しつかり。をもしろかろふと思ひ申候なんのうきよハ三文もらよ。ぶんと。へのなる。ほど。やつて見よ。死たら野べのこつハ白石チヽ《チリ》りや〳〵此事ハ必々一人にでおもい立事ハけして相《アイ》ならず候一人にていたりやこそ龍ハはやしぬろやらしれんきにすくにとりつくそれハ〳〵おそろしいめを見るぞよこれをやろふと思へハよく人の心を見さためなくてハいかんおまへもまたわかすぎるかと思ふよ又けしてきりよふのよき人をつれになりたりいたしたれハならぬ事なりこつ〳〵いたしたるがふぢよふばんバのつよばんバてなけれハいかん。たんほふ。をハ。さんゑぶくろの。内にいれ二人か三人かででかけ萬《マン》々《マン》一の時ハグワンとやいてとふそくの金玉までひきたくり申候

○私しおけしてなかくあるものとおほしめしハやくたいニて候然ニ人並《ナミ》のよふに中々めつたに死なふそ〳〵私か死日《シヌルヒ》ハ天下大變にて生ておりてもやくにたゝすおろんともたゝぬよふニならねハ中々こすいいやなやつで死《シニワ》ハせぬ然ニ土佐のいもほりともなんともいわれぬいそふろ

ふに生《ウマレ》て一人の力で天下うごかすへきハ是又天ゟする事なりかふ中ても
けして〳〵つけあかりハせずますますすみかふてどろの中のすゝめがい
のよふに常につちをはなのさきゑつけすなをあたまへかふりおり申候
御安心なされかし

穴かしこや

弟
直　花押

大
姉足下

今日ハ後てうけたまハれハ六月廿九日のよし天下第一おふあらくれ先
生を初めたてまつりきくめ石の御君ニもよろしくむバにもすこしきく
めいしの下女とくますやへいてなりたにしざいとのこんやのむすめにもよろしくそして平井の收次郎
しうもんじカ
ハ誠ニむごい〳〵いもふとおかをがなげきいか計か　ふて私のよふす
なと咄してきかしたいまだに少しハきつかいもする

かしこ

しもまちのまめそふももをこわれハせんかへ
けんごちりやなを
をかしい
(坂本彌太郎氏藏)

○文久三年六月廿九日　(龍馬京都ノ越邸ニ村田巳三郎ヲ訪フ)

廿九日土州藩坂下龍馬村田巳三郎の許に來る村田面會せしに勝麟太郎の使事を含み併せて國事を議する爲に來れりとの事なりしか勝の使事ハ騎兵銃一挺を本藩へ贈れるなり是ハ過日攝州神戸村へ海軍所を新設すへき經費金若干を勝の依賴によりて補足せられし事ありしか其厚意を謝する爲贈りしなり扨坂下か國事の議ハ方今天下の形勢を察するに長防二州の地ハ終に異國の有に歸すへきか一旦異國の有に歸する時ハ再ひ是を挽回するハ難かるへしされハ今日ハ有志者の傍觀して止むへき時にあらす宜しく談判を遂け外人をして內地を退去せしめ專ら國內を整理すへきなり然るに此事を實行するにハ關東の俗吏を退くるか第一の要務なれハ先勝

大久保の二氏に說きて其目的を定め扨春岳公御父子長岡良之介公子及ひ容堂の四人上京して一時に此大策を擧くへし村田云長人輕擧事を誤れり故に假令外人談判に服して內地を退去する事となるも已に誤りたる輕擧ハ償金を出して是を謝せさるへからす然らされハ日本ハ万國に對し不義不道の汚名を取り永世安全の道にあらす然るに目今　朝廷ハ却而長の擧動を是とせらるゝよしなれハ償金の說容易く行ハれさるへし是目下の一大難事也坂下云さる條理も有るへけれと長ハ國の爲め死を決せしなり其氣節稱賛すへし故に援けさるへからす且空しく傍觀してあらんにハ彼の二州の地を外人の有に歸せしむるのミならす長人或ハ憤怒に堪へ兼關東に下りて更に暴擧を企て或ハ江戶を火し或は橫濱を砲擊するに至るやも惻られす若さる事ともならハ國難は更に數層を加ふるに至るへし兎角今日ハ速に幕吏を處置し又外人へ退去の談判を開くへきなり村田云外人若退去の談判に服せさらハ如何坂下云談判に服せすして別に爲す所あらん

とするに迫りなハ全國一致の力を以て防戰すへし村田云是長の輕擧事を誤りたる爲め全國諸共に斃れんとするものなり今朋友數人同行し其一人短慮にて他人に暴行を加へ一場の爭鬪を開かんに同行したる者其一人を助けて他人を防かんか是朋友に對して義といふへけれと一國の臣民外國の臣民に暴行を加ふる事あらんにハ其君主たるもの必其理非を鑑別して相當の處置に及はさるへからす今長の事ハ即ち是に同し故に決して長にのミ偏すへきにあらす坂下云長の輕擧事を誤りたる罪ハ貴説にて明瞭せりしかし小生ハ其事を次となし先幕吏を處理せんと欲す故に速に勝大久保の許へ使を出されん事を望む若事支吾するに至らは刄を交ふる迄にも及ひ度なり云々　癸亥要錄　(續再夢紀事)

○文久三年七月一日　(龍馬、近藤昶ト京都越邸ニ村田巳三郎ヲ訪フ)

七月朔日坂下龍馬近藤昶次郎來る村田面會す坂下再ひ昨日の餘論を陳述し村田も亦意見を吐露し互に論議に及ひしが反覆講究の上遂に双方同論

に歸し長の事ハ天下の公論に委し一毫の私を容れ其罪を輕重すへからす外國の事ハ當然の道理に基き談判を盡すへし内國の事ハ人心の一和を圖り若戰を開くに至らハ闔國一致必死を極めしむへきに決しき　癸亥要錄

（續再夢紀事）

○文久三年八月七日　（外艦修理及攘夷ニ付テ龍馬ノ感慨）

大坂の塾中より頃日來狀其形勢を云内要文數ヶ條云々（中略）龍馬京都ゟ歸坂仕候て同道仕大隅守様◎大坂町奉行松平信敏え罷出時勢の儀申上候長州にて戰爭の異船横濱にて修補且手負人等療養爲致候事にて夷の手を借薩長を打たしむると風評仕候事既に攘夷の儀

勅答有之未た命令不行渡候故誠義の徒は奮激奸佞者虛に乘じ候て人氣四分五折の勢に到るの基ひ且又

天朝にては夷船に候へば英佛荷魯を不論打拂ひ候事只夷を惡み天下に寇讎を攘むるの理然る時は終に

皇國衰微の兆是を防ぐに術無らん依之內直を擧枉を黜け清潔の政を施し賞罰を明にし又朝廷よりは熟親仇讎を辨別して戰鬪するの命非らずんば能はずと申上置候右等の義に愛之助ゟ巨細可申上候依之只其縷《マヽ》を奉申上候

今度攝海監察使として四條殿東園殿御下向有之旨趣粗承候處四條殿は明石表東園殿は紀州加太浦御滯留にて異船通行次第無論に可打拂との趣左候へば彌前條申上候仕合乍恐

皇國浮沈の界不絕歎慨。　依之龍馬義近日明石え罷出四條殿え拜謁の上右等の段申上戰鬪に及候共有名實直に仕度尙又神戶は關西の海局と相定

朝廷の令を以て人物御任撰惣都督に据彼所にて藝術人品悉く相撰貴賤を論せす登庸爲致候はゞ　皇國の人物爰に集ひ攝海及四隅の防禦嚴革《マヽ》に行屆可申入費の儀は關西の諸侯より償ひ候事に

勅命下りたりまた東武の海局は關東の局とし候て皇國の武威爰に盛に相

成候半と右一々建白仕若御許容の体も候はゞ直に越州え立越候て江戸へ出府可仕此義大隅守様へも申上候（海舟日誌抄）

○文久三年八月十一日（松平信敏來翰一節）

海舟于時在江戸

此日御供并御留守の面々御目見上意あり

今日大坂松平大隅より來翰云

扨今般坂本龍馬大義を論じ越公◎松平慶永も上京の積然る處宿所高臺寺を被燒遲御難斗且氣力少きを憂ひ云々と云（海舟日誌抄）

○文久三年九月十三日（龍馬ヨリ平井かほへ）

先づ々々御無事とそんじ上候天下の時勢切迫致し候に付

一高マチ袴

一ブッサキ羽織

一宗十郎頭巾

外に細き大小一腰各々一ツ御用意あり度存上候

坂本龍馬

九月十三日

平井かほとの

○文久三年十月十二日（土佐ノ黨獄）

門生千屋◎菊次郎望月◎龜彌太來る聞く土州にても武市半平太の輩逼塞せられ其黨憤激大に動搖す且寄合私語する者は必ず捕へられ又打殺さるゆへに過激暴論之徒長州へ脱走する者今三十人斗りまた此地に潜居する徒を嚴に捕らへ或は歸國を申渡すと云（海舟日誌抄）

○文久三年十二月三日（龍馬ヨリ中岡愼太郎へ）

厥後は御遠々敷先以貴兄御矗々可被成御起居奉南山候降て弊生無異御放念可被下候扨天下の形勢は日々相迫隨分面白き時節到來御樂み可被成候君には至急御打合せ申儀御座候間早春御出府被成度國許の儀は例の衆中へ御托し置被遣東西奔走無油斷相運候樣御申附被下尚委曲は御面に讓り申候甚申上兼候得とも御出府の砌私留守の袋棚の中に吉光の短刀入置候

間御持參被下度至極不似合なる儀なれ共宜敷御頼み申上候まつは右迄如
此御座候謹言

十二月三日　　坂本龍馬

中岡愼太郎樣

私留守のものに龍馬無事の段御傳達欠マ、申上候拜　（瑞山會文書）

○元治元年正月二十二日（龍馬ヨリ姉乙女ヘ）

此度門爲◎門田爲之助の參候て海山の咄御國の咄も聞つくし誠におもしろく奉
存候、然私の心中などのこらず此の爲に咄有之候間くは敷御聞取可被遣と
存候　稽首龍馬

正月二十二日　　直柔

坂本乙樣左右　　（坂本衞直氏藏）

○元治元年正月廿七日（土佐ノ黨獄）

土州の學生　金馬◎安岡忠綱來る同人國え奔走聞く一昨冬已來國内不穩京師

に出で遊說せし平井周太郞（マヽ）◎收次郞　正木鐵馬（マヽ）◎間崎哲馬　廣瀨謙太（マヽ）◎廣瀨健太が輩皆切腹被申付當時田所島太郞が輩周防三田尻え亡命すと云且國內の官吏切殺の事あらんとす　（海舟日誌抄）

○元治元年四月四日　（橫井小楠ヨリ勝海舟ヘ）

一書奉呈仕候益御安泰に被爲成御勤恐悅に奉祝候先以熊本御通行之砌は坂本生御遣し懇々被仰聞其上金子拜戴御厚情不淺奉拜謝候然者坂本生迄奉願置候養子橫井左平太養弟同大平幷同藩岩男內藏允航海爲修行差出し誠に犬豚兒之者共御難題に罷成候義は彌奉恐入候得共御門下に被仰付御家來に被召仕被下度萬々奉願い才は同人共より可申上候

河瀨典次罷出拙者さし出候事と奉存候兼而御高話承り居候上平吉生之志願にて有之閑散に任せ認候事に御座候只今に成り候ては天下之人情海軍にも異議は無之自然之勢に候へ共唯々　廟堂一決萬牛回首とも可申哉近々京師之傳報承り誠に因循之極に落入甚遺憾に被存候必竟は又天下列藩

疲弊之極に至り候へは海軍之事も總而費用を厭ひ人情是又致し方も無之勢に御座候得は此費用を辨する之術尤以大切と奉存拙者に者三件之事を申立候へ共御取り起に相成候得者必しも三件に限り候事に者有御座間敷外に肝要之事も一二ならさる儀と被存候此段之經綸は本邦はいまた開闢之昔にて御座候へはいか計之事業を起し候儀も難計方今之疲弊を變却仕大富國と相成候事は決而疑惑無御座候乍然是等之著眼は口に發しかたき時勢に御座候へは先船を造る用意迄三件を出候事に御座候何分可然御用捨奉希候

今般之御下向御配意之事と奉存候乍然外國人は眼孔遠大にて御心遣も被爲在間敷唯々内地人情近小其勢因循に落入らさる事を不得慨嘆之至に御座候各豚兒之事御賴中上度餘は大略仕候頓首拜

四月四日認

横井平四郎

勝　麟太郎様

（小楠遺稿所載）

○元治元年六月十七日（龍馬ノ北海拓殖意見）

爲乘替船翔鶴丸長崎丸爲引船黑龍丸入津坂本龍馬下東右船にて來る聞く京攝の過激輩數十八《二百人程》皆蝦夷地開發通商爲國家憤發す此輩悉く黑龍船にて神戸より乘廻すべく此義御所幷水泉公《◎老中水野和泉守忠精》も御承知なり且入費三四千兩同志の者所々より取集たり速に此策可施と云志氣甚盛なり（海舟日誌抄）

○元治元年八月廿三日廿四日（龍馬西國ノ形勢ヲ語ル）

廿三日　坂本生從京地歸る聞く當節征長の說に繞《撓カ》み薩にも無策略初め薩人橋公を以て惣督將軍とし大兵馬の權を付さんとせしに橋公も又乍恐嫌機ありこれを御主張する不能其內薩の間者來て云小倉藩下の關異艦來りし時出て告て曰く吾藩は幕府功勞之家命を奉て敢て敵對せず汝等意とする勿れと又從前小倉に幕府の命あり下關え異艦向ふとも決て動ずることなく其成すが儘なるべしと是等の傳聞大になりて異艦戰爭は幕吏賴みしものか譬長罪ありとも同斆　皇天の地異手をかりて是を征す豈皇國同人

種の成す所ならんや其幕吏の罪たる實に國體を恥かしむる也宜敷是を糺問せずんば有べからずと此說京攝西國間に盛にて實に征長の命を奉せず或は備因藝の國々にて征長は後なるべく攘夷して後長に及ばむなど云說沸騰せり又尾老侯と其當主の御中間隔絕の事あり今老侯出て惣督たるは老侯附屬の士等勢大に及ばむ必らず出だすべからずなど瑣々たる愚說囂々たり（〇中略）

廿四日千屋金作來る聞く長州國人京地一戰より已來議《マヽ》臣の一定せず又朝敵の名ありしより國民恐れて勇氣を失す宰相父子は積年の勞一朝變じて此暴擧に及びしを恐れ其本心不通宜敷他人に誤られしを悔何れの道も歎願罪を待たんと決心せられし由吉川家にて右等は其本意にあらず御調《マヽ》周旋の爲出京盡力せんと日夜苦心に及び其道を得ざるを歎ず（海舟日誌抄）

〇元治元年十月（小松清廉ヨリ大久保利通へ）

〇前略　神戸勝方へ罷居候土州人異船借用いたし航海之企有之坂元《マヽ》龍馬

と申人關東罷下借用之都合いたし候處能く談判も相付候よし右に付同藩高松太郎と申人國元より罷歸候樣申來候由然る處當分土佐國政向甚嚴敷不法の取扱有之罷歸候へば則ち命を絶ち候よし右之船餘り候得ば則ち乘込相成候間夫迄潜居之相談承り餘計の事ながら右邊浪人體之者を以て航海之手先に召使候得ば可宜と西郷抔滯京中談判もいたし置候間大坂行屋敷へ内々御潜め置申候（後略）　（維新土佐勤王史）

○元治元年十一月三日　（横井小楠ヨリ勝海舟へ）

一書奉呈仕候愈御安泰に被成御起居奉拜賀候先以即今事情近々申來り順路之御運歟と大慶仕候兼而御高論之通り今日之第一議海軍之一途に有之開鎖之論抔徒に閑是非を爭のみに而何も被差置此一途に御運被成候へは自然に人心開明は相違無御座候乍去　廟論恐くは此に一定仕間敷深懸念仕候　越老公も御上洛とは承り申候黜斥之諸有志再用之處恐らくは出來申間敷二三之人物を差置其他は凡輩のみにて誠に絶言語候御知已之藩に

て何分御心配被成下度奉希候

同藩末松覺兵衛大谷德太郎此節歸國仕候兼而御景慕仕候間乍御面動御一面被成下度奉希候德太郎事は是迄航海に志し彼藩蒸汽船引受乘り廻し罷在候歸國之上都合に寄り御塾に罷出修行仕度念願に御座候呉々可然御申聞奉願候大久保公御再用とも承り如何之次第にあ御座候哉　幕庭不相替依舊之御模樣歟と奉存候此公御擧用必す樞要之地にあは有御座間敷慨嘆仕候此段迄拜呈餘は近々可申上候頓首拜

十一月三日

横井平四郎

勝　麟太郎樣

尚々坂本近藤二子御塾に罷在候へはよろしく御傳え奉願候先頃は同社之者なる罷出御懇意被成下候段申遺候其外近々出京仕候間可然御申聞呉々奉希候也

○慶應元年四月八日　（大山綱良ヨリ時田少輔へ）

長薩同盟關係

拜啓仕候
未緩々不奉接芝眉候得共愈御安寧過日當地ニ御指入之段致拜承即御見舞
可申上之處彼是御多忙中与奉恐察居候而差扣罷在候今日御透被爲在候ハ
ヽ晝後より參樓仕度丁渡以寸楮奉窺上候書餘期其折候匆々頓首再拜

四月八日　薩摩　大山格之助

〆　時田少輔樣　〆
侍史

（時田少輔氏藏）

第二卷土方久元講演ヲ參照

〇慶應元年五月二十四日ヨリ同年閏五月十二日ニ至ル（薩長和解ニ關シ土方久元ノ斡旋）

同〇五月二十四日今日は出足歸西に付朝より多忙なり九ッ時より別抔を酌
み七ッ時頃發足暮頃伏見著直に服部政次郎方ニ行き其より文珠方にて
一泊吉井幸輔父の西歸を送り父子同行其外石川誠之助中岡愼太郎筑前藩大

藤太郎長州泉源藏も同伴なり〇中略

同〇閏五月二日早朝出帆暮頃豊前田の浦に着船自分ハ長州へ用向有之候處當時薩長之間未だ融解の運に至らさるを以薩船にて長州寄港を爲すを得す仍て自分は爰より上陸し中岡初しめ一行と分袂す〇下略

同三日早朝出帆長州福浦ニ五ツ時頃着船其より上陸晝後ヨリ白石正一郎を訪ひ報國隊副官福原和勝に面會七ツ時頃輿膳五六郎馬上にて迎に來り同伴長府に行き本陣にて一泊大場傳七原田順次福原和勝輿膳五六郎等と相會し京攝之模様幷に薩長和解之儀ニ付彼是談論小酌時を移す九ツ時頃一同歸去る

同五日坂本龍馬安喜守衛黒岩直方に面會宰府之事情共承る時田庄輔亦來り面會今日ヨリ東南部綿屋彌平衛と申に轉宿暮頃より時田亦來り小酌閑談四ツ時頃歸る

同六日桂小五郎時田庄輔來訪此度西郷吉之助薩州より上京懸け當地に立

寄候手筈ニ付當藩にても城壁なく腹心を以て篤と相談を遂け中度既往之小忿は國家之大事に難換は勿論將來兩藩提携を以て盡力有度旨色々申談其より小酌閑談之上九ッ時頃歸去る七ッ時に至り野村靖之助來訪暫時對談之後歸る

同七日時田庄輔桂小五郎太田市之進福田良輔旅宿を訪ひ其より白石正一郎方に行き暮頃歸る

同八日桂小五郎來る宿より酒肴差出候に付小酌す暮頃より外出

同九日薩長和解之議も愈々相纏候に付此より諸卿方へ復命之爲歸西に相決し九ッ時より乘船福浦迄參候處海上不穩に付滯留上陸小茅屋に宿す

同十日朝出帆九ッ時筑前黒崎に着船

同十二日日出頃出足四ッ時頃大宰府着西里佐七郎と申周旋役來り直に面會其より五卿方へ參殿拜謁之上京攝之事情幷に薩長和解之義に付縷々申述候薩州人黒田嘉右衛門清綱今日當地出足上京之由ニ付面會今夜は一

同と小酌閑談す〇下略　（回天實記）

〇慶應元年五月二十八日（廣澤眞臣ヨリ木戸孝允へ）

芳翰奉謹讀候彌以御壯健被成御起居奉賀候扨如命薩周旋一件に付ては則左之通（四境相迫るに隨ひ兎角畏縮に出る說ならむか）

薩州小松帶刀西鄕吉兵衞等御當家之儀ニ付周旋盡力仕候樣子に御座候處是迄岩公より御內々御賴に相成り御手を被就置候得共此御方情實委細通じ兼居候樣に相見へ申候付兩君公御內慮之處岩公より小松西鄕等へ改て被仰入被下候樣被成御賴尙又小松西鄕も萬一內輪において嫌疑共有之候ては難堪次第ニ付彼御方君公迄徹上仕置候得ば小松西鄕等も內輪掛念無之公然盡力可相成歟との書面侍御史より政府へ持出其節十分に老兄にも御同意之樣相咄節角如何之事に候哉被相考候得共先達條公へ御呈之趣も承知仕居多分意味不通にて可有之兎ニ角薩へ兩君公より改て御賴被申筋ハ不可然當今彼藩種々之取沙汰も有之候得共實否不分明にして手を下し

還て情實齟齬仕又候如何體之御國害出來も難計何分御差止可然と斷然相決置候薩迚も實に神州之御爲盡力仕候得バ我藩においても私怨を以十口甲筋無之段は勿論之事と相考候得共卽今之艱難を相凌んため手を下候樣には決て相成申間敷矢張是迄之御親因之處を以御附合相成り可然と奉存候尤彌皇國之御爲周旋仕事に候はゞ其節に至り御取計振も可有之其內之處ハ行形之通岩公より之御賴之筋にて可然奉存候併如命岩公よりは何と歟御挨拶有之度老兄御書面之趣を以兼て御議論之侍御史迄篤と相達彼御方御用人へなり共氣を附候樣旁可及示談候先ハ略貴答迄に如此他は拜靑萬可申上候頓首

五月二十八日　廣澤藤右衛門

桂　小　五　郎殿

（侯爵木戸家文書、防長回天史ニ據ル）

是歲三月朔日薩藩士吉田淸右衛門岩國ニ來リ在京ノ老臣小松帶刀ノ書ヲ吉川氏ニ呈シ再征ノ擧ハ尾薩ノ贊セザル所ナルコトヲ告ゲ兼テ上國ノ形勢ヲ報ズコレヨリ先吉川氏

ノ臣横道八郎治森脇一郎右衛門等主命ヲ含ミ京攝ノ間ニ赴キ三月五日伏見ニ於テ薩藩士高崎兵部(正風)ニ面シ告ルニ宗藩内訌鎭定ノ狀ヲ以テシ寛典ノ處分ヲ斡旋センコトヲ請フ高崎語ルニ上國ノ形勢ヲ以テシ再征ハ薩藩ノ贊セザル所ニシテ毛利氏ノ爲メニ盡ス所アラントスルノ意ヲ告ク　編纂者識

○慶應元年閏五月二日（時田少輔ヨリ木戸孝允へ）

一筆拜啓仕候爾來彌御勇健可被成御在山◎在山口ノ略奉拜賀候扨追々御聞及ニ而可有之過日小田村君御一同筑前行之節宰府表にて相對致候土藩人坂本良馬近日薩國より歸筑同國之情態相心得居小生共へ而荒方相洩申候勿論公卿方拜謁而被仰付候其次第ニおいてハ小田村君委細ニ御承知之儀ニ御座候然處右同人且安藝守衛◎黒岩直方ノ變名兩人昨夕馬關へ着仕候先生へ御面話之義兼而相願居候段噂モ致居候事ニ付其積ニ而渡海ニ及候義ト推察仕候乍御苦勞早々御出關被成下事情御探索有之度所祈候右良馬事者先生ノ御世話ニ相成候義モ有之由申居候先生御面談相成候者何而薩國之情態相分可申ト奉存候小田村先生へ而及御知置候間被仰合早々御出關吳々奉待候其内不都合之義無之樣爲取扱可申候何分別人ニ而者密事相洩兼候樣相見申

候先者右之段御報知迄不取敢以一使申上候書外委細之義ハ御出關之刻萬々可得拜話候多忙中取紛草略御海涵奉希候恐惶敬白

閏五月二日

二白差急キ別而狂筆多罪御海涵可被下候頓首

時田少輔

木圭大先生

御密披

（侯爵木戸家文書、井上伯傳ニ據ル）

○慶應元年閏五月三日（楫取素彦ヨリ時田少輔へ）

尊書拜讀梅霖中倍御清適奉太《マヽ》賀候僕儀も歸山後無別條打過候間乍憚御省念可被下候御使節中御隨行此より裕《マヽ》不一形失禮相働今更後悔之到《マヽ》不知所謝候坂本出關ニ付御飛脚被差出御配念難御堪奉存候彼一條木圭に相談候處都合宜敷卽同人も出關可仕候宰府ニ而右承合候密計打出シ公然与相謀リ候處諸向引受心宜敷甚降念仕候追々熟談之陽ニも至り可中哉吉川公江

彌昨日出途明日ハ山口著と奉存候彼是申上度儀御座候得共紙上不一ニ餘ハ御面上ニ讓り可申候何も木圭ゟ御聞取可被下候恐惶頓首

閏月三日

素太郎花押

二白時令御加養爲國家奉專祈候熊野山田之兩家江も可然御傳語奉希上候以上

少輔様尊下

（時田少輔氏藏）

○慶應元年閏五月三日（木戸孝允ヨリ時田少輔へ）

少輔様

小五郎

内拜復

朶雲奉拜誦候彌　御清榮御精勤奉大賀候さて先頃ハ出關不一形蒙御高意

奉萬謝候此度坂本其外來關ニ付早々出浮候樣との御事悉《マヽ》細奉畏候明日より早速發途可仕と相決居申候間其中萬緒乍失敬都合克御取扱置被成遣候樣奉願上候實ニ態々之御人遣奉恐入候何も拜靑之期と申縮候先ハ爲其匆々頓首九拜

閏月三日夕

尙々乍失敬諸大先生方へ毛可然御致意奉願上候拜　（時田少輔氏藏）

○慶應元年閏五月五日　（木戸孝允ヨリ長藩廳へ）

各位御揃御壯榮御精勤奉恐賀候弟も昨夕着關折柄條公御附土方楠左衛門◎土方《久元》なるもの上國より下り掛け罷越上國の模樣も甚不面白乍恐朝廷も御微力にて今日御一定と申邊之思召も不被相窺諸藩々征長之とゞめにも今日征長と申事にては條理不相立一應從朝廷至當の御處置被仰出其上服從不致節ハ罪をならし天下へ公然と號令を下し征討有之度などゝ申位の事にて其處理と申說もどの口より傳承致し候ても何れも決して不被折合

事而已どの道行詰ハ進か守かの二つに有之候處元より輕易ニハ不被相進候得共兎ニ角今一應屹度大難ハ來り候覺悟に無之ては不相叶何れ一大變動に付どの道可立至模樣に付薩上國詰のものも甚掛念之趣ニ付今度急ニ歸國大島◎西郷吉之助ノ變名等へ早々上國を促し候次第ニ付大島來十日前後蒸氣船ニて來關致し弟へ面會致し度ニ付是非馬關へ出浮吳候樣との事に付土方も長府迄出掛弟出關の趣を聞於馬關相待居候次第ニ付筑行は一先見合來關の上は大島へも可疑ヶ條を擧げ屹度督責仕見度肥後も中々手を盡し是非征討無之ては不相濟との決談に付餘程力も盡し彼横井なども共に大に手を廻し居候趣彼等も雖姦元より尋常人ニハ無之事ニ付油斷も不相成何分ニも待敵の説は御決定有之定て昨今ニハ岩公◎岩國藩主吉川監物も御出山◎山口へ出ルコトと奉存候然る上は早急御三末樣にも御出浮被爲在片時も速ニ御決議被爲遊候て御家中諸隊へは不及申御國内へ布告肅然と覺悟相定め御指揮を相待候樣御處置有之度左候て岩國御出浮之上は姦魁之御處置迅速ニ御《マヽ》手

被下進退事等も早々相運ひ何卒御國内の人心惑を解き方向相定り候御處置偏に奉祈候自然萬一も岩國御出山の機を失し候ては百事瓦解御盡力之程是非々々奉仰候彌岩國も御出山ニ相成候得は御三主(原註)御三主ハ末家三藩主方へも速に御出浮被爲在候樣被仰進度奉存候(中略)上國之次第も前條之通ニ付御手當事何分ニも速に御運に相成候樣奉祈候小銃も早速手に入候事無覺束長崎ニ長キミ子ー千挺程は有之歟之由左候得は差向此分丈け御求に相成候ては如何哉先日御決定に相成居候丈之分ハ相誂置候はヽ何れの日歟參り可申候長崎有合之分丈けは御拂下に相成候ても速にハヶ可申歟と奉存候(下略)

閏五月五日夜

(侯爵木戸家文書防長回天史ニ據ル)

○慶應元年閏五月八日　(土方久元ヨリ時田少輔へ)

藩長同盟關係

醉中亂筆不成文御推讀奉願候失敬之段は偏ニ御海恕奉祈候

御手簡被投辱奉捧讀候彌御安康被成御座奉賀上候陳昨日は御用繁ニ而竹

崎ㇾ御供も得不仕遺憾之至奉存候却而御懇謝之程奉愧縮候如來諭明日は愈歸筑之含ニ付追而御再會之上萬縷可申上候滯留中ハ段々御懇命奉蒙難有仕合奉存候乍恐

君上樣ㇾ御都合を以

御前宜御披露奉賴候折角時下御自重爲天下御盡力奉專祈候取急草略貴酬迄如此御坐候恐惶敬白

閏月八日

土方楠左衛門

時田少輔樣

侍史貴報

（時田少輔氏藏）

○慶應元年閏五月九日（閏五月五日夜付木戸孝允ノ書翰ニ對スル政府員答書）

御表書奉拜見候彌以御剛健被成御滯關奉珍壽候土方楠左衛門此度上國ヨリ下リ掛御相對相成候趣委曲承知仕候薩藩大嶋◎西郷吉之助事明十日前後蒸氣

船にて上京之砌其御地罷越老兄へ致御面會度念願有之由にて大宰府行は一先御見合相成り右御相對之上彼藩可疑事件屹度御督責被成候上彌可信趣ニ候はゞ此內預御示談置候通程克可被成置申も疎に奉存候岩公◎吉川經幹にも過る六日御出山被爲在未た爲何御議論も承知不仕孰れ以往待敵其外御處置振確乎御不動有之度就ては御三末様にも御一同御評議相成候様との御事にて既に君側より御使被差越決して近々御出山と一統相待居候今日御國內御手煩之根基は如命姦魁之御處置にて實に差急事と相考無疎詮義仕候小銃之事は此內村田藏六より青木群平其外迄申越候通不取敢長襲條銃千挺崎陽ニ於て御買入相成度其餘之處も何卒早々御手に入候様是祈候大嶋へ御相對相濟候得ば薩筑國論上國邊以往之形勢も略相知可申事と相考何邊早々御歸山奉待候右爲御答如斯御座候　恐惶謹言

閏五月九日

（侯爵木戸家文書、防長回天史ニ據ル）

○慶應元年閏五月　（薩長連衡ニ關シ木戸孝允自叙ノ要旨）

歸國して見れば前日敵視せしもの薩なり今や五卿を保護し長州は怨を懷て孤立す長州今日一致して我主公を戴く五卿にして苟も其起居に安んせざるあらば全國の力を盡し之を長州に迎へざるを得ず因て衆に謀り後藤深藏後藤は土州人にして當時遊擊軍の軍監なり◎上田宗兒正則ノ變名に托し一書を條公に呈し安危を問ふ條公の答に薩藩の近情前日に異なるものあり彼れ善を爲すも曲て疑惑する時は却て前途の事に困難多からむ但し我等の志は彼の向背によりて變せざるは固よりなり降心すべしとの意を示さる因て漸く安心せしも猶甚だ疑ふもの少からず其後土州人坂本龍馬石川誠之助等も長州ニ來り桂等に薩長和解の事を促す前年天王山の役兵士弓銃刀鎗を混用し其大不利を知れるを以て今や機に乘じ兵制を一變せんと欲し其利害を參政山田宇右衞門にも謀り大村益次を拔擢し軍事を改正せしむるの際にして小銃一萬餘挺を買求するの要あり因て龍馬等に說くに現狀を以てし長州四境皆敵而して薩州天下の爲め我を容れむとすと云ふ兄等の言果して眞ならば薩名を假

り小銃を長崎に求めんと欲す如何と龍馬等之を諾す終に井上聞多伊藤俊輔を長崎に遣り小銃七千挺蒸氣船一隻を買得したり（防長回天史抄）

木戸ノ自叙ハ本書第二卷「木戸孝允長藩勤王始末覺書」ニ在リ參照

○慶應元年六月二日（伊藤博文ヨリ木戸孝允ヘ）

（前畧）良馬誠之助◎石川誠之助即中岡愼太郎兩人上京之節彼の蒸汽船買求之儀及談判候處何邊盡力仕候て被行候事ニ候得は良馬歸關可仕と約束仕置候最上京直樣及示談一左右爲報知兵庫邊より船一艘雇ひ候而事情精し敷可申越ニ付其節船賃等當地にて拂渡吳候樣申事ニ付右之儀も約束仕置申候書狀ハ賢台と私へ當送附可申と申居候（下略）

（行間細書附言）汽船買入ニ付名を借り相求候等之事ハ狂介◎山縣狂介も至極同意仕居申候

（侯爵木戸家文書井上伯傳ニ據ル）

○慶應元年七月十九日（井上馨伊藤博文ヨリ長藩政府員ヘ）

爾後御清適可被爲入欣躍之至奉存候小生共一昨十七日太宰府迄無恙到着

井上伊藤二士ノ篠崎彦十郎ニ面會ノ土方久元ニヨル紹介 編者識

仕候間乍憚御放慮奉願上候條公樣方御英然可被爲在候間此段被爲達君聽候樣奉願上候竊ニ拜謁仕縷々事情申上候處大ニ御安心被爲在候處別段相變候事も無之當節五藩御警衞之人數も交代彼是ニて至て少人數之樣子ニ承り及申候崎陽行則今日より當地出奔之覺悟ニ御座候當節は小松帶刀崎陽ニ相滯居候由ニて旁都合宜敷多分被相行可申と奉存候當地出張篠崎彦十郎と申者より崎陽出役之者へ添書仕吳候ニ付士の楠本氏（◎文吉海援隊士谷晋）同行可仕候薩人を一人同行を相賴み候へ共當節少人數ニ付一人も難差越由ニ付不得已三人ニて罷越可申と奉存候右ニ付ては銃艦共買求之相談相決次第金は從崎陽慥成町人ニても差出可申候ニ付此書相屆次第金高凡拾貳萬兩之御手當被成置前廣馬關迄御差出置被下候て從崎陽一書差送次第何時も御渡相成候樣奉願上候此度は如何樣之事有之候ても御違約不被下候樣奉願候薩州人へ對し候ても自然違背仕候事出來候ては僕等面皮は差置國辱不可雪と奉存候此段偏ニ御忘却不被下候樣奉冀候爲其急飛を以如此御

座候誠惶謹言

七月十九日

山田新助ノ◎井上變名

吉村莊藏ノ◎伊藤變名

尙々山口某は太宰府より日田邊へ罷越候由ニ付其儘差置申候大ニ虚喝を吐き候とて御附人數等も大ニ笑居申候位ニ付强ての事も有之間布候へ共多分處々流落仕候中ニは被縛可申乎と懸念仕候以上

山田宇右衞門樣

兼重讓藏樣

廣澤藤右衞門樣

前原彥太郎樣

桂小五郎樣

（木戶家文書、井上伯傳ニ據ル）

○慶應元年七月二十二日（井上馨伊藤博文ヨリ木戶孝允へ）

七月廿二日之御懇書難有奉拜讀候御別後嘸々御苦慮可被爲在と奉拜察候

私共崎陽到著隨分當節ハ苦慮盡力仕候九州邊事情可申上樣被仰越候處別段委敷義ハ未ダ承知不仕候ヘハ荒增承リ候處近來ハ平戸大村兩藩殊之外正義凜然之模樣ニ承リ及申候渡邊昇《マヽ》人も當地滯在小松帶刀抔追々面會之由ニて餘程ヨキ人物と賞居申候肥前國論更ニ如例不相分肥後筑前久留米擧國俗論橫井之門人登庸握權之由薩ハ實ニ當節ハ幕府の嫌疑を受居申候當節ハ小松崎陽ニ滯在蒸汽船四五隻宛相舶居候ニ付肥後人抔ヨリ長崎鎭臺ヘ薩ヨリ長を助る爲め小松當地滯在抔と上言仕候位最薩ニテハ區々之事に不係海軍を盛ニして武備を充實させる事而已に專力を盡居申候土藩新宮◎馬之助高松◎太郎千屋◎寅之助上杉◎宗次郎イツレモ坂本龍馬部下ノ隊士也等之士ト面會仕候色々議論モ有之候ヘ共歸來可申上候先達テ馬關ヘ參リ候瓜生三寅ト申越前人既ニ賢臺ヘも御目に懸リ候もの至て姦物ニて肥後庄村某と結合追々諸方之探索ヲ以幕ヘ申込候由也既ニ賢臺馬關ニテ英ミニストルと御應接ニ相成候攘夷敕諚之事ニ付テハ當節一冊之書に綴リ色々誹議を加ヘ英ミニスト

ルと賢臺之論と故之英ミニストルとの論を三等に分ち瓜生之註を入れ有之由夫一見仕候○船御買入之事ハケ樣切迫ニ政府諸彥申越候へ共決而御氣遣被成下間布候イカ樣ニても相成可申候事ニ付周旋可仕候最是非乘此時相求置度候ニ付何卒政府ニ論迫被下候て御買入相成候樣御盡力奉願候年越ニテ金ヲ拂候事等ハ此度ハ餘リ不面白ト奉存候不被行義ニハ御座候ヘ共僅七萬ドル位之事且危急存亡ニ相備候事ニ候ヘハ金モ一應相拂候方可然と奉存候私共別懇なる英人ガラズと申もの兩人商賣等相始候へば百萬ドル位之事ハ何時借（マヽ）呉候ニ付イカ樣ニも此先ハ御手傳可申上候御氣遣被成遣間敷候樣奉願候船之御答を速に政府より御申越奉願上候賢臺へ而已責を歸候てハ奉恐入候ニ付政府諸彥へ宛テ書翰差送リ申候御推讀奉願上候先ハ爲其申上候　恐惶謹言

七月廿七日

花　　輔　◎井上ノ變名

春輔〔◎伊藤ノ變名〕

一此度ハ餘程謹愼ニて候間無用之入費等ハ一向不仕候間馬關迄金繰出し置候事抔ハ無相違御願申上候以上

同日　　同人

（侯爵木戸家文書井上伯傳ニ據ル）

○慶應元年七月二十六日（井上馨、伊藤博文ヨリ長藩政府員ヘ）

以飛書御答申上候銃艦一條被仰越候委曲致拜諾候拙生共過る廿一日崎陽到着薩藩小松帶刀其外面會之上一々及示談候處案外ニ都合宜敷參リ薩州買入之名前を以周旋致呉候との事ニ相決既ニ當節夷人へも及懸合銃は殆不殘相調申候左候て艦之義も御買入相成候儀は必然御決着相成居候事と相考只得其名候へば子細無之事ニ付何卒買求候方略色々苦心仕候て薩人へも急迫ニ談し込依賴仕候處固より於今日は唯吾藩之寸益ニも相成候事ニ候へハ幕府への嫌疑等之事ニ更ニ眼を注き候譯ニ無之故いか樣之事に

てモ盡力可仕との事則銃買求之義も速ニ相運ひ候如く毛頭嫌疑を厭ひ候樣子も更ニ相見不申後來之處も力之及候丈ヶハ相助可申との義ニ付卽明後日より小松帶刀歸國新助ノ◎井上變名同行蒸汽船にて一應鹿兒島迄參り候樣相決申候莊藏ノ◎伊藤變名義ハ當地ニ滯留小銃不足等之始末を相着申候て薩之蒸汽艦再ひ崎陽へ到來を待候て銃を積込直樣歸帆と相決申候就而ハ能々御熟考奉願候事ニ御座候薩にて箇樣ニ嫌疑を不厭盡力仕呉候へハ幕府之忌諱ニ觸候事イカ計カ被推察候事と奉存候外藩ニてさへ如此致周旋呉候事ニ御座候へハ諸賢臺一應御評決之事再變仕候樣相成候てハ實ニ今日之急ニ應《マヽ》候而已ナラス外藩へ對候ても國論一定之處ハケ樣と申候言葉も有之間布と奉存候今一應君上へ御伺等之事ハ急務之事ニ候へハ片時も速ニ被爲伺御評決可被仰越義と奉存候只々御買求相成候と不相成との御決議相着居候へハ其名を得其船を求候等之事ハ死力を盡し御國害を不生樣と實に焦思勞心仕候て既に薩藩へも深重之熟議ニ及候折柄曖昧模稜之事ニ

て御決斷不相着候てハいか樣にして他より扶助仕候事出來可申哉僕等外ニて盡力仕候益も有之間布と奉存候則銃を求候ハ不虞之御備ニて自然敵兵境內ニ差迫候て暴戰ニ及び可申も難計事ニ付御手當相成候事ニ候へハ其不慮ニ御備相成候義ハ人力之及候丈けは御調不相成てハ相濟間布と奉存候只昔日之因循ハ今日之實着と而已御存付ニてハ時勢ニ違ひ候事と奉存候於拙生共ハいか樣共諸賢臺之貴意ニ任せ可申候へハ中々礮艦御買入等之事も幕長關係之中ハ容易ニ再ひ相調候譯に無之且薩藩と申候ても度々相煩し候譯ニも參申間布且僕等當地滯在之苦慮も少し御推察奉仰候固より束縛せられ候ても拷掠百端處不敢辭ニ御座候へハ毛頭御國害ニ相成候事ハ決て不仕候ニ付此段御推察奉冀候猶艦之義ハ一旦薩人へも依賴仕候て略相決候儀且後來之處も薩と御合一ニ御座候へハ此方より餘り動搖之言を不出方可然と奉存候間何卒速ニ君上御伺艦ノ御入用と御不用と申事を急速ニ御答奉願候薩國論開國勤王ニ無之ては皇威回復ハ出來不申と

擧國一決と承り及申候會津抔と絕交議論異同ニ相成候義ハ只會之論ハ開國ニして幕威を助る之論ニて薩と相離候由固より未た信僞一ニ御氷解も相成間布候へ共僕等一見之處ニ於ては薩今日之國論毛頭國家之禍害ニ相成候譯更ニ有之間布と奉存候船之義ハ御廟議御一決絕て御動搖無之處分明ニ被仰越可被下候最速ニ無之候ては行違ニ相成可申ニ付迅速ニ御決斷爲邦家奉仰候餘ハ別紙一ツ書を以御承知可被成下候匆々恐惶謹言

七月廿六日

山田新助

吉村莊藏

山田宇右衛門樣

桂小五郎樣

廣澤藤右衛門樣

兼重讓藏樣

前原彥太郎樣

別紙

覺

一ミチーケペール短筒

四千三百挺凡挺別拾八兩之積リニテ

右ヘ當ル代金

七萬七千四百兩

一ケベール

此分所々豪農其外寄組等買得申出候者餘分有之候樣承リ候ニ付此度買得仕候事若し上ニ御不用ニても御國中之益ニ相成候間一應之拂金ハ上より御拂方奉願候取締リ方ハ私とも兩人より取集候而もよろしく又上より賣拂被仰付候とても宜敷候間右之金引當丈ハ當分之事故是非とも御願申上置候

右之金子五兩積リニテ

壹萬五千兩
合九萬貳千四百兩
右ハ眞之荒積リニ候間いつれ少々金之千二千位ハ餘リ候樣算立仕置申候
一金子渡し方ハ於馬關ガラバと云異人船便ニて夜中不殘相渡候約條ニ御座候間必々來八月十日を限り馬關迄御繰出し置被成置候樣奉祈候若し不都合之義候者兩人之面皮は差置二州之恥辱と立行候間深く御勘辨可被成下候以上
一馬關迄贈リ方之義ニ付而も色々吟味仕候得とも多分之事故實ニ名を設跡を隱滅する樣之良策無之込り入候得とも小松其外へ談候而薩州之海門丸と云船明後廿八日より鹿兒島迄米之運送仕候上凡十日位滯留ニ而再崎陽へ參リ銃不殘積入候而馬關迄贈リ付之談決ニ相成候故凡來月十二三日之頃迄ニは是非とも着關之都合ニ御座候乍去石炭之費と水夫

へ之心付等ハ是より出し不申ては不相濟事と奉考候其御心持ニ御配慮可被成下候兩人も歸關は其節乘込候積リニ御座候何も此度薩より至て正實ニ心配且餘程弟等へも念を入呉候間相應之答禮無之而ハ不相叶候事

一銃ハ貳拾挺入五百箱計りも有之候故關地へ水揚候而も無益且陸送リハ餘程之費故來月十二三日迄ニ癸亥丸を馬關迄差廻し被置候而夜中ニ於て船を近く寄船より船へ積込みして小郡へ被差廻候方便利と心得候間其御手都合可被成置候

一ミ子ーケベール三百挺丈餘分ニ相成候得とも不殘賣拂度事異人より申出且薩藩人よりも度々噂有之候間都合三百位之事故辭退も難仕候故買添候是も餘計之事と被思召候ハヽ何時も脇方へ讓り可申候何も少々之出入ハ御約束前と相違候而も必々御立腹なく樣奉祈候成丈は心配仕候而安く求候間必々御安心可被下候暴狂之者兩人參り候故色々と御氣

遣之程奉遠察候いつれ幕よりハ不係善惡罪名を付候而若し諸侯憤發とも
ハ仕間敷かと謀計故必々小事と風說ニ御疑惑なく決戰と御一定候得
者トテモ薩も見捨候覺悟ハ無之樣奉考候內ニ强實一定之論無之而外之
扶助を求候而は實ニ外より誠實は決而盡し不申候何分御疑惑なく御實
備肝要ニ御座候以上

七月廿七日　　山田新助
　　　　　　　吉村莊藏

山田宇右衛門樣
兼重讓藏樣
廣澤藤右衛門樣
前原彥太郎樣
桂小五郎樣

坐下

覺

一木船ニて蒸汽凡長さ貳拾四五間位造立より七年程ニ相成候事凡代金
代〔マヽ〕七萬ドル位と申出候事
金子ニして
凡參萬九千兩位ニ御座候事

七月廿七日

山田新助
吉村莊藏

（侯爵木戸家文書井上伯傳ニヨル）

○慶應元年八月二十六日（井上馨等小銃の回漕と長藩主近藤昶に厚賚）

君〇井上馨の長崎に歸著〇薩藩よりするや伊藤〇博文は小銃購入の事を完了し居りたれば薩藩士及海援隊士等と協議の上之を薩船胡蝶丸ニ積込み上杉宋二郎を伴ふて共に長崎を出發し八月二十六日馬關に着す伊藤上杉の二人は同地に上陸し君は積載の小銃を監督して直に三田尻に回航したり（中略）君〇井上

が三田尻に回航したる小銃はミネー四千挺にして餘のゲベール銃は世人の耳目を避る爲め別船にて運送したることは林良輔の書翰に依て之を知るべし(書翰略)君〇井上は山田〇宇右衛門正木二人を見て長崎及鹿兒嶋に於ける周旋の次第と小銃運漕の手續等を縷陳せしに山田等漸く君等二人の勞を謝し且つ既往齟齬の事情を辯疏せり既にして小銃陸揚の事完了するや山田等は山口に歸り君は再び胡蝶丸に乘組みて馬關に至り桂高杉等と協議の後又山口に入り敬親公父子ニ謁して馬關出發後長崎鹿兒嶋に於て海援隊士と交渉の次第より小銃の購入及其運搬に至るまでの事狀を詳細に上申し且つ上杉宋二郎の勞頗る多きを陳べ彼を引見して親しく今後の事を依頼あらむことを請ふ兩公乃ち使者を以て上杉を馬關より招き引見して厚く之を勞し幷せて汽船購入ことを依賴し賜ふに後藤祐乘の製作に係る三所物小柄笄目貫を以てす

(井上伯傳抄)

〇慶應元年九月九日　(龍馬ヨリ池内藏太家族等へ)

時々の事ハ外ゟも御聞被遊候へし然ニ先月初五月ナリし長國下の關と申所ニ參り滯留致し候節藏に久しくあハぬ故たすね候所夫ハ三日路も外遠き所に居候より其まゝにおき候所ふと藏ハ外の用事ニて私しのやとへまいりたかいに手をうち候て天なる哉〱きみよふ〱と笑申候このころハ藏一向病きもなくはなはたたしやなる事なり中ニもかんしんなる事ハいつかふうちのことをたすねす修《マヽ》日たんじ候所ハ唯天下國家の事のみ實に盛と言へし夫ゟたかいにさき〱の事ちかい候て是よりもふつまらら《衍カ》ぬ戰ハをこすまいつまらぬ事にて死まいとたかいニかたくやくそく致し候おしてお國ゟ出し人ニ戰ニて命をおとし候者の數ハ前後八十名計ニて藏ハ八九度も戰場に彈丸矢石をおかし候得とも手きすこれなく此ころ藏かじまん致し候ニハ戰にのぞみ敵合三四十間ニなり兩方ゟ大砲小銃打發候得ハ自分もちてをる筒や左右大砲の車なとへ飛來りて中る丸のおとバチ〱其時大ていの人ハ敵につゝの火か見ゆると地にひれふし候藏ハ論して是

ほとの近ニて地へふしても丸の飛行事ハ早きものゆへむへきなりとてよくしんほふ致しつきたちてよくさしつ致し藏かじまんニて候いつたい藏ハふだんニはやかましくにくまれ口チ計いゝてにくまれ候得ともいくさになると人かよくなりたるよふ皆かかわいかるよしニて大笑致し候事ニて候申上る事ハ千萬なれハ先ハこれまて早々かしこ

九月九日　龍

池　さま

杉　さま

猶々もちのおはゞいかゝやおくばんハさんなといかゝや平のおなんハいかゝや其内のぼたもちハいかゝやあれハ孫三郎孫二郎お養子ニすはすなりしが是もとがめにかゝりしいかゝにや時々ハ思ひ出し候

○あのまど《マヽ》ころの島與が二男並馬ハ戰場ニて人を切る事實ニ高名なりしか故ありて先日賊にかこまれ其かす二百計なりしよしはらきりて死たり

このころ時々京ニ出おり候ものゆへおくにへたよりよろしきなり然ハお
内の事すいふんこいしく候あいだ皆々様おんふみつかわされたく候藏に
も下され度候
私にハあいかわらすつまらん事計御もふし被成候にお〻きに私方もたの
しみニなり申候あのかわの〻むすめハこのころハいか〻ニなり候やあれ
かよみ出したる月の歌諸國の人か知りており候かしこ

お國の事お思へハ扨今日ハ節句とてもめんののりかいきものなとごそご
そと女ハおしろいあぎのかまほねゟ先キに計ちよふとかいつりの面の如
くおかしく候やせんも京ニてハぎおん新地と申ところにまいり候夫ハか
のけいしやなとハ西町のねへさんたちとハかわり候思ふ
然レ共あの門田宇平かむすめ下本かるもかさかり三林《サンリン》亡《ホテ》なとなとお出
し候時ハそのよふニおとりハ致すましくたあほふのよふたはかりかわり

候べし

(野島家文書註)門田宇平ハ山北ノ産後チニ小高坂村西町ニ住セリ白札格ナリ藩ノ命ヲ帶ビテ伏見ニアル事九年此間眞鍋豐平ニ就テ一絃琴ヲ習得シ始メテ之ヲ土佐ニ傳フ女名竹、下元茢藻ハ北奉公人町三丁目ニ住セシ御用人格下元某ノ女ニシテ又太郎(後直易)ノ妹ナリ後チ水通町大谷助太郎(後チ巖)ニ嫁ス、サカリ三林亡娘ノ綽名ナルベシコレ等ノ人々美人ノ聞ヘ高カリシヨリ自然壯者ノ評判トナリシナルベシ

○時に廣瀬のばんばさんハもふしにハすまいかと存候

○わたしかお國の人をきつかうハ私しのうバの事ニて時々人にいゝこのころハ又うバかてたとわらハれ候御目にあたり候得ハ御かわいかりねんしいり候

○世の中も人の心もさわいたりみたれたり致候得ハかへりてしつまり候て治世のよふなり候なりかへりて一絃琴なとおんはしめいかゝかしこ

○文おんこしなれハ乙女におんたのみぢきとときき申候このころハよきたよりにてき候藏にもかならす御こしかしこ

龍ゟ

池　さま
杉　さま
各女中衆

○

（朱書）〔前後斷欠〕

私事ハ初ゟ少々論かとなり候故相かハらす自身の見込所を致し候所皆どふ致し候ても事かできぬゆへ初に私しおわるくいゝ私しお死なそふとばかり致し候ものも此頃ハ皆々何となく戀したいてそふたん致し候よふニ相成實にうれ敷存候私ハ近日おふゝゝ軍致し將軍家を地下ニ致候事かてきす候時ハも外國ニ遊ひ候事を思ひ立候二國三國ハそふたんニおふし候得へども何分時節か十分ニなく又長州のよふつまらぬ事ニ致してハならぬと存し候まおかんかへ私とても一生うちニおりてぬかみその世話致すハいやと存候ハ今日ニてよく御存被成度候今私か事あけ致候時ハ皆大和《ヤマト》國や野州《ヤシウ》やニて軍五六度も致し候ものをあつめをき夫をつかい候得ハとふしても一度ハやりさへすれハ志をうると存候然共中々時かいたらす

世上ニ義理太イ分ンわかりたり

（男爵鴻池善右衛門氏藏）

○慶應元年九月九日　（龍馬ヨリ姉乙女及ビおやべヘ）

私共ともニ致し候て盛なるハ二丁目赤づら馬之助水道道横町の長次郎高松太郎望月（龜彌太）ハ死タリ此者ら廿人計の同志引つれ今長崎の方ニ出稽古方付り候御國より出しもの丶内一人西洋イキリス學問所ニいりおり候日本ゟハ三十計も渡り候て共ニ稽古致し候よし實ニ盛なる事なり

私しハ一人天下をへめくりよろしき時ハ諸國人數を引つれ一時ニはたあけすへしとて今京ニありけれとも五六日の内又西に行つもりなり然共下さるものなれハふしみ寶來橋寺田屋伊助まて下され候よふ御ねんしなりしつにおくにのよふな所ニて何の志さしもなき所ニくす〳〵して日を送ハ實ニ大馬鹿ものなり

かへす〳〵も今日ハ九月節句とておやべかこんへいとふのいかたかおし

ゐいにてふさかり候を察いり候ねこをいたき西のをかゐんニてひなたほつこふ大口計へゝう〳〵さつしいり候

乙大姉ニ申奉ル

扨先日文さしあけ候よろしく御らん可被遣候○ちかころおんめんとふニ候得とも實におねがいニ候間御聞込つかハされかし
あのわたくしかをりし茶さしきの西のをしこみ書物箱かありし其中ニいかにもこげしかきがみかのひよふしかゝり候小笠原流諸禮の書十本計ほんのあつさハ一分二分計の本のあつさニて候此頃あるかたより諸禮の書求くれよとありけんどもとふもこれなくあれでなければハとふもなり不申候かならす〳〵めんとふとうちすておかずに御こしつかハされたくねんし候

是ゟおやべとんニもふす

近頃御めんとふおんねかいニ候とふぞ御きゝこみねんしいり候扨わたしがお國ニおりし頃ニハ吉村三太と申もの頭のはげたわかいしゆこれあり

候これかもち候歌本新葉集とて南朝楠木正成なとのころよしのニて出來しかたのほん也にてできし本ありこれがほしくて京都にて色々求候得とも一向手ニいらす候間かの吉村より御かりもとめなされおまへのだんなさんにおんうつさせおんねかい被成何卒急ニ御こし可被下候

上申上候乙大姉ゟの御頼の本又おやべゟ被下候本ハ入道盈進まておんこし被成候時ハ私まてとゝき候

もし入道盈《エイ》進《シム》かおくににかへり候ハ伏見ニておやしきのそバニ寶來橋と申へんに船やとニて寺田屋伊助又其へんニ京橋有日野屋孫兵衞と申ものありこれハはたごやニて候此兩家なれハちよふど私かお國ニて安田順藏さんのうちニおるよふなこゝろもちニており候事ニ候て又あちらよりもおゝいにかわいかりくれ候間此方へ薩州樣

西郷伊三郎と御あてにて品ものニて

も手かみニてもおんこし被遣候時ハ私ニとゝき候かしこ

九月九日　　　龍

おやべさん

京のはなし外ニ内々ナリ◎以下裏面ニ書シアリ

とし先年雷三木三郎梅田源二郎梁川星嚴春日なとの名のきこへし諸生太夫か朝廷の御爲に世のなんおかふむりしものありけり其頃其同志にてありし檜崎某と申醫師夫も近頃病死なりけるに其妻とむすめ三人男子二人其男子太郎ハすこしさしきれなり次郎ハ五歳むすめ惣領ハ二十三次ハ十六歳次ハ十二なりしか本十分大家にてくらし候ものゆへ花いけ香をきゝ茶の湯おしなとハ致し候得とも一向かしぎぼふこふする事ハてきすいつ。たい醫師《いしや》というものハ一代きりのものゆへおやにしんてハしんるいというものもなしたま〱あるハそのきよにしよふして家道具なとめい〱ぬすみてかへりたる位にてそのとふしハ家やしきおはしめどふぐしふんのきりものなどうりて母やいもふとやしないありしよしなれともついにせんかたなくめい〳〵とりわかりほふこふ致し候てありしに十三歳の女ハ殊の外美人なれハ悪者これおすかし島原の里へまい子にうり十六ニなる女ハたまして母にいゝふくめさせ大坂に下し女郎ニうりしなり五歳の男子ハ粟田口の寺へつかハせしなり夫おあねさとりしより自分のきりものをうり其錢をもち大坂にくだり其悪もの二人をあいてに死ぬるかくこにて及《ハ》ものふところにしてけんくわ致しとふ〳〵あいのこちのといゝつのりけれハわるものうてにほりものしたるをだしかけベラホヲ口《グチ》にておどしかけしに元より此方ハ死かくごなれハとびかゝりて其者むなくらつかみかをしたかになくりつけ曰《イハ》ク其方がたまし大坂につれ下りし妹さをかへさすハこれきりてあると申けれハわるもの曰ク女のやつ殺すぞといゝけれハ「女曰ク殺々殺サレニはる〳〵大坂ニくたりをる夫ハおもしろい殺セ〳〵といゝけるニさすか殺すといふわけニハまいらすとふ〳〵其い

もとおうけとり京の方へつれかへりたりめつらしき事なりかの京の島原にやられし十三のいもふとハとしもゆかねハさしつまりしきつかいなしとてまづさしおきたり夫ハさておき去年六月望月らか死し時同人の者八人計も皆望月か如　死したりしそのまゝ此者ら今の母むすめか大佛邊にやしなく《マヽ》かくし女二人してめしたきしてありしか其さわきの時家の道具も皆とりでの人數か車につみとりかへりたれハ今ハたつきもなく自分ハ母と知定院と言亡父か寺に行やしなハれてありし日々喰《クウ》やくハすにじつあわれなるくらしなり此あとハ又つきニ申上る

右女ハまことにおもしろき女ニて月琴おひき申候今ハさまてふじゆうもせすくらし候此女私し故ありて十三のいもふと五歳になる男子引とりて今あつけおきすくい候又私のあよふき時よくすくい候事ともあり萬一命あれハとふかシテつかハし候と存候此女乙大姉をしてしんのあねのよふニあいたがり候乙大姉の名諸國ニあらハれおり候龍馬よりつ

よいというひよふはんなり
○なにとぞおびかきものかひとつ此者ニ御つかハし被下度此者内々ねかいいて候此度の願候よふじハ
　乙さんニ頼候ほん
　おやへニ頼みしほん
夫ニ乙さんのおひかきものかひとすぢ是非御送り今の女ニつかハし候今のの名ハ龍と申私しニにており候早々たすねしニ生レし時父か
　つけし名のよし
○そして早々忘れし事ありあの私かをりし茶さしきの西の通りかある其上ニ竹か渡してゐやら字やらなにかとふしニ記し候ものあり其中順藏さんのかきしものあり御送りそして短尺《タンシヤク》箱に母上父上の御歌おはあさんの御歌權兄さんのおうたおまへさんの御うたこれありけりなニとそ父上母上おはあさんなと死うせたまいし時と日と皆短尺のうらへおんしるしなされ

おんこしこの中ニ順藏さんか私しニおくりし文かとふしニしるし大い半紙位のものあり御こし是ハ英太郎か父の者ほしかり候間つかハし候夫ニ此度の御ねかいハそれ〳〵おんきゝすてなく御こしねんしかしこ

九月九日　龍

乙あねさん

おやべどん

御頼のものかず〳〵幷ニおはなし長き御返し被下度候

（坂本彌太郎氏藏）

○慶應元年九月日（長谷川仁右衛門京地事情書）

長谷川仁右衛門京地事情書

九月六日熊本出立

一去ル十一日大坂着早速勝安房守樣面會事情承候處幕府之模樣征長之義

ハ成程御達相成候末御道筋等御取調姫路迄モ御進發被爲在トノ義ニハ候得共一切其精神相見ヘ不申只々一旦被　仰出候事後弱リ之姿ヲ覆ヒ候迄ノ御事ニテ頼ミ無之迚大ニ慨歎ニ相成ケ様之勢ニテ迚モ幕府ハ頼マレ不申

朝廷ハ彌征長之儀ヲ御主張ニテ決然ト御眞意ニ有之一刻モ早ク有志之大名肥薩ヲ初メ四五藩出京ニ相成御相談有度且英佛彌近々攝海ニ廻リ候儀無相違候處幕府之應接信義ヲ失ヒ候末ニテ敬承可致様無之列藩連印之義ヲ以テ應接有之度萬一大名入京前ニ異船廻リ候ハヽ安房守引受應接ニ及追テ大名集合之上連印ヲ以談判致筈ニ付夫迄ハ如何様之申出モ遠慮致シ候様自分受合可申候間有志之大名入京之埒ニ至リ度懇願之咄ナリ

一閣老阿部豊後守殿上京掛大坂ニオイテ安房守殿面會ニテ段々咄合ニ相成大ニ議論合候由ニテ先生大ニ喜ヒニ相成此閣老ハ余程有志之御方ニ

テ閣老中之壹人ト被稱無人之幕府是壹人ヲ賴ミト被申候
一十三日京着早速越薩へ參リ候處何度モ幕府之見込ハ同樣ニテ御坐候何レノ咄モ御壹人先登之君ヲ大ニ祈居申候
一十五日之朝兵庫ヨリ使參リ坂本良馬ヨリ申越候趣ニハ薩州周旋ニテ勝殿ヲ御召之御內儀ニ相成今朝之內ニモ御達シ可有之左候得ハ直ニ入京ニ可相成良馬ハ十六日朝迄ニ着京可仕夫迄之處長谷川姓滯京相成候樣トノ事ナリ
一長谷川阿部閣老ヘ拜謁致シ御咄之趣ハ
幕府數百年之太平ニテ御武器等調居不申譬ヘハ百挺モ可有之筈之物五拾ニモ不足致シ御組方抔五拾人可有之處貳拾或三拾位ノ事ニテ其他萬事夫ニ應シふだらいニテ中々急速之御進發不被爲出來然ル處此十五日ヨリ十八日迄ノ內
將軍樣行軍御覽有之筈ニテ其上御進發御定日被爲立筈トノ御咄ニ御坐

候長谷川ヨリ押テ申上候ニハ其上猶御定日ニ相成不申候ハヽ如何之御模樣ニ候哉ト申上候處其節ハ自身早速馳下御催促申上候覺語ニ候ト御返答ナリ且今日之體自國外國ニ掛リ候テノ儀ハ賢明之諸侯ヲ集相謀候テ國家之基本ヲ立テ外國江之處置モ皆一途ニ出候樣成行不申トノ御咄ニ有之候其心配等ハ列藩有志ノ面々江モ内密申談候樣重役中ニモ咄シ置候樣被仰候長谷川出府之事モ御咄申上候處松平伯耆守樣へ跡ノ事ハ御頼被置候ヨシニテ此御方へ添書ヲ附遣可申トノ御事ニ御坐候
一前件有志之大名御集合之儀ハ薩越之有志者皆同説ニテ昨日大島吉之助村田巳三郎江參リ咄合之模樣大ニ進ミ之勢ニテ村田モ大ニ悦ヒ吉之助早々邸中熟談致可申ト罷歸申候村田之咄ニ上　朝廷ヨリ下越薩其儀急決可仕候得共一橋公江ハ元春嶽公大隅守樣ヲ御好ミカモ難計其處ハ阿部閣老ヨリ十分ニ御説キ破候御氷解ニ至リ不申而難成トテ今朝越前侯諸有志召連ラレ閣老へ御出相成申候

一先日已來右之通幕府之因循ニテ可致樣モ無之候越前公御出京之儀ニ付
京都御取樣〆幕府ヘ御屆ニテ御進發ニ相成候樣
朝廷之御內議モ可有之候故一橋公ヘ被附候幕府人抔モ右之說ハ大ニ相
喜ヒ居候位ニテ幕府之御模樣次第ニハ自然ハ其運ヒニ可至歟ト諸藩之
咄ニ御座候

一尾老公未タ總帥之御受ハ全無之十四日ヨリ御發途御上京之筈先日青地
源左衞門御使者ニ參リ昨夜罷歸リ申候咄ニハ全躰其意每々御召之末ニ
テ
御出京之御模樣尤武器抔ハ大分御持越之由元ト彼之公ノ御意中當春頃
之處ニテハ長州ヲ頻ニ御咎ニ候得者　幕府モ罪有事ヲ御受ニ相成不申
候テハ難成抔ノ御申立ニテ此節ハ暴ニ　禁闕ニ逼リ候義重テハ不埒ト
ノ御存念ト存　御上京後猶總帥之義ヲ被　仰出候ハヽ御受ニモ可相成
歟ト何卒以前ノ說ヲ御持越ナク被仰出候ハヽスラリト御進發之事ニ成

行候ヘカシト諸藩祈居候咄ニ御坐候
一十五日長谷川越前酒井十之允ヘ逢申候處同人咄ニハ全躰此節長州表異船ト戰ノ節同國ヨリ申出候ニハ去年異船ヲ討候ハ全
朝命ヲ奉候事ヲ申向其故異船ハ其證據人ニ長州毛利左京トカ申者ヲ乘セ攝海ヘ廻シ候積ニテ横濱出帆致候段昨日越邸ヘ申來此段ハ尤難事ニテ　朝廷幕府大名一宜之御評議相決シ候上ニテ御返答無之候テハ相濟申間敷候列藩有志之面々切齒仕居申候
一同人咄ニ雲州ヨリ御家老内分之御使者越邸ヘ參リ長州悔悟之躰相見ヘ不申　朝廷幕府之御指揮ニテモ追討取懸リ出來兼候見込ニテ輕蔑イタシ居雲州ゟモ使者差越　禁闕之暴發モ會薩ゟ向ケ義戰之唱トイタシ居候ヨシニテ雲州ニハ追討之御受ハ仕居候得共押出シテ武備之用意等モイタシ候得ハ長州ヘノ聞ヘヲ憚リ内分ニテハ追討本意ニ無之樣沙汰モ可有之候ニ付此段内々申述置呉候樣トノ事ニテ因州ゟハ近來ニ至リ段

々手負ノ者モ罷歸リ候由ニテ全同方モ長州ヘ荷擔致シ居候段同使者之咄之由

一十四日長谷川近衞樣ヘ罷出御建白相成候御主意委細申出候處御同樣之思召ニテ既ニ先日薩會等申談關東ヘ御進發御急被成候樣心配イタシ候樣道家列ヘ被聞候由　京肥御内案ニテ不怪御喜ニテ御坐候右歸リニ會藩ニモ罷越是以　御進發ノ義ニ付テハ追々使者ヲモサシ出置當時肥後守樣ニモ御病中ニ候得共御病床ニテ御建白之御書等御認メ相成近日關東ヘ被差出候由其外諸藩共ニ御進發御神速之儀渴望仕居候以上

（伊達家雜錄）

○慶應元年九月日（龍馬ヨリ姉乙女へ）

私がいぜんもつていましたかくなじ（角な字）でかいた烈女傳をあれをひらがなになほしてゐ人にてそのゐと申は本の烈女傳のゐのとふりなり

誠におもしろし　私がかなになをそふと兼ねてをもいしが夫を見てやめ

てしもふたり夫をおまへさんになりおくにへおくりたさにたずね候けして今時の本やにはなきもの也故にある女(龍子)にたのみてかきうつさせより申候其女と申すはげにもめづらしき人名は御聞しりの人なり

どうぞ〳〵たのしみたまへその本のうつしたるれいとして私しがうちでならひよりたいしずり(石刷り)のかくなじのおりでほんこれはお前さんにあげておまへさんもならいよりた本なり夫を御こしなされ度兄さんまでひきやくに御おくりなされ度候またまた色々のものさし上候へども夫はおい〳〵なり此龍がおにおふさまの御身をかしこみたふとむ所よく〳〵に思たまへ

龍　馬

乙大姉　をにおふさま

皆火中なり此よふな文なきあとにのこるははぢなり　(坂本直衞氏藏)

○慶應元年十月三日　(龍馬ヨリ長嶺内藏太へ)

去月二十九日上關に薩の小蝶丸にて參りたり然るに此度の用事は云々先つ京師のヨウスは去月十五日將軍上洛二十一日一橋◎一會津◎會桑名◎桑暴に

朝廷にせまり追討の命をコフ擧朝是にオソレエルス諸藩さへゆる者なし唯薩獨り論を立たり其よしは將軍廿一日參内其朝大久保尹宮に論じ同日二條殿に論じ非義の勅下り候時は薩は不奉と迄論し上げたりされども幕のコフ所にゆるせり薩云々等朝に大典の破し事憤りて兵を國より召上せ既に京攝間に事あらんと龍也此度山口に行歸りに必す面會事により上に御同し可仕候かとも存候何れ近日先は早々頓首

三日　　龍馬

內藏太樣

（井上伯傳ニヨル）

○慶應元年十月四日（長藩政府員ヨリ木戸孝允へ）

爾後御淸適御滯關可被成御配慮奉敬賀候扨者上國之模樣も彌々差迫り候趣にて小田村素太郞事備八爲應接宮市驛出張仕候處折柄坂本良馬同驛到着尤も先月廿四日大坂出帆之由に御座候此內大樹俄に上京にて其事情御承知之通不相分候處實は討長の　勅を乞ひ被爲於　朝廷候ては至て御六

個敷有之候得共例之御微力不被爲得已終に被下　勅候由就ては大樹も泰然として早速下坂に相成候薩藩西鄕等大に盡力致候得共其詮無之右に付早蒸汽にて早急歸國率兵而登坂兵力を以て再度押止め度との策之由然處薩藩粮米不足に付於馬關乞請度に付旁之意味傳達として良馬事罷越候由昨夜素太郎同道山口迄罷越居候に付已に今朝政府局中より及應接候積に御座候當表相濟候はゞ馬關可罷越候間委細は直に御聞取可被下候粮米談判之義も有之候はゞ當節は北條氏◎名ハ瀨兵衞幸ひ出關に可有之被仰談御渡方相成候樣御心配可被成候馬關御有合も可有之自然不足にも有之候はゞ北條氏取計にて吉田邊之分御取寄之道も可有之候急遽之場成丈機會を不失候樣御配慮是祈申候

一先達て德岩(原註)德岩ハ末藩德山岩國ノ略登坂之義申來有無之答未だ坂城へ不相達内疊み掛け長淸(原註)長淸ハ末藩長府淸末ノ略其外之義申來候次第不審ニモ被相考候處右之通寛大之沙汰にても登坂不致伏罪之驗無之等之趣を以切迫申立乞　勅候樣

子ニ相聞候出軍之期は歩兵抔市街之咄に當月十日頃と噂致候樣子にて良馬出立之節は未だ表方觸出等有之たる義には無御座由孰れ近々四境へ押寄可申御手當向全備と申すは間に合申間布哉に候得共決戰は素より覺悟之前狼狽は不致候間其段は御放念可被下候

一備人も應接相濟引取申候藝之模樣次第にて御家老登坂尙此內以來藝へ申込有之次第彼是承り御國論不條理無之段は克々腹入致し早速歸國內輪を締め一支之策立度積之由尤他國之事は不足恃也

一藝使當月三日四日頃に彼藩出立山口罷越候由岩ヨリ申來候定て周旋之無詮議を演說而已に可有之候

一廟堂隨分多事關地之事都合相濟候ハヽ早々御歸山可被成候前原彥太郎◎彥も急に罷歸致盡力候やう御配慮是祈申候右爲旁得貴意候其內時下御自重專一奉存候草々以上

十月四日

宇右衛門（○山田）
直人
誠一
藤右衛門（○廣澤）

二陳異艦數艘追々兵庫港へ來泊英佛亜等之軍艦之由大樹上京之節討長よりは差寄異艦之處置を致候樣被仰出候處異艦之義は御掛念無之段申出阿部豐後守一人應接として下坂之由尙又異艦横濱出帆之節軍陣之支度等致候處兵庫來泊之上は至て靜謐尤上陸にて調練等は致候由右異艦之一條は何共不審千萬に御座候以上

小五郎樣

追敬

薩藩へ粮米渡方之義本書委細申上候處自然於馬關御有合無之北條も未だ出關不致候節は差閊之義も可有之に付右之節は貴家より員數旁被仰越候

はゝ急速積廻し爲致候やう御藏元役座より吉田御代官へ申越候間右樣可
被成御承知候以上

各　中

小五郎樣

（侯爵木戸家文書井上伯傳ニ據ル）

○慶應元年十月四日（廣澤眞臣ヨリ木戸孝允へ）

彌以御康健被成御勤奉珍壽候扨は此度坂本龍馬事上國近情報知實ニ不耐驚愕次第幕如何程暴斷ニ出候共兼て覺悟之前是迄御決議通り必戰勿論之事孰れ戰爭勝利之上ならでは多年之御正義貫徹不仕事ニ付過日御手當向獻言之廉々追々御手を被下何時敵兵襲來いたし候共屹度實備相立聊御手後れ無之樣早々相調かしと申合精々盡力仕候龍馬へハ松音◎松原音三小素◎小田村素太郎僕三人相對今朝得御意置候通粮米之事及決答置候此期ニ至り他藩之助不助ニ不關決戰之處確乎不動勿論候得共實ニ皇國紛亂之際天朝之御爲盡力仕候列藩ハ薩ハ素より備藝筑等成り丈被相結置度御事と奉存候近

々薩軍艦其御地罷越可申諸事御都合能御取計可被下候次第切迫微力之僕式實ニ込入此內申上置候通り彦太◎前原一誠事片時も早々歸山いたし候樣吳々御周旋奉賴候爲其計其中爲國家御加護奉專禱候謹言

十月四日　藤右衛門

貫治樣◎木戸孝允ノ變名

尙々龍馬幷廣田稼之助御地迄罷出候付爲念打廻り（◎非違巡察ノ背吏）孫平と申もの附添差越申候委曲龍馬稼之助より御聞取候樣にと奉存候以上

彦太潛藏◎谷潛藏高杉晉作ノ變名聞多（◎井上）諸彦へ宜樣御致意奉賴候以上

（侯爵木戸家文書井上伯傳ニヨル）

○慶應元年十月五日（北垣國道ヨリ木戸孝允へ）

敬呈仕候前日御芳墨辱奉拜誦候御議論之旨趣一々奉敬服候扨坂本生◎龍馬ナ云フ自京師歸得拜晤橋會桑以兵威奉輕天朝終ニ敕書を申乞候由殿下を初再討差拒之儀は兼て御定論にて思召も被爲在候處右大議論にて遂に鳳詔を中受彼驕慢極ニ到り候勿論天朝御微力正論之諸侯伯一國も無之彼傍若無

人之振舞今更驚嘆すべき事に無之候彼鳳詔を懐に入れ我を威すの等小児に似たり先生御論之如く以兵馬相待之策自此外無他奉存候乍併世之形勢非義之勅にて列藩動き不申彼愚策を數層相增候殿下前日之御論に幕進退大極り候得ば大樹自ら姫路迄は出張も一致なれども左程之心配之事も無之との事長州國論不相變候事而已祈り候との御事に御座候則今の光景右之事に立到候下り候勅書再御取戻しと申譯には參り不申候得共天下ニ不行候へば御取戻しも同樣之事也藝州も深く蒙嫌疑候由夫故極內々備前周旋人新庄作右衛門橋府之命を以備前侯へ取扱はせ度旨申越候由併備侯不食病にて其事は不行此度備大夫三士使節も夫より來り候由に被相考候我れは必戰相待候事に候得者別段相騷く事も無之天下は一人之天下に無之候微力といへども傍觀も相成間敷候敕命朝に下り夕に變ずるは皇國之習乍併我長州侯に於ては是れ姑息之思召無之故先年以來御國力被爲盡今日之場に立到候事は天下所知於此極勅命相行れ候事有之候ては德川氏之

事に無之乍恐天朝之御安危ト奉存候小生先日深入死地殿下初め公卿間に投一書遂拜晤候御方も有之長州侯結局並兩州士民折合等之事迄請懇命候處纔不出數十日天朝御撰様被爲替候事橋會桑之惡周旋今更可驚事には無之候へ共是れには少し次第も可有之と相考候小生有愚論先生に謁せざればば不能言先生憂國之情見于紙表奉敬服候坂本生出關奉呈一書候時下寒冷爲國御自愛奉是祈候恐惶謹言

十月五日　　龍　　再拜◎八木龍藏又ハ良藏即北垣國道ノ變名

木戸先生執事

（侯爵木戸家文書、防長回天史ニ據ル）

○慶應元年十月五日（揖取素彦ヨリ木戸孝允へ）

過日は宮市迄御手帖被相贈候即チ高意を躰し備前人へ及應對尙藝州へ立寄之都合仕置候然處去る三日坂本龍馬老兄を指付け宮市迄來着同人話頭重大之事件も有之野生一同山口迄連歸り廣澤松原抔引合候扨上國之模様浩歎之至幕政虛焰を張り候は今日に始り候事ニも無之不珍候得共朝廷ノ

御微力痛哭流涕之次第坂本氏直話御聞取ニ候得は如形御仰天と奉想像候尤此度之儀ニ付薩州よりは餘程及抗論候樣子此より往き之手筈等件々有之哉ニ相聞西合◎西郷内含之義廣澤等領掌仕居候得は野生共よりは格別に不申上候只々非義之勅取返しと申義如何にも差急候方可然此勅自然被相行候上は何分朝廷之御失徳を宇内ニ暴露仕候姿ニ相成り乍恐聖明之御威光ニも疵附候事故薩にても存慮有之義ニ候はヽ急速効を奏候樣爲神州企望仕候幸老兄場所兄（原註以上三字。原文不明）御滯在に候はヽ此邊御督責被爲成成功を御促被成度候御國は從前御決定之議も相立候得は此際に臨み益々聲色を可動義は更に無之唯愈兵氣御作興士衆御戒飾肝要之期ニ相成此等御手拔りニ不相成樣孰も盡力不仕ては不相叶扨大臣上坂議も先つ前議を踏候手筈都合に相決し最も今日藝使山口へ入り候筈にて右應答之上確然進止を被爲決候義に可有之何分基本之場幾重も肝要に御座候得は貴地御用向早々御形付御歸山奉待入候兼て御持論も有之候例之督責論即今的度之時と

相考へ申上候御覽配奉希上候頓首

十月初五日曉天　　素太郎◎小田村、揖取素彦ノ前名

木圭老台

侍史

（侯爵木戸家文書、井上伯傳ニヨル）

○慶應元年十月十二日（龍馬ヨリ印藤肇へ）

昨夜道路中うかゞい候事件いろ／＼相考候處何れ急成はかへりて兩方の志通じかね候へば何を申上候も共に國家をうれへ候所より成立候論なればば兩方の意味が通達して兩方から心配して其よろしきを選み候方よろしくそうなければ兩方より道也義也と論を吹合候よふになればかへりてがいをも生じ候べく談笑中にともに宜を求め候よふでなければとても大成はなりがたくと奉存候何れ深慮千萬の中と奉存候右御報拜捧候

十二日　　龍　印

印藤大兄足下◎名ハ肇、助大夫、後ニ豐永良吉、長府藩士

（瑞山會文書ニヨル）

○慶應元年十月十八日　（近藤昶ヨリ井上馨ヘ）

御拝別之後ハ益々御安全なる可し珍重々々然ハ
第一船之義是ハ其之御地ニ於て兼て御示談申上候貴兄御存慮の如く船印
國號彼之國之名前◎彼國即薩藩を借用仕り社中乗組み水夫を其之通にて航海仕
り候事ニ談決仕り今日漸々船◎船ユニオン號後櫻嶋丸又乙丑丸受取り仕り候扨夫より一先
本國◎即鹿兒嶋ニ乗り返り夫より御地ニ罷り出で御談判可仕候間此之段ハ左
樣御安心可被下候
第二ガンボート二艘此之義も彼國之名前借用ニてガ印(原註)ガ印ハ英人グラバノ事ニ相頼
申候間此段も御安心可被下候
第三書生彼之國之名前ニて遠方御遣しの事此之義は今暫く評議中也
第四アルムストロング砲之義ハ何分此之度之船ニて積廻しの間ニ合ひ不
申何れ十二月頃より來正月末迄ニハとり寄せ送り可申とのガ印返答也」英
學一人幷ニ砲術傳習二人之事是ハ彼之國之屋敷ニ於ても當時傳習相止み

たり今暫く御見合可然か
ゲベール之義ニ付ガ印へ談判之事何も拜面之上可申上候小子も彼之本國ニ返り八日帶印◎小松帶刀之所ニ逗留君侯へも拜謁色々右等之事ニ卽てハ大議論も有之相かはらず帶印之大盡力にて万事成就ニ至りたり
帶印吉印◎西郷吉之助昨日胡蝶丸ニて上京也
君侯も來月初旬ニハ上洛也人數操ゝ出しニ卽てハ大騷き々々
舶受取り候ニ卽てハ國旗引替その日之役人但シ幕也へ酒呑し祝義幷ニ石炭入込み薪水食料水夫之給金等にひた〳〵相困り彼之國之役人へハ不云れよふ〳〵ガ印ニ談し千兩借用仕り夫ニて彼是と相辨じ申候間左樣御承知可被下候何れ入費之所ハ帳面ニ相記し呈上可仕候
船中付屬之品々みな〳〵持上り航海道具不足誠ニ相困り申候ガ印ハ一昨日より上海へ赴き誠ニ仕方なし
一、舶之代金ハ三万七千五百兩也彼之家之役人何分六つかしく言立困る也

此之代金不苦ハその地より彼之家之大坂屋敷迄御積廻し被下度の願ひ也
若し夫相かなはずば小子罷出可申節直ニ御引渡し被下候樣との事也
餘事萬々筆紙ニ難盡御面會之節可申上候頓首
蒸汽艦ハ明日彼之國迄小子乘廻る也
十一月下旬ニハ御地へ廻付可申候

十月十八日　　宗二郎（◎上杉、近藤昶ノ變名）

新助兄

玉君并ニ吉村君へは別段書面指上不申候間兄より宜敷此之段申上
被下候

（侯爵木戸家文書、井上伯傳ニ據ル）

○慶應元年十月十八日（佐々木俊藏ヨリ井上馨伊藤博文へ）

猶ボードインより昨日之話ニ「ユニチム」者薩之名目ニして其實者長之船なるよし大浦ニて承り候事ニ付程よく相答置申候ガラバ、チールトウチルス小銃代引續相濟候追テ口書等返上可仕也アルムストロンク一條ガラバよくのみ込無之と相見得餘り頓着不仕候今昨も上杉より可申上候

兩兄之貴翰齋藤より相達忙手拜讀仕候處益御淸穩被成御起居奉朴賀候二

に生無異條碌々在崎仕候陳は小蝶丸幷跡二艘も無別條御同慶之至奉存候二艘出帆無間御兩兄潜伏且小銃積入等何分長薩同腹ならんと之嫌疑相生し鎭臺よりも探索之由ニ相聞得候得共突留候實跡無之何となく風評相止候付必御懸慮被下まじく候市六(原註)市六ハ市來六左衞門又々出崎此度は暫時之事ニ有之上杉も出崎いたし攝海へ歐羅巴數艘廻着之由相聞得いかゝ成立可申哉拭目居候處兩條論判濟横濱へ廻船内一艘は上海一艘は當港へ參り今晩ガラバ方にて船將と面接之筈ニ有之ラウダニも先日上海より被歸候付面會此節攝海之件も承候處千八百六十八年正月一日よりは屹度兵庫開港之約定相成

ミカトの御老中と大君之調印も相成り長州償金三百万元ハ此際御渡相成ると申所ニて聞濟退船之段申居候岸良ニも主人父子

天氣《マヽ》伺として上京の事相申し今日國元へ出立仕候貴地御戰爭ハいつ頃相初り申候哉今頃はいかゝと想像仕候小大夫◎小松帶刀西吉◎西郷吉之助ニも小蝶丸

より上京兩三日當港へ立寄り市六も一同昨朝出帆仕候是より大勢一變國是一定五洲中ニ跋扈するの議決ニ廟堂相及はん事を頻ニ企望罷在候事ユニヲム一條ハ上杉より巨細御掛合申上候哉態ト贅言不仕候此度就上京ハ大小銃買入旁ニて多忙罷在乍失敬御禮答相混如此御座候恐々不一

十月十八日　　佐々木俊藏

山田新助樣

吉村莊三樣

侍史

桂兄其他御有志中へ未一面識も無御座候得共宜御致聲可被下候

（侯爵木戸家文書井上伯傳ニ據ル）

○慶應元年十月廿三日（伊藤博文ヨリ木戸孝允井上馨へ）

兩老臺益御堅剛御入城可被爲在爲邦家奉賀候然ハ今日從崎陽到來之別紙則付幸便差出申候間御落握奉冀上候右ハ先般上杉歸崎之節連歸候僕今日歸關ニ付別紙到來仕候銃艦別書の趣にてハ先安心仕候此上ハ廟堂之御深

慮ニ可有之と奉存候
一村田藏六出關之筈ニ御座候處出關不仕米船も大ニ困窮仕居申候間早々御出關候樣御傳言奉願上候尙拙者は依舊潛居仕申候間御放慮伏而奉冀候井老台ハ御用事相濟候ヘハ片時も速に御歸關待入候自然上杉右蒸汽船ヘ乘組來候も難計と奉存候先ハ爲共急便呈書仕候書外奉付俊鴻候匆々恐惶謹言

十月廿三日夜　　春　生

廣　寒
世　外　兩老臺　閣下

（井上伯傳ニ據ル）

○慶應元年十月日　（近藤昶ヨリ木戶孝允ヘ）

先達より御賴みの蒸汽船乘組社中一同今曉馬關着仕候間左樣御安心可被下候右之事件ニ付ては大急ニ貴君か井上氏ヘ拜面万々申上度事數々御座候ヘハ何とそ聞多子を馬關ヘ御返しの御指揮呉々も奉賴上候何れ不遠御

拜顏万々可得御意候

卽刻　　　　　　　　　　　　　　　宗　二　郎

小　五　郎樣

（侯爵木戸家文書、井上伯傳ニ據ル）

○慶應元年十一月九日（井上馨ヨリ木戸孝允ヘ）

態々急飛被成下委曲奉承知候且上杉より之書狀致披見候十五日迄には是非とも歸關仕呉候樣との事實着先生故心をしらぬ人には委曲語り申間敷と相考申候十一日七ツ頃迄ニハ歸山可申候間十二日朝より歸關仕られ候樣御用とも御座候はゞ御仕向置可被成下候

九月

（木戸侯爵家文書、防長回天史ニ據ル）

○慶應元年十一月十日（伊藤博文ヨリ木戸孝允ヘ）

御英然可被爲入欽慕仕候引續御苦慮可被爲在と奉拜察候此度上杉蒸汽艦乘組到着委細大塚正藏より御報知申上御承知之御事と奉存候上杉◎上杉宗二郎卽近藤昶も此度は不一方苦慮薩崎陽邸監抔隨分俗論を吐き候由にて別て苦心

仕候由尙同人英國行之志ニ御座候處爲我藩兩三月も遲延仕候位之事故何卒御疎ハ有御座間布候へ共政府より屹度御禮有之度愚考仕候金なれは百金也二百金位は賜り候ても宜敷乎と奉存候最私より斯く贅言仕不申ても東行先生へも氣付申上置候事ニ付可被仰越候へ共氣付の儘書加置申候不惡御了承奉願上候

一カラバより昨日書簡差送候て船代金六万ドル及ライフル大砲三挺も右船へ積込置候ニ付五千ドル丈け御拂渡被下度との段申遣候ニ付入貴聽置候

一先日同人より差送申候時計幷兩眼鏡差送申候處御落手被爲在候哉或は未た御落握無御座候哉御傳言にて御答被仰聞可被遣候樣奉待入候尙是非共一應御出關被爲在候て蒸汽始末御着被爲在度奉仰望候

一アルムストロングヾ砲拾五挺之義ハ正月頃迄ニハ差送可申との事に御座候代金付ハ私方ニ參居候へハ追て差出可申候

一井上先生今以滯山ニ御座候ヘハ片時も速ニ歸關を御勸め被遣候樣奉願上候私一人ニては急ニ何やらかやら始末相着かたく至極込入居申候
一薩情實は色々樣子も有之樣窺候處兎角御出關之上上杉へ御面接御直ニ御聞取被爲在候方可然と奉存候
一軍太郎病氣案外速ニ快氣仕今日當リハ金比羅參リ仕候位ニ御座候御氣遣被爲在間布奉願上候先は爲其申上候書外大塚出山御直ニ關地事情御聞取可被爲在奉願候時下御保護專要奉存候恐惶謹言

十一月十日　　春　生

松菊君玉座下　拜呈

（侯爵木戸家文書、井上伯傳ニ據ル）

○慶應元年十一月上旬（乙丑丸ニ關スル葛藤）

抑も我が藩○長藩と上杉宗二郎との間に於て意思の齟齬を生じたる所以は政府之海軍局員等は購入の瀛船を以て我が藩の專有物と爲し既に乙丑丸と命名して中嶋四郎を其船長に任じたれども上杉の意は船旗は薩藩の徽

章を用ゐ船中の費用は長藩の支給を仰ぎて兩藩間の用に供し而して海援隊士をして之に乘組ましめ平時は九州北海及上國に回航して物産運輸の事に從ひ且つ諸方の事情を探知するに在り是れ上杉の誤解にあらず曩に馬關に於て君等と協定したる所全く此の如くなりしなり故に彼が薩藩及海援隊士と交渉したる所も亦此意志を以てしたるや言を俟たず彼が我が藩の主張に應ずる能はざるは固より當然の事なり於是桂は此問題を解決するが爲め自ら長崎に赴きて薩藩士と面議する所あらむとし之を山口政府に謀る然れども政府は對幕の形勢大に迫るを以て桂の長崎行を留め一旦山口に歸らむことを勸告す(中略)政府の意志此の如くなるを以て桂は高杉伊藤等と協議の末長崎行を止め君〇井上馨を京師に遣り小松西郷等に交渉せしめんとす因て其旨を山口政府に申請し併せて櫻嶋丸◎乙丑丸購入代價の不足を請求す政府又山田をして復牒せしむ〇下略　(井上伯傳抄)

乙丑丸ノ問題ハ其後モ薩長兩藩及海援隊ノ間ニ種々ノ紛紜ヲ見タリシニ慶應二年六月七日薩使岸良彥七、平田平六ハ薩侯ノ親書ヲ携ヘテ馬關ニ來リ直ニ山口ニ入ル藩主毛親之ヲ欵待シ世子定廣ヲシテ兩使ヲ湯田ノ別業ニ引見セシメ賜フニ三所物ヲ以テシ且ツ厚ク之ヲ饗ス乙丑丸ノ問題ハ此ニ至リテ解決シ全ク長藩ノ有ニ歸セリ　編纂者識

○慶應元年十一月上旬カ　(高杉春風ヨリ木戸孝允へ)

(上略)　薩州周旋之蒸汽着岸上杉も參り候今日一面致候處隨分才子之樣ニ被思候孰れ老兄御出關不相成候ては不相運樣相考御着關奉待候左候ハヽ弟も御話仕度事も有之屈指相待候乍爾若し御出關も御六ヶ敷候はゝ中島四郎其外御遣に相成候はゝ弟乍不及爰元たけ之御周旋ハ可致猶亦御米御賣拂に付少々議論も有之候得共拜面ならでは不分明ニ御座候○下略

日缺　(侯爵木戸家文書、井上伯傳ニ據ル)

○慶應元年十二月朔日　(山田宇右衛門ヨリ木戸孝允へ)

先月二十九日之芳翰今日相達し奉拜讀候　(中略)

一乙丑丸乘組等之儀ニ付上杉◎近藤昶意味違之趣も有之彼是御談判御高配之儀奉推察候上杉と御對談而已にては却て齟齬之事實難解して終に兩國嫌疑を生し畢竟神州御爲ならさる事にも可相成就ては小松其外兼て盡力之

面々滯京之儀ニ付聞多可被差越との御事縷々被仰遣之趣委曲奉謹承候一乙丑丸代金不足之由今朝より出歩行未た屬吏よりは不承候得共決て差送候にて可有之乍爾最早金も盡果餘分之事御座候得ハ一あづり事◎アヅリ事方言ノ意困難ニ御座候十二月朔日附

（侯爵木戸家文書、井上伯傳ニ據ル）

○慶應元年十二月十日（伊藤博文ヨリ木戸孝允へ）

昨日匆々御分袖申上遺憾不少奉存候御歸山後御都合宜敷參リ候へハ宜敷がと萬奉祈居申候井上先生出足之節委曲談置申候事ニ付御聞取可被下候處英ミニストル之論ハ幾重も密々御熟慮御謀り先つ廟算を篤く御取極之上薩へ御談合被爲在度反覆熟考仕候へハ是則皇威回復之基とも可相成乎と奉存候左すれハ千載之一時機不可失事ニ付偏ニ御盡力被爲在度奉伏願候上杉も之が爲ニ英行仕度存念ニ御座候處ミニストル左樣之主意有之候へハ實ニ此間ニ力を盡し見度と雀躍仕居候篤と井上先生より御聞取可被遣候○私崎陽行仕候へハ上杉も是非同行仕度と申事御座候左すれハ無理

ニ蒸汽でなくても陸行にても不苦奉存候御勘考可被下候自然罷越候へハ
甚助を御かし被下候樣奉願候當人も罷越度存念之模樣ニ御座候尤差懸リ
御用事御座候へハ不得止と奉存候尙海軍局よりの同行人は佐藤元作ニ候
へハ無此上事と奉存候尤此義ハ君命之出處ニ從ひ可申候間强て御願申上
かたくと奉存候先ハ爲其匇々申上候恐惶謹言

十二月十日

（侯爵木戸家文書、井上伯傳ニ據ル）

○慶應元年十二月二十四日（中嶋四郎ヨリ木戸孝允へ）

御壯健奉恭賀候陳急ニ申上度義有之出山仕候處深夜ニ相成候故今宵ハ御
無沙汰仕候どふか御發途之樣子も承リ及候故申上置候何卒明日丈け御見
合ニ相成候樣奉賴候此度出山仕候事件大略相認貴覽備遣候委曲ハ明朝登
門萬縷可申上候不具以上

十二月廿四日

中島四郎

木戸貫治樣

別紙

三田尻ニおいて規則相定め可申と相談之處此義不被行所以者薩より乘與來候者水夫等給金之變する時は海軍局一統にさはり候故當艦を海軍局外之物と相定候得者給金其外越荷方相談之上ならては規模不被相立且上杉◎近藤昶井上◎井上馨約定之事件も確と不存申故先約定書を乞得て後新に定る積也

新條約相定上杉より請取候古約定書は龍馬與書ニ約束不條理ニ付相改候段認置候樣ニ申談候事新古約束書ハ明朝持參可仕候事崎陽へ運用之義申上置候處坂本論ニ是非上國運用可然との義ニ相成是は定て何歟樣子坂本見込之處あるなるへし然處艦代金相渡候期限も延引ニ相成故是非とも崎陽へ運轉之義上杉申張候得共熟思仕候ニ此義不可然故ハ若御上坂薩政府と御相談不相叶時ハ艦を如何可仕哉故ニ代金暫く相斷置艦は上國行坂本御一同薩政府と談決可然樣谷坂本私迄も宜哉ニ相考候處上杉是非代金相渡不申ては薩政府

へ對し面目無之との事然處馬關へガラバより春輔◎伊藤博文へ金之事申遣候得ハ此方より金相待呉候樣申候ても不都合無之樣被考候得共上杉條理申立折合不申候且谷氏◎谷潜藏即高杉晋作へは代金相渡候樣との沙汰も無之其上舟一件最初より存不申事故是非木戸氏出關決定不相成てハ不叶と也
谷氏之論ニ海軍局より代金相渡候ても宜見込有之候はゝ其段諸呉候はゝ隨分相渡可申との義ニ候得共海軍局より左樣之義可仕筈も無之且渡方も不同意也
貴命ニ大事件ハ谷氏小事件ハ越荷へ可申談由ニ御座候處谷氏艦一件ハ委任ニ不能との事也當艦之義ハ引續き混亂計ニて一事平けば又一事混亂無止時實ニ私式微力之能辨へき事ニあらず且舊病再發艦中之事務難相勤旁一先總管被差除候樣奉賴候事

(侯爵木戸家文書、井上伯傳ニ據ル)

○慶應元年十二月　(近藤昶ヨリ、中嶋四郎坂本龍馬へ)

櫻島丸條約

一旗號者薩州侯御章御拜借之筈
一乘組之者は多賀松太郎菅野覺兵衞寺內信左衞門早川二郎白峰俊《マヽ》馬前河
內愛之助水夫火焚者從來召連之者を以航海仕リ候筈
尤御國◎長藩ヲ云よりは士官二人乘組可申筈其他水夫火焚等不足之分ハ加
入可申筈
一船中賞罰之權士官共承可申筈
但始て馬關到着之節前河內愛之助上杉宗二郎井上氏ニ對座之節御國之
御方と雖も無差別御作配申候樣御沙汰有之候事
一六百兩金子ハ士官共預リ可申筈
右之者前河內愛之助多賀松太郎上杉宗二郎三人井上氏ニ對談之節相極
候事其子細ハ兼て商賣之權は士官共承候筈之處俗事方乘組に相成筈に
相定候に依て右樣相極候事
一船中諸修覆食料薪水等士官水夫火焚等之給料其他總て之雜費は御國よ

り御賄之筈

一御國御用明之節は薩州侯御用向相辨可申筈

右六ヶ條者御國御産物當時諸國御差間ニ付薩州侯御章御拜借之上社中乘組候樣御賴ニ付右之次第盟約ニ相極候事

慶應元丑十二月　　上杉宗二郎

中島四郎殿

坂本龍馬殿　（井上伯傳ニ據ル）

井上馨、近藤昶、坂本龍馬等商議ノ上近藤ヨリ長藩海軍局員及海援隊長ニ提出シタル條約案文ナリ第二卷海援隊始末參照　編纂者識

○慶應元年十二月（櫻島丸新條約）

約　束

一旗號ハ薩州侯御章拜借之事

一毎日之事務當番士官關轄勿論ニ候得共賞罰其外有廉事件ハ總管ヘ御相談之事

一薩州より御乘込士官月俸只今迄之通ニ相定候事
一水夫火焚等薩州ニおいて被相定候通有之候得共此以後働ニ應じ差引可
致候事
一商用之儀越荷方より一人乘組取捌之義ニ付船中一統關係不致候得共積
荷出入之義ハ當番士官へ相談之事
一當舶之義者海軍局規則外たりといへ共大略海軍學校之定則ニ従ひ度候
事
一碇泊中其外一統月俸之外不條理之失費一切存不申候事
一船中一切之失費ハ會計方引請之事
一當藩商用間暇之節ハ薩州侯運漕物相辨可申候得共其節之失費薩州より
可被差出候事

丑十二月

坂本龍馬
中島四郎

多賀松太郎樣
菅野覺兵衞樣
寺內信左衞門樣
早川二郎樣
白峯俊馬樣
前河內愛之助樣◎澤村惣之丞ノ變名

十二月二十四日付中嶋四郎ノ書翰ニ新條約ト稱スルモノハ即是ニシテ長藩海軍局ノ意見ニ據リテ中嶋坂本兩人ノ署命ヲ以テ草定シタルモノ也　編纂者識

○慶應二年正月八日ヨリ二月二十日ニ至ル（桂久武日記抄）

八日　正月○朝立曇夕より雨此晩頻ニ降る

一每之通寢覺每刻之通出勤此日諏訪家出勤也小松家狩之由也此日黑田了助長ヨリ歸リ木戶某同伴伏見迄參候由ニテ西鄉へ參呉候樣申來リ只今より參るとて御屋敷內ニて行逢候而別レ候（下略）

十八日　正月○曇

毎之通寢覺也此日出勤不致八ッ時分より小松家に此日長の木戸にゆる〳〵取合度申入置候付參候樣にとの事故參候處皆大かね時分被參候伊勢殿西郷大久保吉井奈良原也深更迄相話國事段々話合候事

二十日〇正月

上略此晩長の木戸別盃致度候間可參小松家より承候得共不氣分故相斷候尤大久保氏ニ而西郷へ逢候付相賴置候也

〇慶應二年正月十日ヨリ同三十日ニ至ル　（坂本龍馬日記抄）

丙寅正月大　　慶應二年

十　日下ヲ發

十七日神戸

十八日大坂

十九日伏見

廿　日二本松　。ハ編者ノ付ス所

廿二日木圭小西三氏會
廿三日夜伏水ニ下ルニ時過ル頃……廿四日邸ニ入ル
卅日京邸ニ入ル○以下略
（坂本直氏藏）

○慶應二年正月二十日　（薩長連合ト龍馬ノ斡旋）◎第二卷參照

却て說く桂は西鄕と初對面の辭を畢るや細心周到なる桂は從來長藩の執り來りたる方針及び其經過より一時兩藩衝突を惹き起せし關係をも縷述し長藩に於ては更に他心なきを說きしに纔に九門の戰爭前より島地を出て來りし西鄕は唯之を敬聽せるのみにして敢て容易に一言を發せず互に重きを持しつ晲合の姿のみ每日饗應に意を盡くして談笑するも其目的たる聯合盟約の事に至りては雙方共に未だ口を開かず空しく日を送り居たりしなり抑も京師の薩藩邸には家老三人卽ち小松の外に島津伊勢と桂右衞門とあり西鄕は中老格の取扱大久保其他知名の人物は岩下佐次右衞門伊地知正治村田新八中村半次郎西鄕新吾大山彌助野津七左衞門等にてあ

りき而して坂本は同二十日桂等の寓に來り先づ談判の首尾は如何にと問ふや桂は意外にも容を改め「君等の同志が今日迄折角の御盡力なれども予は此儘歸國する覺悟なり」と斷言す坂本打ち驚きて夫は如何なる子細かと云ふと桂は「坂本君よ先づ考へても見玉へ目下の薩藩は中立するとも或は孰に左袒するとも其進退は自由なり唯獎藩は天下を敵として其包圍中に孤立せる場合ならずや然るに毎夜の宴席にて未だ薩藩の重役より聯合の事を言ひ出さず今夫れを我より言ひ出せば全く憐を他人に乞ふ道理なりたとひ防長二州焦土となるとも面目を落すが如き陋態を取る能はず故に寧ろ斷然歸國と決心せり然も此胸中を君に一言しせめて是迄の御盡力に謝せんと唯朝夕君の來るを待ちしのみ」と坂本は桂に向ひて「長州の體面云々一應は尤に承はれど元來薩長の連合は此日本國を救はむ爲なれば一藩の私情は忍ばざるべからず暫く待たれよ」と云ひ置きて直ちに西郷の許に至り其無理を痛論せるより西郷大久保等も爲めに意を決し「然らば此方よ

り改めて同盟の儀を桂に申し込むべし」とて玆に維新中興の新局面は始て拓開せられぬ後日坂本自ら中嶋作太郎(信行)に語りて曰く我生來怒りしことなきも此時ばかりは眞に激昂したり」と

(維新土佐勤王史抄)

○慶應元年十二月ヨリ翌二年二月二十二日ニ至ル　(木戸孝允自叙ノ要領)

十二月薩の黒田了介木戸を尋て馬關に至る一日切に上京を勸む坂本龍馬來て馬關に在り傍より頻りに黒田の説を賛す木戸以爲之素顏上京して薩人に面會するは必忍ばざる所なりと因て他人をして上京せしめむと欲す高杉井上等切に木戸を推す遂に公命あり木戸をして往かしむ乃ち耻を忍び意を決し諸隊中より品川彌二郎三好軍太郎早川渡土州浪士田中顯助を伴ひ黒田と共に船に上り大坂に着したるは翌年正月七日なり翌日上船澱川を遡る天王山下を過ぎ齊しく慨然流涕す◎當時木戸ニ「滿川流水不堪愁」ノ詩アリ　五更伏見ニ達す西郷吉之助村田新八等迎て共に京に入り薩州邸ニ留ること殆ど二旬其間大久保一藏小松帶刀桂右衛門等交々出て接し殊に歡待を極む而も彼

我共に一言の兩藩の公事に渉るものなし木戸は其盡期なきを見て將に翌日を以て辭し去らむとせる前日◎翌日ヲ以テ辭シ去ラントスル前日ニ於テトアル前日ハ桂久武日記及龍馬ノ日記ニヨリテ正月二十日ナルヲ知ラルベシに於て坂本龍馬入京し木戸を訪ふて兩藩の誓約如何を問ふ木戸まだ一も其等の事なしと答ふ坂本甚だ喜ばずして曰く予等の兩藩の爲めに擲身盡力するもの決して兩藩の爲めに非ず偏に天下の形勢に顧み夢寐も安ぜざる所のものあればなり然に兄等は足を百里の外に勞し兩藩の要路相面接しながら荏苒十餘日を費し遂に空しく去らむとす其意實に解すべからず何ぞ肝胆を吐露し大に天下の爲めに將來を協議せざると木戸答へて曰く足下の言固より善し然とも此事自ら其遠源あり始め我長州は海內危始の形勢を袖手觀望するに忍びず寡君乃ち奮然意を決し大に天下の爲めに盡力せんとし危難に處して敢て自から利害を顧みず予等亦一意寡君の旨を輔佐し君恩の萬一に報ひんとす幕府前後反覆し我長州終に甚しき逆境に陥る而も獨り自から條理に依賴し天下に孤立し以て今日に至れ

り予等上下固より之を以て臣子の分とし自ら安んじ敢て怨む所なし薩州の地位は則ち自ら長州と異なり誠に見よ薩州ハ公然天子に朝し公然幕府に會し公然諸侯に交る薩州たる者自ら天下に對し公然盡す所あるべし長州は則ち天下皆敵にして旌旗已に四境に迫る一藩の士人只其心中に安ずる所のものを以て一死之に當らむとす固より活路なし長藩の立脚地實に危殆の極といふべし今にして長人自ら口を開き薩州をして我と事を共にせしめんとせば是れ彼を我危險の地に誘ふものにして援助を請ふに似たるものあり是長人の心とせざる所にして予の耻る所なり縱令長州と事を共にせざるも薩州にして皇家に盡す所あらば長州は滅すと雖も亦天下の幸なり予は決して我より口を開くこと能はずと龍馬木戸の動すべからざるを知り敢て深く讓めず而して薩人亦俄に木戸の出發を留む（本書著者原註以爲ク共間坂本ノ斡旋アリシナリ）一日西郷自ら口を開き方今の形勢を語り遂に相謀て六條を列して將來を約す龍馬亦た其席に列す翌夜◎翌夜ハ二月二十二日ヲ云フカ龍馬ノ日記ニヨレバ木戸ハ二十二日迄滯京セルモ

ノ如シハ京都を發し大坂に下り留ること數日曩に約する所の六條は前途重大の事項たるに或は誤聞なきを保すへからざるを以て一書を作り龍馬に質す龍馬紙背に違誤なきを誓て之れを還す始め京都を去るや黑田村田等數人木戸を送て大坂に至り黑田は遂に木戸と同伴し歸途共に藝州に至り長州に來る此時に方り防長は擧國必戰を期し士氣益々振ふ此際薩州の我に通せることを知らしめむは士氣弛緩の虞あり因て敢て人をして之を知らしめず獨り之れを主公と要路數輩に告げたり◎本書第二卷木戸孝允覺書參照

（防長回天史ニ據ル）

○慶應二年正月二十三日（木戸孝允ヨリ龍馬ヘ）

拜啓先以御淸適大賀此事に奉存候此度は無間マタ御分袖仕候都合に相成事半を不盡遺憾不少奉存候乍然終に行違と相成拜顏も當分不得仕事歟と懸念仕居候處御上京に付候而は折角の旨趣も小◎小松帶刀 西◎西郷隆盛 兩氏等へ得と通徹且兩氏ともよりも將來見込之邊も御同座にて委曲了承仕無此上

上は皇國天下蒼生之爲下は主家の爲にオイテも感悦の至に御座候他日自然も皇國の事開運の場合にも立至り勤王之大義も天下に相伸び皇威更張之端も相立候節に至り候はゞ大兄と御同様此事は滅せぬ様後來の爲にも明白分明に稱述仕置申度乍然今日の處にては決而少年不羈之徒へ洩らし候は終に大事にも干係仕候事に付必心は相用ひ居申候間御安心は可被遣候弟も二氏談話之事も呑込居候へ共前申上候通必竟は皇國の興復にも相係り候大事件に付試に左に件々相認申候間其場に至り候時は現に　皇國之大事件に直に相係り候事こゝに不及して平穏に相濟候ても將來の爲にも相殘し置度義に付自然も相違之廉御座候はゞ御添削被成下候而幸便に御送り返し被成遣候様偏奉願上候

一戰と相成候時は直様二千餘之兵を急速差登し只今在京の兵と合し浪華へも千程は差置京坂兩所相固め候事

一戰自然も我勝利と相成候氣鋒有之候とも其節　朝廷へ申上屹度盡力之

次第有之候との事

一萬一戰負色に有之候とも一年や半年に決而潰滅致候と申事は無之事に付其間には必盡力之次第屹度有之候との事

一是なりにて幕兵東歸せしときは屹度　朝廷へ申上直樣寃罪は從　朝廷御免に相成候都合に屹度盡力との事

一兵士をも上國の上橋會桑等も如只今次第に而勿體なくも　朝廷を擁し奉り正義を抗し周旋盡力の道を相遮り候ときは終に及決戰候外無之との事

一寃罪も御免之上は双方誠心を以て相合し　皇國の御爲めに碎身盡力仕候事は不及申イツレ之道にしても今日より双方　皇國之御爲め皇威相暉き御回復に立至り候を目途に誠心を盡して盡力可致との事

弟にオイテは右之六廉之大事件と奉存候爲念前申上候樣戰不戰とも後來之事に相係り候皇國之大事件に付御同樣に承知仕候而相違義有之候而は

終にかゝる苦身盡力も水之泡と相成後來の青史にも難被載事に付人には必知らせず共御同樣には能く〳〵覺置度事と奉存候御分袂後も得と愚按仕毛頭無隔意處を以内々大兄まで爲念申上候義に付右六廉得と御熟覽被成下自然も弟之承知仕候義相違之義も有之候はゞ必々御存分に御直し被成遣候而此書狀之裏へ乍失敬御返書御認め被下候而幸便に屹度無御相違御投じ被成遣候樣偏に〳〵奉願上候實に此餘之處は機會を不失が第一に而いか樣之明策良計にても機會を失し候而は萬之ものが一つほども役に相立ち不申事に依り候而は却而後害と相成候事も不少兎角いつでも正義家は機會を失し候等之事は其例不少終に姦物之術中に陷り候事始終に御座候間御疎も無之事に御座候得共此處は精々御注目被爲成候而御論述皇國の大機必無失脚御回復之御基本相立候處奉祈候乙丑丸◎即チユニオン號一條小事には御座候得共委曲御承知の如く一身に取り候而は困苦千万に而且海軍興復には屹度相係り候事に付何も逐一御存之譯に付兼而存じ通に相

運び弊國の海軍も相興り候樣無此上呉々も奉願候何分にも小松大夫呑込呉不申候而は實以困迫此事に御座候隨而海軍は廢滅に至り可申候と懸念仕候先は前條之次第愚按迂考仕兎角一應可申上と奉存相認め候義に付前條委曲申上候通之次第に付得と御熟覽を賜り必々御裏書にて御返書偏に奉願上候其中必々時下御厭第一に奉存上候乍失敬御序之節小。西。吉◎吉井幸輔ノ略氏等其外諸彥人可然御致意奉願候委曲御禮書は歸國之上出し可申と奉存候爲其匆々頓首拜

正月念三

尙本文之處は呉々も得と御熟覽を賜り万一も承知仕違へ候處は御直し被成遣候而必々幸便御裏面御答偏奉願上候

此餘の處は只々機會の處に而已掛念至極に御座候大事は元より小事にても必成敗は多く機會之失不失に有之申候此邊之義は呉々も御助力皇國之御爲奉祈念候

前田恭齋子へ藥禮之事御願仕奉恐入候且恭齋子より詩作も送られ候に付其返答も可仕と奉存居如御承知出立前大混雜に而且々出立仕候位之次第に付其義も其儘打置候間甚以不情不信之處赧顏之仕合に御座候御逢も有之候はゝ此邊之處宜敷御斷り被成遣候而彼藥禮之處も何にてもよろしくつまり品物にても可然奉願上候失禮之段奉恐入候無此上皇國之事は不及申上乍恐私事も種々御願申奉恐懼候擧而何もよろしく奉願候只々御面會之折を奉待候其中御答は幸便に奉願上候爲其閣筆頓首

松　菊　生

龍　大兄　極密御獨拆（侯爵木戸家文書、井上伯傳ニ據ル）

○慶應二年二月五日（龍馬ヨリ木戸孝允へ）

◎此書翰ハ前掲正月二十三日附ノ木戸孝允ヨリ龍馬ヘ送レル書翰ノ裏書ナリ

表に御記被成候六條は小西兩氏及老兄龍等も御同席にて談論せし所にて毛と相違無之候後來といへども決して變り候事は無之は神明の知る所に

御座候

丙寅二月五日　　坂本龍

(侯爵木戸家文書、維新土佐勤王史ニ據ル)

○慶應二年正月二十三日　(伏見寺田屋ニ於ケル遭難)

同月○慶應二年正月廿三日坂本氏のみ京師より來著に付兼て約し置きたる通り手當致し夜半迄京師の樣子尙過ル廿一日桂小五郎西鄕との談判約決の次第委細坂本氏より聞取此上は明廿四日出立にて入京の上薩邸に同道と談決したりされば王道回復に至るへしと一酌を催す用意をなし懇談終り夜半八ッ時頃に至り坂本の妾二階より《へか》走り上り店口より捕縛吏入込むと告く直に用意の短銃を坂本に付し拙者は手鎗を伏せ覺悟す此時一士刀を携へ兩人の休所に來り不審の儀有之尋問すると案内なく押入る兩人誰何し薩藩士の止宿に入不禮すなと叱れは彼れ僞名也と云ふ故に疑ひあれは當所の薩邸へ引合すへし明白也と云ふに彼れ又云ふ兩人共武器を携へ居る

は如何と是れ武士の常なりと答へしに彼れ階下に去る此機に乗し樓上の建具を一目に打除け拙者は手鎗を構へ坂本氏を後に立て必死となる忽ち階下より數人押上り各々得物を携へつゝ肥後守よりの上意に付き愼み居れと聲高く叫ひ立つるに因り我れは薩人なり上意を受くへき者に非すと云ふを相圖に兼て約せる覺悟の通り一同銃鎗を以て發打し突立つるに彼れに死傷あり階下に引退く其際一名坂本の左脇に來り刀を以て拇指より持銃に切り付坂本氏傷を負ふ此時鎗を以て防きしも坂本氏裝藥叶はさるに由り此上は拙者必死に打込まんと云ふを坂本氏引止め彼等退きし猶豫の間に裡手に下り此場を切り拔け去るべしと云ふ其意に任せ直に坂本氏を肩に掛け裏口の物置を切り拔け兩家程の戸締りを切り破り挨拶して小路に遁れ出て暫時兩人とも意氣を休め其より又走る途中寺あり此板圍を飛び越さんとするに近傍多數探索ある樣子に付路を轉して川端の材木貯藏あるを見付け其棚の上に兩人とも密に忍込み種々死生を語り最早逃路

あらす此處にて割腹し彼れの手に斃るゝを免るに如かすと云ふ坂本氏曰く死は覺悟の事なれば君は是より薩邸に走附け若し途にして敵人に逢はゝ必死夫迄なり僕も亦此所にて死せんのみと時既に曉なれは猶豫むつかしと云ふ其言に從ひ直に川端にて染血を洗ひ草鞋を拾ふて旅人容貌を作し走り出つ其際市中の店頭に既に戸を開くものあるを以て尙心急きに二丁餘り行く幸に商人體の者に逢ひ薩邸のある所を問ふ是より先き一筋道にて三丁餘なりと云ふ則ち到る留守居大山彥八出迎ひ昨夜の樣子は坂本氏の妾來りて注進す行衞如何やと煩念ふ所天幸なるかな此に遁れ來ると は今坂本氏は無事連れ歸るべし三吉氏は是に留り居らるべしと云ひ捨て大山氏自ら船に印を建て有志兩三名と棹して坂本氏の潜所に到り迎へて還る一同閧然快愉の聲を發す爾後門の出入嚴守せしめ急に京師西鄕大人の許に報す因て吉井幸輔乘馬にて走せ付け尋問す具に事情を語る又西鄕大人より兵士一小隊醫師一人差添坂本氏の療治手當方兩人守衞の爲め差

下す由にて來著す實に此仕向けの厚き言語に盡す能はす夕刻に至り兩人共に衣服の仕向け有之然所薩邸へ走り込みたる段々奉行所より留守居に糺問になり兩人共に可相渡と申來り候得共右樣の者は內邸《マヽ》には無之と申切り候夫より人數の手配りをなし探索更に嚴なり或は京坂へ人相書を廻して頻りに薩邸を窺へども邸內には一小隊兵士の守衞ある故妄りに手を著くること能はす坂本氏は追々快方にて本月廿九日迄伏見薩邸に滯在す

（三吉愼藏日記抄）

○慶應二年正月日　（寺田屋おとせ書翰龍馬宛）

扨て一寸よそにて咄を聞き候儘申上候ある宿の內にはあるじなく後家にて御座候其の夜どういふ事やらんか夜は八ッ時に風呂に入りあがりて火鉢のふちに居り候所へ表の方より一寸たのみますとゆうてたゝき候故何事と內の男あけ候へは其の後家に表まで鳥渡おいで被下と申故何事やらんといで見ればうしろはちまき拔身の槍にて大よそ百人計もならび居り

誠に々々びつくり致し居り候へ共何事にて御座候と尋ね候へは其方の二階に兩人のさむらひが居るよしたしかに聞候ありていに申すべしと申ゆえもはやかくすこともならず眞の通り二階においでなされ候と申候へばとうして居ると尋ね候故まだねずにお咄しなされ候へばそれ夫れより捕手の人が大ひに心配致しとうしよこうしよといろ〳〵恐れだれいけかれいけとそのこんざつはいはんかたなく其女か思ひ候にはこんな人が幾萬人捕手にかゝるとも其兩人の人にはしよせんかなはずという事心の内に思ひ此だん安心致居申候夫より其の女うちにはいる事ならず表につかまへられ候所大かた捕手の人が内にはいりしと思ひ候へば二階が今も落ちるような音がいたし又鋏ぽうの音がいたしやれ〳〵こわい事とおそれながらそとに居候へは皆な〳〵にげてでるやら二階から落ちる人やらさんさんにて其まぎれに其の女は内にはいり候へばはや其人も居ず二階には煙が上り候故こわさも忘れて見るとふとんが燃えてありそれからどうぞ

して品物をかくさんと思ひ候へども思うにまかせずかくする内もはや其兩人がいぬといふ事知りて人々皆參り内中さん〳〵さがし候其時其女も誠に〳〵この樣なざんねんな事はないと思うても何分仕方がなくそれから其をよび色々尋ね候へども唯だ何事も存申さずお尋ねなされたくば薩のお屋しきにてお尋ね被下と申候へばそれならよひと申其儘にて相濟み商買もいたし居り候これも全く其おん方に少しのくもりなき事ゆへと存じ誠に〳〵有がたくおもひ候また〳〵おもしろき咄しもれきゝまし候へども筆にまかせずおん目もじの上委しく御咄し申上候かへす〳〵もよろしき便りお待ち申上まいらせ候これのみたのしみくらしまいらせ候かしく

當家藤印よりもくれ〳〵もよろしく御便り申上まいらせ候

血の藥

御存じより

龍君　樣御元へ

(坂本直氏舊藏)

○慶應元年正月　（寺田おとせ書翰跋）

右の寺田屋は龍馬子爰やどに居ることしばしばなり此時の主婦は奇女にて能く龍馬子をしれりことし其送れる文成りとてある人余に示さる披き見れば此事三十餘年の昔となりぬまた浮世の一夢といわん歟

丙寅初夏　安房◎ 海舟勝

留所丹心照汗青　如楓圭介◎ 大鳥圭介ナリ 老髯

（坂本龍馬紀念帖）

○慶應二年正月日　（大村益次郎ヨリ中岡愼太郎へ）

寒氣の候貴兄愈々御安泰奉賀候野生去冬以來引籠り今に全快不仕夫れ故思う運動も出來かね日々心のみ焦立罷在候南西隔絶の事とて貴兄動靜頓と相漏し存外薄情に相成萬々御容赦可被下陳は昨日薩の西郷氏より一書到著直樣披見候へば貴兄には先日より西郷外々諸有志と薩藩へ被爲入色々拙藩の爲め御計畫被下候所愈薩長兩藩連合の約相成り且つは又討幕の

御內議も粗一決候趣實以て歡天喜地雀躍此事に𢭏て々々世の中は塞翁の馬とやら申候が實に變動の測り難きは天地間の有樣に御座候弊藩などの儀も兼々御承知の通り去秋は一方ならぬ騷擾にて天朝よりは御譴怒を蒙り幕府よりは征長の儀など相唱へ長防の運命如何成行事かと存居候所此れには薩州侯を始め他の有志者の御盡力にて先づ左程の事もなき樣相收り次には此頃寡君御儀朝譴相解け何か辱なき御內敕も有之候樣承り一同大安心まづ〳〵これならは弊藩の行衞も一入愉快の春と相成り候次第にて國民の愁眉を開き候も近きに有之儀と奉存候別けて此度薩長連合の儀俗に所謂龍に翅とも可申哉國民一たび之を聞き候はゝ定めて此までの躊躇に引かへ大奮發仕り雲來疾飛の運動も愈是より相始まり可申候薩長の勢を以て闕下に立ち候へば幕も風前の燈影光を滅し候儀は論を俟たざる儀と存候兎ニ角今回の御盡力唯々弊藩の幸福なるのみか是の一事にて天下後來の風潮相定り候儀に付實に天下の幸福

と可申貴兄方の御功蹟顯著として宇宙に輝き候儀誰かは感戴致さゞらん猶々坂本氏よりは三吉宅へ申越され候次第も矢張西郷氏と粗御同一の事の由にて滅幕遠からずとの趣是れには精しき御計畫も認め有之趣に候へとも野生未だ拜見せず何卒正々堂々海陸兵を皷し幕府の惡逆を燼し外夷の暴戻を懲し一天萬乘の神威を遠く海外に輝かせ度是のみ相樂み申候實以て一刻千金の今日に當り臥蓐罷在候は何たる不幸かと激涙万行心中の無聊御洞察可被下候併し此頃大分快氣立ち候ニ付き今少時養生致候へは全快可仕と樂居り候此使直樣京師へ參る者なり何か御用の筋は御遠慮なく御申付可被下決して如才なる者には無之候先づ〳〵今回の御骨折謝し上候まゝ平生御無沙汰御詫まで更に後便を俟て意中相盡し可申候頓首

（田岡正枝氏文書）

○慶應二年二月六日　（龍馬ヨリ木戸孝允へ）

此度の使者村新同行ニて參上可仕なれとも實ニ心ニ不任義在之故ハ去月

廿三日夜伏見ニ一宿仕候處不計も幕府ゟ人數さし立龍を打取るとて夜八ツ時頃二十人計寐所ニ押込ミ皆手ことゝ鎗とり持口々ニ上意〳〵と申候ニ付少々論辨も致し候得とも早も殺候勢相見候故無是非彼高杉ゟ被送候ビストールヲ以テ打拂一人を打たをし候何レ近間ニ候得ハさらにあた射不仕候得とも玉目少く候得ハ手をいなから引取候者四人御座候此時初三發致し候時ヒストールを持し手をも切られ候得とも淺手ニて候其ひまニ隣家の家をたゝき破りうしろの町ニ出候て薩の伏水屋敷ニ引取申候唯今ハ其手きす養生中ニて參上とゝのはす何卒御仁免奉願候何レ近々拜顔萬奉謝候謹言々々

二月六夕　　龍

木圭先生机下

（侯爵木戸家文書、瑞山會書類ニ據ル）

○慶應二年二月六日（小松清廉ヨリ木戸孝允へ）

一翰拜呈仕候遠路無御恙御歸國之上益々御多祥被成御座珍重奉賀候然ハ

其砌ハ萬事失敬相働候義殘情不少奉存候シカシ緩々御高話拜承大幸之至奉存候扨かの蒸汽艦之條◎蒸汽船云々ハ乙丑丸即チ櫻嶋丸ノコトナリ兼て承知之趣も有之候付尚勘考之上相談申上義有之村田新八川村與十郎細々申合差出申候間御聞取被下候而宜敷御裁判可被下候爰許之形勢等は兩人より御聞取可被下候兎角御配慮之程御察申上候何も筆紙に盡兼候仕合御座候爲天下金玉御保愛被成御座候樣奉祈候先ハ此旨任便御起居御尋迄如斯御座候　恐々不備

二月六日　小松帶刀

桂君閣下

(侯爵木戸家文書、井上伯傳ニ據ル)

○慶應二年二月二十二日（木戸孝允ヨリ龍馬ヘ）

龍　大兄　御急披　木圭

小笠原閣老肥前と且　尊藩之大夫等を呼出し候由如何之事か不相分候

朶雲御投與奉拜見候彌以御壯榮ニ御起居大賀此事ニ奉存候さて先般上京中ハ　大兄之御深意ニ而微意も徹底感喜難忘奉存候

自浪華呈候六條之書御返與御裏書拜見安堵仕居申候此度ハ村田川村木藤
諸氏遠路態々來訪欣喜此事ニ御座候誠ニ暫之滯留ニ付何事も殘念而已御
察可被下候小笠原閣老も下藝今以病氣ニ而更ニ何事も無之紀彦小倉尤惡
敷由榊原雲州なとが是へ雷動いたし候而騷き候樣子外藩諸侯ニ而ハ獨り
肥後が尤姦邪と申事ニ御座候近況は村田諸氏ゟ直ニ御承知可被遣候何よ
りも目出度事ハ　大兄伏水之御災難ちよつと最早承り候ときハ骨も冷く
相成驚入候處彌御無難之樣子巨細承知仕不堪雀躍候　大兄ハ　心之公明
と　量之寛大とに御任せ被成候而兎角御用捨無之方ニ御座候得共狐狸之
世界か豺狼之世間か更ニ相分らぬ世の中ニ付少歟
天日之光り相見へ候迄ハ必々何事も御用心
神州之爲御盡力肝要之御事ニ奉存候不遠戰場ニも至り可申何分ニも天下
之事ハ只々機會を失と不失ニ有之申候いかなる良策ニても機ニ後れ候而
は萬端無覺束候石川兄も先日御上京當時ハ御同居ニ候哉　大兄伏水之事

を承り候故御氣遣申候細川兄ハ御無事ニ御座候哉諸兄呉々も御疎なく御注意賊手ニ御陷り無之樣偏ニ奉祈念候乍此上精々御自愛肝要ニ奉存候先ハ取急如此御座候匆々頓首九拜

二月廿二日

（坂本彌太郎氏藏）

○慶應二年二月二十四日（村田新八等ヨリ菅野覺兵衞等へ）

先日粗御咄申上置候乙丑丸御船弊國へ此節廻船之儀山口にて木戸君へ及御談候處御方御一列ニて廻船彌以聞濟被下別て仕合之至ニ御座候就ては馬關へ差卸し相成居候俵米之儀も其節積込方御取計ひ被下候筈ニ御座候ニ付左樣御心得被下度尤此御方樣是迄御乘込之人數ハ廻船之節ハ別て御斷り申上置候事に御座候ニ付是以其通木戸君御承知被下居候ニ付此段用事まて一筆爲御心得如此得御意候以上

二月二十四日　　　　村田新八

小谷耕藏樣　　　　川村與十郎

（侯爵木戸家文書、井上伯傳ニ據ル）

菅野覺兵衛様　要用

○慶應二年二月二十六日（品川日孜ヨリ木戸孝允ヘ）

過る念四之御書翰今朝寺町ニおゐて拝讀（中略）

去年來御配意之船◎郎乙丑丸之一件ニ付黑田より縷々承り候ところくろ田申候ニハ此一件ニ付てハ上杉氏◎郎近藤昶山口ニおいて君公ニ拝謁いたし候處蒸汽艦買入之事御直ニ御頼みニ相成候ニ付直ニ歸國此段修理大夫幷小松なとへ相談いたし候處諸器械之義ハ如何様とも可仕候得とも艦と申ものハ何國より何國某ニ賣渡いたし候段諸方へも相達し候位の事ゆへたやすく買得不相成段斷候處上杉氏國情幷君公より御頼み相成候邊を以縷々説得せられ漸買入候處右之次第ニ相成何とも不相濟事ニ候右ニ付桂先生御上京其邊之處御頼みニ相成候得とも君公と君公との取相故孰れ寡君相談之上ならでハ不相捌と申事ニ御座候薩國元ニおいても彼是疑惑を生し候ものも不少候様相聞候ニ付一應御挨拶として内々御使ひても御差遣ニ可

相成哉御直翰ても參り候得は尙更よろしく黑田も此邊之處大きに望み居申候實ハ此論先日船中ニて內々私へ話し候ニ付藝著之上直ニ可申越と申置候處くろ田申候ニハ御多忙之中是等之事申上るハ餘り恐入候故言はぬ以前にして吳候樣申事ニ付捨置申候處今夕寓居ニて色々之話より此談ニ相成候ところ十分右之使節之望み有之樣洞察致し候ニ付右之使節論ニして木戶まて內々相談仕り候てハ如何哉と談し候處大きに得心之事ニ付愚按申上候間何卒御熟慮なし可被下候小松西鄕も多分歸國ニ相成居可申候左すれは直ニ船の人數引取之事も論決可仕候薩公御捌とは申ものゝ孰れ小松か西鄕かゝ居らねハ何も運ひ不申候夫ハともかくも一應之御挨拶として御使ひ參り候樣有之度事と幾重も奉祈候乍併御買入後何そ御挨拶有之たかも存し不申候得とも黑田より承り候處ニてハ何も無之よしくろ田申處ハ只君公より君公へ御賴みに相成候處へ目をつけ居候間此邊之所篤と御汲取御熟慮偏ニ奉賴候

二月廿六日夜

（侯爵木戸家文書、井上伯傳ニ據ル）

○慶應二年二月頃カ　（龍馬書翰宛名未詳）

此度の咄しお《マヽ》くハ敷成可被遣候　恐兄の内
此佐井ハ北奉行人町杉山幸助方ニて　佐井虎次郎
御尋可被遣此杉山にも私の咄御なし可被遣候
佐井ゟハ曾而手紙參りたりいまだ返書不出候得ハ此度の事くハしく御
咄し被遣其上彼手紙の禮も御申可被遣候

龍馬が乳母《ウバ》

此うバわ私しおきつかいおり候ものゆへ何卒此ぶじなる事を御直ニ御申
恐兄か家御出被下候時に御まねき被成候得ハ早々參上仕候

（坂本龍馬寫眞記念帖）

○慶應二年正月十四日　（近藤昶ノ自殺）

○上略　最初坂本等は相議して「社中盟約書」を作り血判せるが其中に「凡そ事大

小となく社中に相談して之を行ふべく若し一已の利の爲め此の盟約に背く者あらば割腹して其罪を謝すべし」との箇條あり然るに彼の長藩新汽船購入の事件は上杉專ら其周旋の勞を執りたるも畢竟是社中を代表して運動せるものなれば固より上杉一人のみ其功を負ふを得ず況や事大小となく云々の箇條あるをや彼れ上杉は鹿を逐ふの獵師山を見ずの喩に洩れず長崎に伊藤と來りし後も洋行の擧を社中に祕し將さに明日解纜の英國帆前に便乘し上海に向ひ一躍して高く海外に雄飛し去らむするの前日偶ま風浪順ならず一夜上陸してガラバ（◎カラバ、英國商人長崎ニ在リ、乙丑丸及小銃等ヲ長藩ノガラバヨリ購入スルヤ、上杉實ニ其仲介斡旋ノ勞ニ任ゼリ）と小宴を催すや運拙くも忽ち社中の探知する所となれり皆上杉の告げずして洋行せんとするを烈火の如く激怒し「咄友を賣るの奴盟約に據りて直ちに制裁を下すべし」と卽決し此の夜一同小曾根の別莊に會し數人往きて上杉を拉し來りぬ先づ澤村（◎澤村惣之丞卽關雄之助）等一同は容を改め「凡そ事大小となく相謀りて之を行ふべきは社中の盟約にして此盟約に背く者は割腹して其罪を謝するの明文あり不幸にして社中に其人あり割腹して謝せよ」と言まだ畢らざるに上杉俄に色を變ず澤村再び呼び曰く其人は上杉宋二郎君なりと上杉咄嗟口を開かむとするや澤村忽ち大喝し「此期に臨み辯解は無益なり」と流石に上杉も逃れぬ所と決心し「如何にも約の如く割腹して諸君に謝し申さむ」と遂に席を設けて自盡したるは實に慶應二年丙寅正月十四日の夜の事なりき上杉死する時年二十九歳社中會葬し遺骸を長崎鴻臺寺の後山に埋め碑に題して「梅花書屋居士之墓」といふ◎卷頭藤陰略話參照彼の饅頭屋長次郎の名は土佐士林の間に隱なく苦學半生頗る世故に諳練し其の能く漢文を草するのみならず英學に通じ當時長藩の俊秀井上伊藤をして其才幹敏腕を愛重せしむ有爲の春秋に富み前途の功を測り易からざるものありしも偶ま洋行の素志を遂るに急にして自ら奇禍を速くに至る悲しき哉明治二十一年五月勅して靖國神社に合祀し同三十一年七月特旨を以て正五位を追贈せらる（中略）或は傳ふ上杉の割腹坂本實に社中の議を裁し

たりと云々而して坂本の馬關を發するは已に此月十日に於てしまだ洋行の事發露せざる以前に在り坂本にして若し其際に處せば敢て之を殺さゞりしならむ洵に惜むべき限にこそ　（維新土佐勤王史抄）

○慶應二年正月十四日　（近藤昶ノ自殺）

我藩にては櫻嶋丸を以て乙丑丸と改稱し中嶋四郎をして船長の資格を以て之に乘組ましめたれば其長崎に著するや薩藩士及海援隊士は前約と違背したるを怒り上杉に迫りて其擅斷の處置を責め又々一場の紛議を惹起せり上杉は之が爲めに薩長聯合の進行上に破綻を生ぜんことを憂へ責を一身に引請けて自刃したり海援隊士が上杉に迫りて自殺せしめたるは汽船購入に就彼が長崎より巨額の金を收受したりとの嫉妬的非難もありたりといふ

上杉は馬關滯在中君等と協議の上英國に渡航の志を決し已に上程せんとせるの折柄意外の事件を生じ遂に其志を果す能はずして死せり誠に惜むべし　（井上伯傳抄）

○慶應二年正月十四日　（近藤昶ノ自殺）

非子　賤虚名貴實田、破浮淫督耕戰明賞罰營富强

○術數有餘而至誠不足

上杉氏之身ヲ亡ス所以ナリ

（坂本龍馬手記抄）

（參考）送人學畫之江戸序　　近藤昶

聞子欲畫學遊江戸。昶未知其何爲也。夫畫者彫蟲之末技。非男兒之所宜。事法去父母辭國。遠爲無益之行乎。昶竊以天下之時勢猶未安穩。泰西女主貪暴清國。又來覗　皇國。其餘亞奴魯西亞虜。晨來夕去。或上某陸。或入某港。其情意亦未可測也。而我南海當夷船航行之道。志士豈可不寒心哉。今子徒以風流自任。成尋常千里之行。若國家無事則可當。一旦砲炮抹天。彈丸貫日之日。足下豈欲舐毫伸紙從事於花禽風露之間。以了斯生邪。嗚呼何其無志之甚也。且近世畫家與古畫家異矣。朱紫粉白。巧粧其拙。狗苟蠅營。日趨榮利。以謝金之輕重爲畫之疎密。風流瀟洒之趣。掃地盡矣。何也近世之畫家不有餘業之以糊口也。嗚呼男兒以堂々六尺之軀。徒擲生涯於無用之一技。豈可不悲乎。昔者大納言金岡以一畫工。贊朝政。當世畫家豈可比於金岡乎。宮本某以冠万人武技。而側學畫。宋東坡道德文章卓絶古今亦好畫。是其人風流千載可稱矣。元趙子昂亦能畫。當時名聲藉甚。然子昂臨節失大義。宗家覆滅臣事醜虜。是眞乞丐之不肯爲。而子昂忽爲之。雖有畫之名。不能免万世之唾罵。況近世之畫家。又下子昂數等者乎。今子不學宮本東坡之所爲。而秖欲

効子昂乞丐之爲。可謂惑矣。以子之才之識。絶意於外慕致精竭力。夙夜以從事文武之道。則其擧駸々殆可軼宮本。而誇東坡矣。然後進而報國家。退而榮慈親豈不快乎哉。聖人以立身行道現親爲孝終焉。夫畫者於國家無少有所裨益也。苟無所裨益。而安然擁妻畜子。以寄食於人。所謂米賊焉耳。夫爲人子而得米賊之名。不孝莫大焉。苟負不孝之名。則是豈一日可立於世乎。廼於子舊相識。故不顧鄙陋。□□□々之誠希。子熟慮而深思之。若有可敎。幸不惜還答。廼再拜。

○慶應二年三月八日（龍馬ヨリ高松太郎へ）

細左馬（原註）細川左馬之助則チ池内藏太同書土佐勤王史百十六回冒頭ニ「是レヨリ先キ細川左馬介卽チ池内藏太ハ坂本等ト共ニ京師ヨリ大坂ニ下リ三邦丸ニ投ジテ長崎ニ歸ル」云々トアリ此狀左馬ノ乘込ヲ依賴セシモノナラン三邦丸ハ洋名ユニチントト呼ビ薩藩ノ購入後改名シタルナルベシ事兼て海軍の志在曾而馬關を龍と同伴ニテ上京致候在故て薩に下らんとす今幸ニ太郎兄か歸長の事を聞ク今なれば彼ユニヲン號左馬をのせても宜かるへく左馬事ハ海軍の事ニハ今ハ不功者と雖とも度々戰爭致候ものなれは隨分後ニハ賴も敷ものとも相成候べしと樂居候もしユニヲンのつかふか宜しいとなれハ西吉小太夫の方ハ拙者ゟ申談候てつかふ宜く候能御考可被下候早々頓首

八日　　　龍

此書錦戸（原註）此人不詳ニ頼ミ遣ス

但シ太郎◎太郎變名トハ才谷梅太郎ヨリ高坂龍次ト變ヘタルヿカ或ハ此錦戸太郎ト稱シ居リ又變名セシヿカ此二者ノ内ナルベシハ又變名在之

多賀松太郎様　　　龍

（野島寅猪文書）

○慶應二年四月二十七日（龍馬ヨリ寺田屋おとせへ）

此一品ハきみへに御つかハし被成度あれハ今とこにおるかしらんたいきつかい候此夏ハ下の關にせつかくつれてとわとおもいしニやれ〳〵又これゟなかさきにかへるわ言わいてもよろしきことなれとも御きおつけて被下まし

四月廿七日　　　梅ゟ

おとせさま

伏見寶木橋
　寺田や様まて　梅よ
　　（坂本龍馬紀念寫眞帖）

○慶應二年七月四日（龍馬ヨリ木戸孝允ヘ）

御別後才郡マテ參リ候處下ノ關ハ又戰爭ト弟思フニドフゾ又ヤジ馬ハサシテクレマイカト早々道ヲ急キ度御サシソヘ之人ニ相談仕候處隨分ヨロシカルヘシトテ夜ヲカケテ道ヲ急キ申四日朝關ニ參申候何レ近日拜顏之時ニ謝シ候

七月四日　龍

木圭先生　左右

猶此度之戰爭ハヲリカラ又英船カ見物シテ長崎之方ヘ參リ候ハオモシロキ事ニ候

追白

先日御咄シノ英佛之軍艦之關ニ參候モノハ兼而參ルト申軍艦ニテハナ

シ飛脚艦之ヨフナルモノト相見ヘ候ヨシ兼而來ルト申船ハ此軍艦ニハ「アトミラール」及「ミニストル」モ參リ候ヤニ承リ候先日參候船ハ是ハオヽキシヨシ是モ又思フベシ二艦砲門之艦ニテ是ハ近日又參リ可申カ弟思フニ村田新八ガ不來ハ此故ニテハナキカ早々

（侯爵木戸家文書、瑞山會文書ニ據ル）

○慶應二年七月廿七日　（龍馬ヨリ木戸孝允へ）

五大才ニハ火藥千金計□□頼置候　一小松西郷ナトハ國ニ居申候大坂之方ハ大久保岩下ガウケ持ナリトテ彼レ兩人之周旋之ヨシナリ

一人數ハ七八百上リタリト聞ユ

一幕之翔鶴丸艦ハ長州ヨリ歸リ又先日出帆致シ道中ニテ船ヲスニノリカケテ今長崎ヘ歸リタリ

一幕ハ夷艦ヲ買入致ス事ヲ大ニ周旋今二艘計取入ニナルヨヲス

一幕船タイテイ水夫共何故ニヤ將之命令ヲ用ヒズ先日モ翔鶴丸ハ水夫頭及ヒ其外十八人一同ニニゲダシ行方不知

一私共之水夫一人隨分氣强キ者ナリ幕船へノリタレハ夫モマダタシカニ知レスモシ關之方へ行ヨフナル事ナレハ平常之幕船トハチガイ候カモシレス御心得可然哉爲其申上ル

七月廿七日

坂本龍馬

木圭先生　左右

（侯爵木戸家文書、瑞山會文書ニ據ル）

○慶慶二年七月（日不詳）（龍馬ヨリ兄權平へ）

一七月頃蒸汽（櫻島丸）を以て薩州より長州へ使者に至る時頼まれて無據長州の軍艦を率ひて戰爭せしに是は何事もなく面白き事にてありし

一惣て咄しは實とは相違すれど軍は別て然るもの也之を筆にし差上げても實となさずやも知れず一度やつて見たる人なれば咄しが出來る

一右は龍馬が書きたる戰圖也◎次頁挿入ノ圖ヲ云

一七月以後戰ひ止む時なかりしがとふ〳〵十月四日となり長州より攻め取りし土地は小倉に渡し以後長州に敵すべからざるを盟ひ夫れより地面

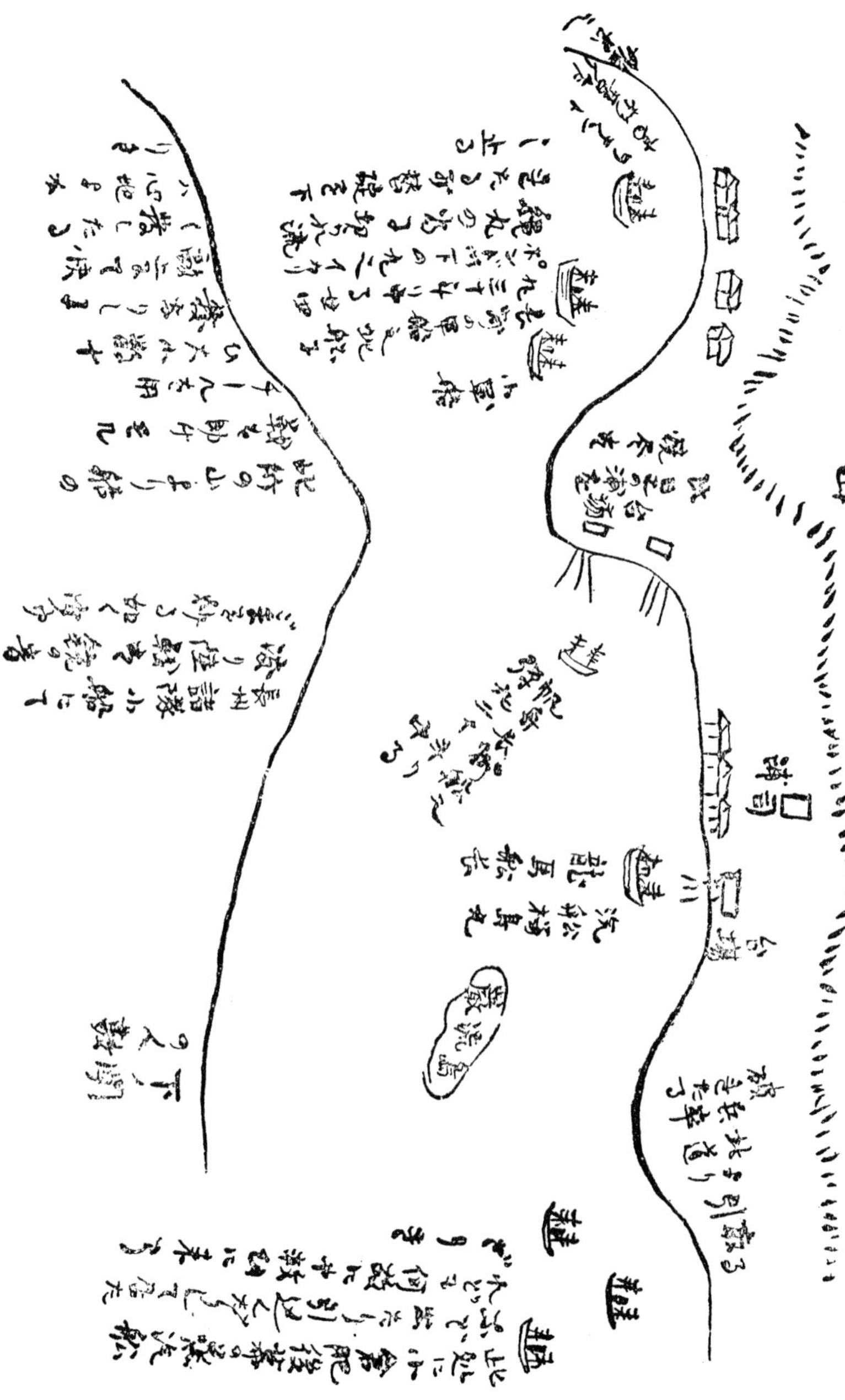
山
門司
山

を改めしに六萬石計ありしなり大戰爭中一度大戰爭がありしに長州方五十人計打死いたした時（軍にて味方五十人も死ぬと申時は敵味方合せておびたゞしき死人也）先手しば〳〵敗れしより高杉晉作東陣より錦の手のぼりにて下知し薩州の使者村田新八と色々咄しいたしなどしへた〳〵笑ひながら氣を付けて敵は肥後の兵などにて强かりければ晉作下知して酒樽をかきいだして戰場にて是を開かせなどしてしきりに戰はせとふ〳〵敵を打破り肥後の陣幕旗印など不殘分取りいたしたり私共兼ねて戰場と申せば人夥多しく死するものと思ひしに人の十人と死するほどの戰なれば餘ほど强き軍が出來ることに候
一槍にて久しく戰ふ時は必ず其所に十人かしこに二十人或は三四十人計り各々人の陰により集り候是は戰になれぬ者にて斯樣になり候方はいつも死人多くなりまけ申すものにて候强きものは斯樣にはなさぬにて候先年英人長州にて戰ひしに船より上陸するとばら〳〵と開き四間に一人宛計りに立並び候

一當時天下の人物と云へは
德川家にては　大久保一翁　勝安房守
越前にては　光岡八郎　長谷部勘左衞門
肥後にては　横井平四郎
薩摩にては　小松帶刀　西郷隆盛
長州にては　桂小五郎　高杉晋作
一私唯今志延て西洋船を取り入たり又は打破りたり致し候元より諸國より同志を集め水夫を集め候へども仕合せには薩州にては小松帶刀西郷吉之助などが如何ほどやるかやりて見給へなど申くれ候甚だ當時は面白き事にて候どふぞ〳〵昔の鼻たれと御笑ひ被下間敷く候

（弘松宣枝著「坂本龍馬」所載）

○慶應二年八月十六日（龍馬ヨリ三吉愼藏へ）

其後ハ益御勇壯ニ奉恐賀候然ハ去ル七月二十七日及八月朔日小倉合戰終

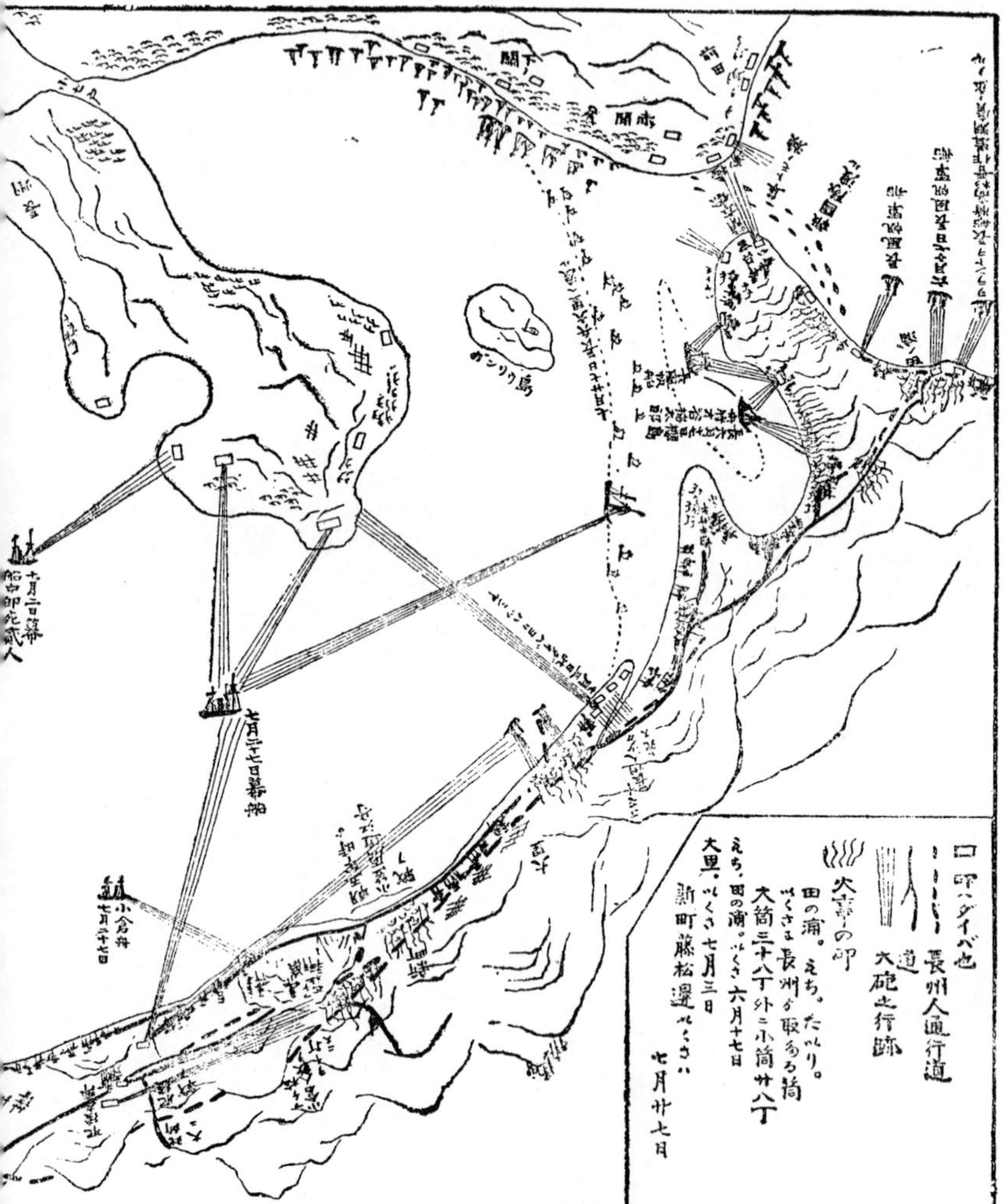
口印ハダイバ也
長州人通行道
道
大砲之行跡
火事の印
田の浦。えち。たいり。
いくさに長州が取りし筒
大筒三十八丁外ニ小筒廿八丁
えち、田の浦。いくさ六月十七日
大里。いくさ七月三日
新町藤松還いくさハ
七月廿七日
下關
ガンリウ島

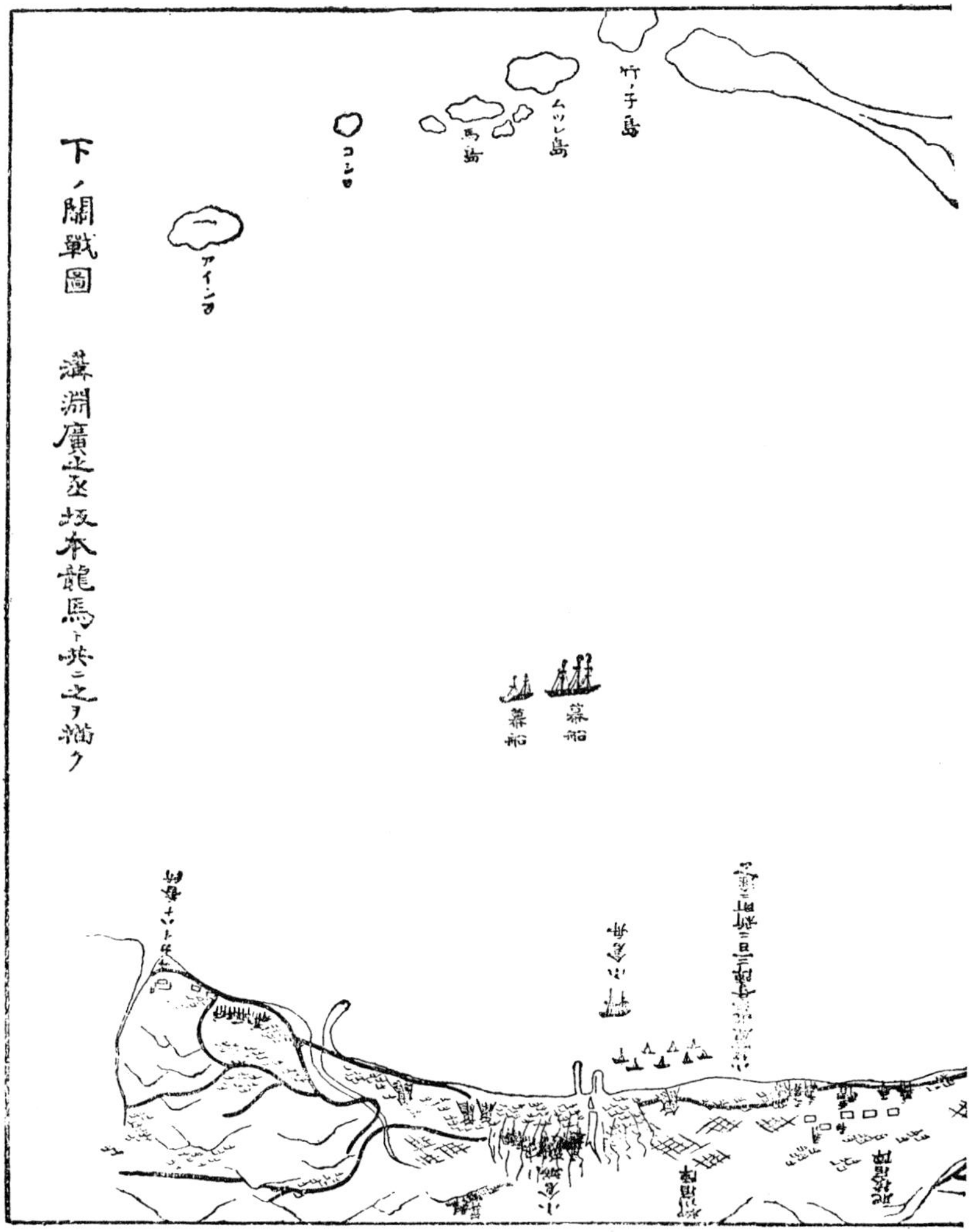
下ノ關戰圖
瀧淵廣正及坂本龍馬ト共ニ之ヲ描ク
竹ノ子島
ムツレ島
馬島
幕船
幕船

ニ落城と承り候扱御内談承り候事の如く御妙策被行候事と奉存候はたして其時恐レ候幕海軍か道を取切候事ハ無之是もトテモ道ハ取切ハスマイガ先用心可成ナト承リ候コナリもふ敵かなけれバ其事を承り候てハ早々下の關へ出かけ候も何とか力ラなく奉存候將軍も彌死去仕後ハ一橋又紀州か後ト目望ミ候得共一向一條の論なく候よし何レニしても幕中大破ニ相成候よし又兼而高名なる幕府人物勝安房守本と麟太郎コも又京ニ出是非長州征ハ止メニすべき論致し會津あたりと大論日々候よしなれとも何共片付不申幕ハ此頃英國のたすけを受候事ハ毛頭出來不申事相成候これハ小松帶刀か見ツモリよし兼而佛蘭西の「ミニストル」ハ幕府の周旋計致せしなれとも此頃ゟ薩ゟ日本の情實を佛蘭西の方へ申遣し彼佛國ニ薩生兩人周旋仕候ニ付て江戸ニ來レル佛の「ミニストル」ハ近日國に歸り候よし是ハ西郷の咄しなり此頃薩ハ兵動しなから戰を未たせさるハ大ニ故あり先ツ歎すべからず幕のたをれ候ハ近ニあるへく奉存候

近時新聞ハ先ツ右計也

追白此便ニ森玄道ニ申遣せし事ハ實ニ小事件なから實ニむこそふなるᄀなれハ森及井藤助太夫共より申上候得ハ宜しく御聞取奉願候但シ下の關へ參りたる長崎の賣人の事なり先早々萬稽首

八月十六日

龍

三吉大兄

（三好家文書）

○慶應二年八月日（龍馬越藩士下山尙ニ大政返上策ヲ說ク）

慶應二丙寅八月余春岳公ノ命ヲ啣ミ九州游學ノ途ニ上ル適マ薩藩ノ三邦丸敦賀港ヨリ長崎ニ歸航スルニ會ス我カ藩士及ヒ商家ノ徒相與ニ之ニ乘ス長崎ニ著スレハ同藩書生航海及ヒ英學醫術ヲ修ムル者來會痛飮夜ヲ徹ス翌日余諸子ノ寓居ニ同居ス居ル數日土佐藩ノ士坂本龍馬氏二三子ヲ拉ツテ來リ醫生山本氏ニ就テ刺絡ヲ行フ余因テ始メテ坂本氏ト相見ルヲ得タリ氏狀貌雄偉眉間一黑子アリ風采閑雅音調淸朗一見凡夫ニ非ルヲ知ル其後一夕余氏カ門ヲ叩ク氏出テ迎ヘ坐久シテ談天下ノ事ニ及フ氏危坐低

聲語ッテ曰ク方今鎖攘ノ說一變シテ討幕ノ議相踵キ起ル而シテ幕府自反ノ念ナク專橫日甚タシ恐クハ救フ可カラス子以テ如何ントナス且子ハ德川氏ノ親藩ニ生レ上ニ春嶽公ヲ戴キ宜シク思フ所アルヘシ
政權奉還ノ策ヲ速カニ春嶽公ニ告ケ公一身之レニ當ラハ幸ヒニ濟スヘキアラン余之ヲ諾シ善後策ニ及ヒ氏云フ越藩ノ內民政會計ヲ托スル人アリヤ余答ヘテ云フ三岡八郎ナラン然レトモ今ヤ寡君ノ忌諱ニ觸レ幽閉年久シ余等密ニ往キ叩クニ當時ノ事ヲ以テスルアリ余爰ニ來ルニ際シ送ルニ一篇ノ詩ヲ以テス請フ之ヲ見ヨ氏見テ大ニ感シ手ヲ拍テ其名ヲ記ス

下山氏越ニ歸ルニ臨ミ坂本ト會スル條ノ割註ニ下ニ書スル語アリ　別レニ臨ミ氏云フ西鄉氏予ニ贈ルニ劍ト書トヲ以テス此ノ書之ヲ子ニ送ラン予受テ出ズ

九月廿日熊本ニ著シ橫井ニ面晤シ坂本ト談シ事ヲ告ク橫井手ヲ拍テ歎シテ云フ今日ノ事豈ニ他アランヤ天下此ノ任ニ當ル嶽公ヲ置テ求ム可カラス
十月廿四日朝登シテ嶽公ニ謁シ政權返上ノ大事ヲ決セラレンヿヲ以テス

（中略）公襟ヲ正フシ徐カニ云フ然ルカ余モ亦思フ所アリ汝ジ宜シク執政ニ告クヘシ

（下山尙西南紀行拔萃）

○慶應二年十月五日（龍馬ヨリ吉井友實へ）

一筆啓上仕候益御安泰愛出度存候偖先年來御盡力被下候段忝存候則吾カ爲メニ盡候所則國家ニ盡ス所タルヤ明カナリ仍而何歟爲酬之吾所藏致候舊赤穗ノ家臣神崎則休遺刀無銘一口貴兄進上致候御受領被下度候右刀ハ曾而後藤も來國光と鑒識致候御高鑒被下度候先ハ右用事迄如此候早々

十月五日　直柔

吉井幸輔樣

（坂本龍馬紀念寫眞帖）

○慶應二年十月頃カ（龍馬ヨリ溝淵廣之丞へ）

拜啓候

然は昨日鳥渡申上候彼騎銃色々手を盡し候所何分手ニ入かね候先生の御

力ニより候ハすハ外ニ術なく御願の爲參上仕候何卒御頼申上候彼筒の代金ハ三十一兩より三十三兩許かと存候うち今一所より申來候もの四十金と申候あまり法外に高金と存候まゝ無餘儀先生を勞し奉候宜しく御聞込可被下候頓首

十六日　　才谷梅太郎

溝淵廣之丞先生　左右

○慶應二年十月頃カ　（龍馬ヨリ家兄權平ヘカ）

今春上京之節伏見にて難ニあい候頃より鹿兒島に參り八月中旬より長崎に出申候先日江の口の人溝淵廣之丞ニ行合候て何か咄し致し申候其後蒸汽船の將武藤早馬《ハヤメ》に行あい候へとも是ハ重役の事て又御國ニ歸り候など云ハれん事を恐れしらぬ顔してすぎ行きしに廣之丞再三參り私の存念を聞候ものから認め送り候所内々武藤にも見へ候よふ此武藤ハ曾て江戸ニ遊し頃實に心安き人なれば誠によろこびくれ候よし舊友のよしみハ又か

たしけなきものにて候其私の存念は別紙にさし上候御覽可被遣候
○別紙の中女の手紙これあり候是わ伏見寺田屋おとせと申すものにて候是わ長州家及國家に志ある人々には助けくれ候事共有之候もの也元より學問も十人なみ男子計の事ハいたしおり候もの也夫が薩州に送り來り候手紙一つさし上候伏見の事よくわかり申候
○又別紙ニ(桂小五郎と申人也)木圭と申人の手紙有之候是ハ長州の政事を尤あつかり候第一人物にて此手跡を四方の人がほしがり候幸手元にハかず〳〵有之候からさし出し候
○庄太郎も此頃ハ丈夫ニ相成候べしと存候夫男子をそたつるにハ誠ニ心得のある事にてとてもお國のそだて方でハ參り兼候べしと實ニ殘念の事と存候
○上ニ申伏見の難ハ去る正月廿三日夜八ツ時半頃なりしが一人のつれ三吉愼藏と咄して風呂よりあかりもふねよふと致候所にふしぎなるかな此時

二階ニおり申候人の足音のしのび〳〵に二かいしたをあるくと思ひしにひとしく六尺棒のをとから〳〵と聞ゆ折柄兼てお聞に入れし婦人名ハ龍、今妻と致し居候勝手より走せ來り云よふ御用心なさるべしはからず敵のおそい來りしなり鎗持ちたる人數ハはしごだんをのぼりし也と夫より私も立ちあかり袴きんと思ひしに次の間に置候そのまゝ大小さし六發込ミの手筒《ピストル》を取りてうしろなる腰かけによるつれなる三吉愼藏ハはかまをきて大小取りはき鎗持ちて是も腰かけにかゝるひまもなく一人の男障子ほそめにあけうちをうかゞふ見れば大小さしこみなれば何者なるやと問しにつか〳〵と入來ればすぐ此方も身かまへなしたれば又引き取りたり早や次の間もミシ〳〵物音すれば龍に下知して次の間うしろの間のからかみ取りはつさして見れば早二十人計もやりもて立ならびたり又盗賊灯燈二つもち猶六尺棒もちているもの其左右ニ立たり其時双方しばらくにらみあふ所に私より如何なれバ薩州の士ニ無禮わするぞと申たれば敵人口々に上意なりすハれすハれとのゝしりつゝ進み來る此方も一人ハ鎗を中段に持つて私の左りに立たりける私思うよふ私の左の方ニ鎗をもて立ハ横をうたると思ふ故私が立かわり其左の方に立たり其時銃ハ打金を上げ敵の十人計も鎗持ちたる一番右の方を初めとして一つ打たりと思ふに其敵ハ退きたり此間敵よりハ鎗なげつきにし又ハ火鉢をうちこみ色々して戰ふ私の方には又鎗もてふせぐ實ニ家の內の戰ひ誠ニやかましくたまり不中又一人をうちしが中りしやわからず其敵一人ハはたして障子かげより進み來りわきざしをとて私の右の大指の本をそぎ左の大指のふしをきりわり左の人さし指の本の骨ふしをきりたりもとよりあさてなれば其方に筒さしつけしが手早く又障子のかげニかけ入りたり前の敵猶せまり來る故又一發致せしにあたりしやわからず私の筒ハ六丸込ミなれと其時ハ五丸込ミてあれば實ニあと一發かきりとなり是大事と前を見るに今の一戰にてすこししずみたり一人のもの黑きづきんきてたちつけはき鎗をひらせいがんのよふに

かまへちかくよりてかべにそふて立し男なり夫を見るより又打金あげ私のつれの鎗もて立たる所の左りの肩を筒臺のよふにしてよく敵のむねを見込て打ちしに其敵ハ丸ニ中りしと見へて唯ねむりたをれるよふに前にはらばうよふにたをれたり此時も又敵の方ハ實ニドンドン障子を打破るやらからかみふみ破るよふのもの音すさましく然れ共一向手元にハ參らず此時筒の玉込めんとて六發銃《ピストル》の◎此よふのもの取りはづし二丸までは込めたれとも左の指ハきられてあり右の手もいためて居り手元思ふよふならずつい手より（れんこん玉室）取りおとしたり下をさがしたれ共元よりふとんハ引きさがし火鉢やら何かなげ入しものとまじりどこやらしれず此時ハ敵ハたゞとん〳〵計りにて此方に向ふ者なし夫れより筒を捨て私のつれ三吉愼藏に筒ハすてたぞといへば三吉曰く夫なれば猶敵中につき入り戰ふべしと云ふけれとも私曰く此間に引き取り申さんと云へば三吉も取りたる鎗をなげすてうしろのはしごだんをおりて見れば敵ハ唯家のみせの

方計を守て進むものなし夫れより家のうしろのやそいをくゞりうしろの家のあまどを打破りてはいりたれば實ニ其家ハねぼけてでたかねやが引いて有りきのどくにもありたれども其家のたてぐも何も引きはづしうしろの町に出でんと心掛しに其家もずいぶんおほきなる家にて中々破れかね右兩人して刀もてさんざんにきり足もてふみ破りたり夫れより町に出でゝ見れば人ハ一人もなし是幸と五町計りも走りしに私ハ病氣のあがりなりければどふもいきゝれあゆまれ不申此時思ひしに男子ハすれより下に長きものはすべからずと此時ハ風呂よりあがりしまゝなればゆかたを下にきて其上ニわたいりをきてはかまなしたりきものハ足にもつれくずくしよれば敵がおいつく横町ニそれ込みてお國《土佐の國の》の新堀と云ふよふな所に行きて町の水門よりずび込み其家のうらより材木のたなの上ニあがりてねたるにおりあしく犬が實ニほへて困り入りたりそこに兩人ともおりしがついに三吉ハ先づ屋敷に行べしとて立出でゝ屋敷ニ入り又屋敷の人もともに迎ひニ來て私も歸りたり私のきずハ少々なれとも動脈とやらにてあくる日も血

が走りやめず三日計り小便に行くも目がまいました
○此夜龍女も同時に戰場を引き取りすぐさま屋敷に此由を告げしめ後に供々京の屋敷に引き取る今長崎ニ共々に出づ此頃短銃も上達す以上

右之書狀ニ年月日も宛名もなきは最初寫したる人の書き落したるに相違なしと思はる多分家兄權平ニ宛てたる書狀ならん
本書ハ北海道釧路町大火の際燒失せる也（坂本彌太郎氏藏）

○慶應二年十一月二十日（龍馬ヨリ寺田屋おとせへ）
何かを咄しは妻より申上べく來年は上京致し候早々御目にかゝり候龍子が老母元より御家計の御世話に候猶よろしくおしかり被下度實にへちやくちや別りかね候人なれば實にお氣のどくに存候早々
十一月二十日　　取卷の拔六
おとせさま　參る人々御中

○慶應二年十二月四日（龍馬ヨリ姉乙女へ）

おとめさんへさし上る

兼而申上妻龍女ハ望月龜彌太か戰死の時のなんにもあい候もの又御國より出候もの此家ニて大ニ世話ニなり候所此家も國家をうれへ候より家をほろひし候也老母一人龍女いもと兩人男の子一人かつへ〳〵ニてとふもきのとくニて龍女と十二歲ニなる妹と九ツニなる男子ともらい候て十二歲の妹名きみへ男子太一郎ハ攝州神戶海軍所の勝安房ニ賴ミたり龍女事ハ伏見寺田や家內おとせニ賴ミ候是ハ學文ある女尤人物也今年正月廿三日夜のなんにあいし時も此龍女かおれハこそ龍馬の命ハたすかりたり京のやしきニ引取て後ハ小松西鄕なとにも申私妻と爲知候此よし兄上ニも御申可被遣候御申上なれハ

京師柳馬場三條下ル所

楢崎將作死後五年トナル（此所にすミしか國家のなんとともニ家ハ

ほろひあとなくなりしなり

右妻存命

私妻ハ則將作女也今年廿六歳

父母の付たる名龍私が又鞆《トモ》トあらたむ

正月廿三日ののちナリ
京の屋鋪ニおる内二月末ニもなれハ嵐山にあそふ人々なくさみにとて櫻の花もて來り候中ニも中路某の老母神道學者歌人也ハ實おもしろき人也和歌なとよくて出候此人共私しの咄しおもしろかり妻をあいして度々遣をおこす此人ハ曾て中川宮の姦謀を怒りこれおさし殺さんとはかりし人也本禁中ニ奉行してなれハ右よふの事ニハ尤遺所おゝき人ナリ公卿方なと不知者なし是より三月大坂ニ下り四日ニ蒸汽船ニ兩人共ニのり込ミ長崎ニ九日ニ來り十日ニ鹿兒島ニ至り此時京留守居吉井幸助もどふ〱ニて船中ものかたりもありしより又溫泉ニともにあそハんとて吉井かさそいにて又兩りつれにて霧《キリ》島《シマ》山《ヤマ》の方へ行道にて日《ヒ》當《ナタ》山《ヤマ》の溫泉ニ止マリ又しほひたしと言溫泉に行此所ハもお大隅の國ニて和氣清麻呂かいおりおむすひ

し所蔭見の《インケンノ》瀧《タキ》其瀧の布ハ五十間も落て中程にハ少しもさわりなし實此世の外かとおもわれ候ほとのめつらしき所ナリ此所に十日計も止りあそひ谷川の流にてうおゝつり短筒《ヒストヲル》をもちて鳥をうちなとまことにおもしろかりし是より又山深く入りてきりしまの溫泉に行此所より又山上ニのほりあまのさかほを見んとて妻と兩人つれにニてはる〳〵のほりしニ立花氏の西遊記ほとニハなけれともどふも道ひどく女の足ニハむつかしけれともとふ〳〵馬のせこへまてよちのほり此所にひとやすみして又はるはるとのほりついにいたゝきにのほりかの天《アマ》のさかほこを見たり其形ハ

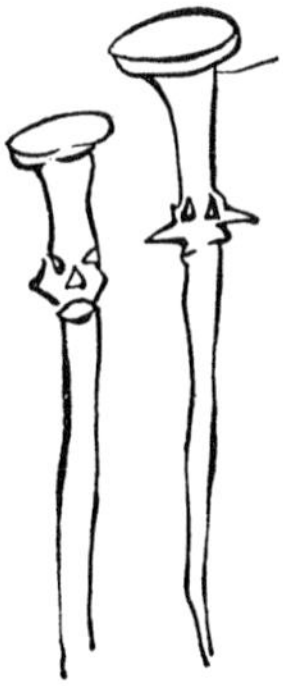

是ハたしかに天狗の面ナリ兩方共ニ
其額かつくり付てあるからかれ也

やれ〱とこしおたゝいてはるばるのほりしニかよふなるおもいもよらぬけにおかしきかをつきにて天狗の面があり大ニ二人りが笑たり此所に來れハ實ニ高山なれハ目のとゝくたけハ見へ渡りおもしろかりけれとも何分四月でハまたさむく風ハ吹ものからそろ〱とくたりしなりなる程きり島つゝしが一面にはへて實つくり立し如くきれいなり其山の大形ハ此サカホコハ少シうこかして見たれハよくうこくものから又あまりにニも兩方へはなが高く候まゝ兩人が兩

方よりはなおさへてヱイヤと引ぬき候得ハわづか四五尺計のものニて候
間又々本の通りおさめたりからかねにてこしらへたものなり
此穴ハ火山のあとなり渡り三町計アリする鉢の如く下
お見るニおそろしきよふなり
イ 此間ハ山坂焼石計男子てものほりかねるほど
ロ 此間彼ノ馬のせこへなりな　きじなくことたとへなしやけ土さら
るほと左右目のをよハぬほと　さらぱすこしぱなきぱそふてぱなる五丁もの
下がかすんておるあまりあぶ　ほればはきものがきれる
なく手をひき行し
ハ
ニ 此間ハ大きニ心やすくすべりてもおちる所なし
霧島山より下りきり島の社にまいりしか是ハ實大きなる杉の木かあり宮
ももののふり極とふとかりし其所ニて一宿夫より霧島の溫泉所ニ至ルニ吉

井幸助もまちておりとも〳〵にかへり四月十二日ニ鹿兒島ニかへりたり夫より六月四日ゟ櫻島と言蒸氣船ニて長州へ使を頼まれ出船ス此時妻ハ長崎へ月琴の稽古ニ行たいとて同船したり夫より長崎しるべの所に頼ミて私ハ長州ニ行けハはからす別紙の通り軍をたのまれ一戰爭するにうんよく打勝身もつゝかなかりし其時ハ長州侯ニもお目ニかゝり色々御咄しありらしやの西洋衣の地など送られ夫より國ニかへり其よしを申上て二度長崎へ出たりし時ハ八月十五日ナリ世の中の事ハ月と雲實ニどふなるものやらしらすおかしきものなりうちにおりてみそよたきゝよ年のくれハ米うけとりよなとよりハ天下の世話ハ實ニおふさツパなるものニて命さへすてれハおもしろき事なり是から又春になれハ妻ハ鹿兒島につれかへりて又京師の戰はしまらんと思へハあの方へも事ニより出かけて見よふかとも思ひおります私し其内ニも安心なる事ハ西鄕吉之助の家内も吉之助も大ニ心のよい人なれハ此方へ妻なとハ頼めハ何もきつかいなし

此西郷と言人ハ七年の間島なかしニあふた人にて候夫と言も病のよふニ京の事かきになり先年初て「アメリカ」ヘルリ」か江戸ニ來りし頃ハ薩州先《セ》ン侯の内命ニて水戸ニ行藤田虎之助の方ニおり其後又其殿様か死なれてより朝廷おうれい候ものハ殺され島なかしニあふ所に其西郷ハ島流の上ニ其地ニてろふニ入てありしよし近頃鹿兒島にイキリスか來て戰かありてより國中一同彼西郷吉之助を戀しかり候てとふ〳〵引出し今ハ政をあつかり國の進退此人にあらされハ一日もならぬよふなりたり人と言ものハ短氣してめつたニ死ぬものでなし又人おころすものてなしと人々申あへりまた色々申上度事計なれどもいくらかいてもとてもつき不申まあ島渡した事さへ此よふ長くなりますわ　かしこ〳〵

龍馬

極月四日夜認

乙様

(坂本彌太郎氏藏)

○慶應二年十二月十四日（龍馬ヨリ岩下左次衞門吉井幸輔へ）

一筆啓上　然ハ私ニ非レハタレカ上關迄出シ候心積ニ候處此頃御國ヨリ相廻リ候船下ノ關ニ參候時節人ナク幸ニ黑田了介殿御出ニ相成候得共今少シ御留リノ義故ニ無是非候私トテモ了介殿御同伴上坂モ致候藝永井主人カ事ハ兼而長州之政府之論ノ如ク相辨候處永井曰ク然レハ諸隊頭立候者ニ面會可致ト則諸隊頭立候モノ面會セリ

案スルニ永井ハ諸隊之者ト政府之論ト甚コトナリ候心積也故政府ヲタスケ諸隊ヲ擊或ハ諸隊ヲ助ケテ政府ヲ擊トノ論ノヨシナリ

京ヨリミブ浪人同伴ニテ歸リ候長人ハ虎口ヲノカレシト大ニ笑合候上下一和兵勢ノ盛ナル以長第一トスヘク存候何レ近私ニモ上京御咄申上候

坂本龍馬

岩下左次衞門様
吉井幸輔様
　　　直陰

（十二月十四日）

（侯爵木戶家文書、瑞山會採集史料ニ據ル）

○慶應二年十二月十九日（木戸孝允ヨリ龍馬ヘ）

大亂筆御推覽奉願候此度も眞之大略而已之御噺申上候得共溝口君ニハ御承知被下候得共　貴國之弊國を御疑惑被成候事ハ中々容易ニ無御座候間御氷解など申事ハ萬々六ツケ敷事と元より奉存候乍然溝口君ニ態々御出被下候義ハ難有奉存候事ニ御座候

彌御壯榮ニ可被爲居と大賀此事ニ奉存候さて此度ハ折角遠路態々溝口君御出被下候處未何歟取紛居始終失敬而已相働何とも奉恐入候此段老兄より不惡御斷可被成遣候且又此品ハ千萬輕少之極ニ御座候得共御餞別之印迄ニ溝口君ニ差上ケ度奉存候間是又宜敷奉願候尚先日不顧失敬從來之國情御噺仕候處元來之行がゝり一朝一夕之事ニ無御座候間眞之大略までニ而不盡處も不少此後自然も　貴國之御方御承知被爲成度との御事ニ御座候得ば隨分取綴りニ而も御覽ニ入可申候此別紙書面ハ當夏藝州ニ而應接之末已ニ戰爭ニ至らんする堺ニ差出し候書面ニ御座候只此一書而已ニ而は從來之事も相分り兼候義ニ御座候得共弟手元ニ有合申候間老兄まで入御覽申候間左樣御承知奉願候士民合議書先日御噺有之申候ニ付會議處へ相賴ミ二部丈ケ有之候由ニ而差送り申候間是又御送申上候ケ樣之ものを入御覽候も甚以赧顔之次第ニ付此段御含ミ被遣猥りに世間へ御示しハ御

用捨奉願上候○先日御同船仕候船も早々馬關之方ニ罷越可申候間自然溝口君馬關邊御出ニ候得ハ御乘船可被爲成候粗船將河野又十郎と申ものニも申越置候間御決定ニ御座候得ハ老兄ゟ船將ニ被仰越可被下候必御受合可申上候左候而老兄ニハ山口御出可被下候誠ニ御苦勞と奉存候其中五六日も相立候と政府之もの三田尻ニ出浮候ものも可有之と奉存候先ハ右申上度奉呈候何分ニも溝口君ニハ不敬之段宜敷御斷り被成遣萬端不惡樣御致意奉願候匆々頓首拜

十二月十九日

尙々備前矦之上書手ニ入難有奉存候事ニ御座候只々弊國之爲め難有ニ無之皇國之御爲かゝる御信切之思召難有奉存候事ニ御座候頓ニ御覽被爲成候歟ハ存不申候得共有合申候間入御覽申候匆々頓首

坂本老兄　　　　木戸

內密御直拆

（溝淵守氏藏）

○慶應三年正月三日（龍馬ヨリ木戸孝允ヘ）
廣澤先生及山田先生之方ニモ萬々ヨロシク

改年賀事御同意御義奉存候此段申上候再拜
然ニ御別後三田尻之方ニ出カケントスル處井上兄ヨリ御咄置候テスグ下ノ關ニ罷歸リ申候兼而御示之如ク進前方大久保松太先生ニ御目ニ懸リ止宿之所ハ御頼則チ阿彌太寺伊藤助大夫方ニ相成申候是ヨリ近日長崎ニ參リ又此地ニ歸リ可申ト存居申候何レ其節又々御咄モウカヽヒ候先ハ草々拜稽首

正月三日　龍馬

木圭先生足下

追而井上氏ニ送リ候手紙御面倒ナカラヨロシク御頼申上候

（侯爵木戸家文書、瑞山會採集史料ニ據ル）

○慶應三年正月六日（伊藤助大夫森玄道ヨリ三吉愼藏へ）

此度石川精《マヽ》之助大坂歳旦ニ乗船仕一昨夜爰許へ著仕候所坂本早速被參對面御坐候處京都情實慥ニ相分申候ニ付坂本氏ゟ政府之御方右人江御面會被成御聞取被成候ハヽ如何哉之段今日私共へ内々急便ヲ以此段御知らせ申上候樣との事ニ付則態々壹人差上申候尤石川精《マヽ》之助義ハ明朝出帆仕候由ニ付願ハ早々御聞取被遊候樣乍恐奉存候右申候謹言

萬略之程偏ニ御免被仰付可被下候

卯ニ當ル
正月六日　　　　馬關

伊藤助大夫

三吉樣　　　　森玄道

○慶應三年正月十三日（龍馬ヨリ寺田屋へ）

此さし出す帶屋茂助たしかなる人なれば皆々樣に通じ何なりとも御はなし可被下候私が居り候所は下の關赤本陣《マヽ》伊藤助太夫の所にて候御返事御こし私の名は薩州才谷梅太郎と御あて御こし

先日手紙さし出し候あとにて箱か一つある宿のおかみさんかもし是は何ンでござりますぞへこゝに忘れた夫は扨ておき今日虎◎千屋虎之助卽菅野覺兵衛か來て心の竹《マヽ》をかきくどき彼の一件を咄し聞け候今すこし御めいはくかも金でこふとはおもはなんだに御氣の毒様にて候かしこ

十三日　　　　うめ　ゟ

寺　田　様　　御直披

（寺田屋伊助氏藏）

○慶應三年正月二十日カ（龍馬ヨリ姪春猪ヘ）

春猪《ハルイ》とのよ〳〵此頃ハあかみちやとおしろいにてはけぬりこてぬり〳〵つふしもしつまついたらよこまちのくハしやのはゝあかついでかけこん（金平糖）へいとふのいかたに一日のあいた御そふたんもふそふというくらいのことかへ

をばてきのやんかんはふもこのころハちとふやり〳〵と心も定めかねをりハすまいかと思ふそやたいて〇ㇷなりりや二町目へすてしめてもよか

ろふのふ
おまへハ人から一歩もたしてをとこという男ハ皆にけたすによりてきつかひもなし又やつくと心もすいふんたまかなれハ何もきつかいハせぬけれとも是からさきのしん《マヽ》ふわい／＼ちりとりににてもかきのけられすかまてもくわてもはらハれすふいふん／＼せいたしてなかいをとしををくりなよ私ももしも死ななんたら《マヽ》りや四五年のうちにハかへるかも露の命ハはかられす先々御ふして　をくらしよ

正月廿日夜　　りよふ

春猪様

（松野尾義行氏藏）

○慶應三年二月廿二日（龍馬ヨリ三吉愼藏へ）

近時新聞

○薩州大山格之助廿日關ニ來ル則面會此人筑前ニ渡リ本國ニ歸ル其筑前ニ渡る故ハ此度

朝廷より三條卿を初メ五卿を御歸京の事被仰出候よし此儀ニ依るの事なり

○先日井上聞太か京師より下りし時の船にて西郷吉ハ歸國致せし此故ハ薩侯御上京の儀を以て下りし

○此頃幕にも大ニをれ合薩州にこび候事甚しく然レとも將軍ハよ程の憤發にて平常ニ異り候事共おゝくゆだん不成と申合候

○薩の周旋此頃よ程行はれ先ニ御引込ニ相成候廿四卿の御宥罪も相解ケ筑前の三條卿ハ御歸京の上ハ

天子御補佐とならせられ候よし此儀ハ小松西郷など決して見込ある事のよし然ハ先ツ天下の大幸ともいうへきか可樂々々

○此頃將軍ハ海軍を大ニひらかんとて米國へ大軍艦一艘船人ともに借入候よし五ヶ年にて八十万金程費と申事のよし幕原一之進可咄致し候よし

以上五條

二月廿二日認　　龍　馬

愼藏先生足下

（三吉家文書）

○慶應三年三月十四日（龍馬ヨリ木戸孝允ヘ）

追白溝淵廣之丞よりさし出し候品ものハ中島作に相賴申候間御受取可被下候彼廣之丞誠に先生の御恩をかんじ實にありかたかり居申候再拜

以上

一筆啓上仕候益御安泰可被成御座候然ニ先頃ハ罷出段々御世話難有次第奉萬謝候其節溝淵廣之丞ニ御申聞相願候事件を同國の重役後藤庄次郎一々相談候より餘程夜の明候氣色重役共又竊に小弟にも面會仕候故十分論申候此頃ハ土佐國ハ一新の起歩相見へ申候其事共ハくハ敷さし出候中島作太郎に申聞候間御聞取可被遣もとより此一新仕候も誠に先生の御力と奉拜候事ニ御座候當時ニても土佐國ハ幕の役にハ立不申位の所ハ相はこび申候今年七八月にも相成候得ハ事により昔の長薩土と相成可申と相樂

ミ居中候其余拜顔の期萬々申上べく候稽首々々

十四日　　　　　　　　　　　龍　馬

木圭先生足下　　　（侯爵木戸家文書、瑞山會文書ニ據ル）

○慶應三年三月十六日（龍馬ヨリ三吉愼藏へ）

おうち樣まて御頼申置

愼藏先生左右　　　　　　　　龍　馬

追白此頃も相不變御いそかしきよしにて候御出かけなとハ御無用其内又參上候弟拜首

此十日助大夫方まて歸り申候折柄滿珠艦出帆の時ニて同人ニも吉大夫ニも御目にかゝらす

○此度ハ又々家内のおき所にこまりしより勢止おへす同行したり此儀ハ飯田在番《マヽ》へハ耳入置たり御聞置可被遣候

○長崎の勢ハ一向常に變りたる事なし

○其内土佐國の勢かよ程なおり長崎に出たる參政後藤庄《マヽ》次郎共小弟に面會十分議論いたしたりしに大ニおもしろき勢當年七八月の頃ニハ土佐も

立なほりて昔日の長薩士となりハすまひかと相樂ミ申候
○長崎にて會津の家老神保修理に面會會津ニハおもひかけぬ人物にてありたり
其時小弟ハ土佐人高坂龍次郎と申て出かけ色々おかしき談ありしか變りたる事なし

十六日　龍馬

此頃出崎の土佐參政後藤庄次郎近頃の人物ニて候内々御見置可被成候もよろしからんと存候さし出し候

愼老臺　龍

（三吉家文書）

○慶應三年三月日不詳（龍馬ヨリ三吉愼藏へ）

龍

珍事御見ニ入候時御耳入候

今日出ましたる故ハ一昨日薩州村田新八山口の方へ御使者ニ参りたる事件云々

又今日石川清之助か薩州ゟ

條公までの使ニ参リ夫ゟ急ニ上京するや吉之助翁ハ先日土佐ニ行　老侯ニ謁し候所實ニ同論ニて土老侯も三月十五日までに大坂まて被出候よし薩侯にも急ニ大坂迄参リ土老ト一所ニ京戸（マヽ）ニ押入先日州の大日を立候との事西郷も此度ハ必死覺ごのよし

今日ハ外ニ用向もあり是ゟ印藤翁と出かけ候　（三吉家文書）

（原註、行々筆記卯三月十七日石川薩ヨリ歸府條公へ隅州ノ口述ヲ復命スルヿアリ）

此状ハ卯ノ三月頃ナリ

○慶應三年四月日　（龍馬海援隊ノ補命及隊規）

一慶應三丁卯四月本藩參政福岡藤次　命ヲ奉シテ長崎ニ來ル時ニ才谷梅太郎馬關ヨリ來リ　命ヲ拜ス其文ニ

覺

坂本龍馬事

才谷梅太郎

右者脱走罪跡被差免海援隊長被仰付之
但隊中之處分一切御任セ被仰付之

一才谷既ニ此命を拜し七八年間共ニ侘國ニ退遊し海軍ヲ皇張シ誓テ王事ニ死セントト約セシ本藩侘藩ノ脱生二十人許皆此隊中ニ入ル文官武官器機官測量官運用官醫官等ノ課ヲ分ツ水夫火夫ヲ合セテ五十人ヲ得タリト云々

一本藩出碕參政海援隊約束書ヲ以テ隊長ニ與フ其書ニ曰

海援隊約規

凡嘗テ本藩ヲ脱スル者及他藩ヲ脱スル者海外ノ志アル者此隊ニ入ル運輸射利關拓機本藩ノ應援ヲ爲スヲ主トス今後自他ニ論ナク其志ニ從テ撰テ入之

凡隊中ノ事一切隊長ノ處分ニ任ス敢テ或ハ違背スル勿レ若シ暴亂事ヲ

破リ妄謬ノ害ヲ引クニ至テハ隊長其死活ヲ制スルモ亦許ス
凡隊中患難相救ヒ困厄相護リ義氣相責メ條理相糺シ若クハ獨斷果激儕輩ノ妨ヲ爲シ若クハ儕輩相推シ乘勢强制シ他人ノ妨ヲ爲ス是尤慎ム可キ所敢テ或ハ犯ス勿レ
凡隊中修業分課政法火技航機學語等ノ如キ其志ニ隨テ執之互ニ相勉勵敢テ或ハ懈ル事勿レ
凡隊中所費ノ錢糧其自營ヲ功ニ取ル亦互ニ相分配私スル所アル勿レ若擧事用度不足或學料缺乏ヲ致ス隊長建議出崎官ノ給辨ヲ竣ツ（以下隨節略）

（海援隊日史抄）

○慶應三年四月日　（海援隊士姓名）

斯て社中二十士は悉く海援隊士となりしが之に水夫を合すれば上下すべて五十餘士

其の主なる者は曰く

菅野覺兵衛(變名)	千屋寅之助
前河內愛之助、關雄之助(變名)	澤村總之丞
小野淳輔(前名)坂本直(改稱)	高松太郎
	安岡金馬
男爵信行	中島作太郎
男爵	石田英吉
寺內新左衛門(變名)	新宮馬次郎
	橋本麒之助
今井純正(前名)	長岡謙吉
	山本俊輔
男爵維章	野村辰太郎
	左柳高次
	腰越次郎

森田晉三
白峯駿馬
陸奥源二郎
渡邊剛八
小谷耕藏
三上太郎
橋本久太夫

伯爵宗光

等なり此の中澤村は英法に通ずるを以て外人應接に任じ長岡は文章を能くするを以て龍馬の秘書たりき

（海援隊記事）

○慶應三年四月六日（龍馬ヨリ伊藤九三ヘ）

今日ハ金子御入用と存候得ハ小曾根英四郎みせ番頭淸吉を以て六百兩さし出申候殘り貳百兩ハ此後の爲ニ今しハらく借用仕置候間其御心積奉願候早々頓首々々

四月六日　　龍

伊藤九三老兄　　直柔

足下

（伊藤醇氏藏）

○慶應三年四月七日（龍馬ヨリ姉乙女ヘ）

私しか土佐に歸りたりときくと幕《ゑと》吏《やく》か大恐《おそ》れそはやき有もみ申候四方の浪人らかたすねてきてとふもおかしい近日京ニ後藤庄次郎との居らんと思ひ候其時ハ伏見の寺田やにやとかり伏見奉行をおそれさしてやろふとそんしおり候何かさしあけ度候得とも鳥渡これなく白かね《マヽ》きひときさしあけ候御めしものニ被成候得ハありかたしかしこ

四月七日　　龍馬

乙　様

（坂本龍馬紀念寫眞帖）

○慶應三年四月二十三日ヨリ（備後鞆津ニ於テ以呂波丸沈沒ニ關シ紀藩士ト應接筆記）

廿三日ノ夜危難ノ後明光丸ニ乘移リ備後ノ鞆津ニ達ス時ニ廿四日第八字

ナリ即刻市太郎英四郎兩人ニ命シテ士官水夫ノ旅宿ヲ點セシム我カ才谷梅太郎紀ノ高柳楠之助ノ請ニ應シテ道越町魚屋萬藏カ家ニ至テ面會ス高柳ハ明光丸ノ頭取也高柳曰我カ明光丸ハ前日洋艦ヲ買フヿニ由テ急卒長崎ニ赴カサレハ數万金ノ損益ニ關係スルカ故ニ此度ノ論談ハ長崎迄御待下サレマシクヤ斯ク申セハ御疑アルヘケレ𪜈決メ間違ハアルマシト才谷曰紀ノ全國ヲ引テ逃隱ル丶ヿハ無キ理レハ疑ハ容レ申サス我カ寡老君モ急用アリテ上京致サレタリ大抵平常ノ事ナラハ船ノ士官ノミテ申付ラルヘキヲ兵器等ノ運送非常ノ急用故我輩ヲ差添上坂ヲ命セラル惣メ此度ノ事ハ此地ニテ双方士官ヲ出シ是非ヲ辨明スルヘキ筈ナレ𪜈左アリテハ爭論難止相成ヘシ方今　朝廷ニテモ防長ノ事未御所置無之且當年ハ外夷攝海開港ノ申立モ相成差迫リ實ニ　神州ノ大事此時ナルヘシ此時ニ方テ紀土爭端ヲ生センハ尤可恐ノ事タリ故吾輩都合好キ所置ヲアランヿ欲セリ危難ハ是非ナケレ雖何卒貴國政府ノ論ト弊藩重役ノ論トノ決定スル迄ハ御船明光丸

ヲ暫時此港ニ御止メ下サルベシ昨夜海上ニテモ申セシ如ク今若シ兩船共ニ沈沒セバ君ノ用ヲ闕クノ時變同歎熱ノ至ナラズヤ高柳曰厚意謝スベシ幸ニ勘定局重役モ同乘セリ一同謀議ノ上答フベシ且云當時土藩出崎御重役ノ名稱ヲ問フ卽後藤象二郎ト答フ爾後吾カ旅舍石井町桝屋淸右衞門方ニ歸ル其夕明光丸ノ士官兩人來ル折節才谷假寐セリ故ニ小谷耕藏出會ス彼兩人曰過刻高柳ノ賴談實ニ君事ニ急ナルカ爲ナリ決議ヲ促カスト云翌廿五日朝兩士來テ吾決議ヲ問フ才谷曰貴藩紀君侯ハ別段尊重ノ家格タリ且諸君モ君侯ノ急切事務ヲ重シトス誰カ之ヲ察セサラン又吾輩今日ノ心事ヲ言ハヾ擧船沈沒シテ片板ヲ留メス試ニ豁眼ヲ以テ之ヲ見レハ擧船全沒如何トモスヘキ無シト雖トモ猶存スルモノハ君用ヲ達スルノ一事也能之ヲ達セバ世間ノ道理ニ叶ヘリトス此等ノ意偖後刻高柳先生ノ旅舍ヲ訪フテ談話セント云兩士去ル才谷魚屋ニ到ル高柳モ亦來會ス高柳曰昨日ヨリ以來僕カ懇請スル所許可ヲ得ヘキヤ否才谷曰君ノ請亦佳シ此ヲ和平ノ

所置ヲ謀ルトス僕モ亦懇請スル所アリ僕竊以爲相倶ニ公論ヲ討求シ義ノ在ル所ニ從テ所置スルヲ正トス故ニ君モ討論數回僕モ討論數回スヘシ反覆討論ノ後必自ラ公論ヲ得ベシ此度貴邦御船明光丸万一我イロハ丸ト一併ニ沈沒セバ諸君國用ヲ闕ク而已ナラス多ク人命ヲ損スヘシ其困難想像スヘキノミ今幸ニ明光丸無事出崎延緩纔ニ一ニ霄ノ差ナルベシ但君用ハ達スルヿ必セリ又吾輩ハ君命ヲ奉スル甲斐ナク船貨共ニ沈沒ス豈默シテ止ムヘケンヤ顧フニ長崎ハ世界航海者ノ會集スル地ナレハ公然ノ是非ヲ決定スルニ便利多シトス此地ニ就テ公論ヲ求ムヘキノニ且僕輩眼前ノ困窮ヲ云ハヾ今日假令出崎ストモ主命ノ器用ヲ辨スルノ術計ナシ諸君須ク憐察ヲ垂レヨ更ニ懇請スラク貴君侯ノ金ヲ恩貸スルヿヲ得シ是恩金ヲ以テ國用ヲ辨スルヿヲ得ハ僕輩ノ事猶爲スベシトス御便船相願出崎ノ上用物早速相調ヘ主用相達申度候此儀相叶候ハヾ私ニ於テモ日數少々後レ候モ用向事足リ御同樣一ト安心仕譯ニ御座候間仰願ハ御重役ヘ此事情ヲ傳

上シ許可ヲ得ンコヲ諸君ノ周旋ヲ折望スル所也激船沈沒ノ是非曲折ノ如キハ双方士官ヲ集合セシメテ徐々辨論シ世界ノ公法ヲ照シテ決ヲ取ラン弊僕舟方曲ナリ乇自ラ怨ムベキ處無シ若又貴君カ行舟曲ナリ乇同様ナルベシ元來兩船同難ニ明光丸無事ナレハ貴舟ノ半ヲ分チテ救ヒ玉ハルトモ可然哉トノ懇請ナリ將又前ニ請フ所ノ金子ハ一万餘金ナリ請フ得ハ同乘ノ恩ニ浴シテ出崎センコ僕カ至願也モシ請フ所ヲ許サス貴船ヲ此地ニ御止メラレズバ最早談話ヲ用ヒ著ケストニ云ヘシ此等ノ意味重役ヘ細達ヲ願フト高柳曰謹テ諸ス才谷謝シテ歸ル廿五日夜高柳ノ价來ル因テ魚屋ニ到リ高柳ニ面會ス時ニ士官岡本覺十郎成瀨國助側ニ在リ高柳曰過刻貴諭巨細重役ニ達セリ重役高意ヲ亮察スト雖乇如何セン身半途ニ在テ金ヲ辨ズル所ナシ請フ辭セン且云此回ノ事固正ニ出崎ノ上崎陽奉行所ヘモ相達スベク又此地ヘ覇府ニ告テ某官ヲ請ヒ此地ニ臨ムヲ請ハントス才谷曰今高諭ヲ聞クニ僕カ前說ヲ盡サヾルニ似タリ今更ニ前議ヲ陳セン夫々諸君モ

君命ヲ敬承セリ僕等モ亦君命ヲ敬承ス而シテ共ニ此ノ困厄ニ遇ヘリ但諸君ハ僅ニ一二日ヲ遲延スルノミニテ君用ヲ奉承スヘシ僕輩ハ君命ヲ奉スルヿヲ得ズ今日出崎シ兩國ノ重役立合ノ上議論決定スル迄ハ計ルニ許多ノ日數ヲ費スヘシ如此クンハ君命ヲ委棄スルニ等トシ是尤可憐モノタリ同難ニシテ吾舟全沒シ諸君ノ船ハ幸ニ存ス請フ諸君憐ヲ垂テ吾今日ノ窮迫ヲ救ヘ諸君此意ニ体シテ貸金ノ事ヲ賛成センヿヲ深ク望ム所也夫臣君ヲ思ヒ子ノ父ヲ思フハ天下ノ通情也諸君其レ之ヲ思ヘ高柳及兩士官曰眞ニ然リ吾輩過刻ハ謂ラク今目下ニ金ヲ出スベシト今ハ則然ラズ更ニ重役者ニ謀ルベシ但云正金一万圓半途ノ辨スル所ニ非故ニ貨物ヲ以テ之ニ換ントス如何才谷曰貴邦重役若シ之ヲ許サバ右等ノ事ハ會計ヲ出シテ足ラン且金幣ヲ云士人ノ不如所高柳曰然リ才谷曰前請ノ如キ僕輩貴藩ヲ强ユルヲ欲セス諸君ノ好意ハ已ニ能ク之ヲ知ル敬謝

是ヨリ先キ紙ニ包シタル金ヲ高柳懷中ヨリ出シテ云吾重役哀憐ノ意ヲ

表スト差出ス才谷曰好意可謝吾舟全沒スト雖𪜈計官幸ニ行李ヲ携得タリ一隊ノ用度猶支ルニ足ル請辭セント固辭再三高柳又之ヲ收ム

才谷曰諸君ノ好意謝スルニ堪タリ只願バ前件ノ懇請貴邦重役徹底會得セサレバ決議ニ於テ妨害アランヿヲ恐ル諸君請吾義理情實ヲ通徹セシメヨ高柳及兩士曰敬諾我輩已ニ亮セリ只重役心術未タ豫メ圖カラザル寓ニ歸リテ謀議スヘシ君之ヲ待テ才谷曰多謝且云時ニ諸藩脱藩ノ徒不少此等亦畢竟下情上達セサルニ因ル事情ノ通シ難キ如此クアリ三士曰眞然三士歸ル我亦宿ニ歸ル廿六日朝高柳ノ价來ル因テ魚屋ニ到ル高柳岡本坐ニ在リ高柳曰昨日ノ事件逐次重役ニ通セリ重役亮セリト雖𪜈崎陽熟知ニ乏シ故ニ一万金ヲ調シ得ルヿ難シ雖然事情徒視スルヘカラス吾力ノ及ブ所周旋シテ救助ニ供ヘント才谷曰厚意多謝若シ貴重役ノ救助ヲ得バ出崎品物詮記シテ奉呈セン偏ニ五日期限ノ許諾ヲ得ンヿヲ請フ高柳曰崎陽熟知ニ無之吾徒品物ヲ辨スルヿ願難シトス宜シク夷人ニ貨物價金ヲ約セヨ左候ハ

、吾紀人其保證タラハイカン才谷曰僕自ラ買フヘキノ時ナラハ貴藩ニ倚頼スルヲ須ヒス高柳岡本曰君カ意ヲ亮スト雖𪜈吾輩亦專對スルヿ能ズ才谷曰僕カ志意ハ僕所欲ノ品物ヲ貴君侯ノ御買入ニテ卽貴君侯ヨリ僕ヘ恩借スヘキ志願ナリモシ叶ハスハ許サスト貴重役ノ一言ヲ承知シタキ事ナリ且又僕昨日以來ノ話頭ヲ御一所ニ御咄シ致候事件ヲ筆記シタルモノヲ請覽ニ供セントスモシ記スル所誤アラハ諸君ノ改竄ヲ祈ル凡對話書如此ナラサレハ日後ノ證トナスヘカラサレハナリ是人情私スル所アランヿヲ恐テ也高柳曰貴論至當ニ候今一應重役ト謀議一回セント欲ス才谷曰多謝且問貴舟重役ノ名字如何ト茂田一次郎ト云勘定奉行ヲ帶ト

廿四日以來記スル所ヲ以テ紀ノ勘定組頭清水半左衞門高柳楠之助成瀨國助等ノ前ニ在テ讀ムヿ一通

此日又魚屋ニ到テ成瀨國助ニ會ス成瀨曰過刻ノ高論重役以テ理アリトス因レ之勘定組頭清水半左衞門會スヘシ願ハ貴之御役名ヲ聞カント才谷乃海

援隊長ノ名刺ヲ出ス遂ニ福淨寺客殿ニ至ル清水半左衛門及高柳楠之助坐ニアリ兩人曰已ニ高喩ヲ領セント雖𪜈崎陽ニテ正金ヲ得ルヿ實ニ難シ一万餘金ハ代料ノ貨物ヲ渡サント欲ス且曰吾已ニ周旋ヲ許ス先生モ亦共ニ周旋スベキナリ且吾長崎表ニ有之紀ノ用達崎ニアルモノ故アツテ事ヲ命シ難シ是故ニ先生貴藩ノ用達ニ命シテ事ヲ計ルヘシ其品物ノ如キハ吾紀州ニ買求ムベシ先生之ヲ諾セヨ才谷曰高論理アリト雖𪜈僕ガ船ヲ失フノ罪白スルニ地ナシトス此時ニ在テ出崎周旋スルヿ實ニ欲セサル所男兒ノ心事諸君亮察ヲ加ヘヨ且貸金ノ請ヒ貴官ヲ強ユルヲ欲セズ此儀固ニ僕等事君ノ義ヲ盡サント欲スルノミ貴官許可シ肯セスハ則正ニ事遂ニ不諧ニ歸ス𪜈僕ニ在テハ僕臣子ノ分ヲ盡セリトス諸君出崎ニ急ナレバ僕モ亦出崎シテ會スルヿヲ得シ貴官ヨリ我土佐ヘ談判スルモ在崎重役ヘ談判スルトモ其手順ハ都テ貴官ノ意ニ任サン清水高柳成瀬三士共曰情實議論皆好シ君カ爲ニ周旋シテ再ビ勘定奉行此事成テハ俗事方ヲ出シテ貴官俗事方

ト會話セシメン才谷曰諸相別テ去ル同夜ニ入テ成瀬國助俗事役一人ヲ帶テ來ル成瀬曰御賴ノ金ハ御用立可申候樣我重役既ニ金ヲ出スヲ許セリ因テ先生ヨリ一證紙ヲ請ハントス其式如此先生之ヲ見ヨ才谷之ヲ見ル其文ニ曰云々本國ヘ難罷歸甚難澁仕候間此度船沈沒ノ事ニ不拘長崎ニ於テ返濟ノ期限相立御借シ可被遣云々ト才谷曰返濟ノ期限ヲ立ツル事ハ爲シ難シ其故ハ僕ハ主君ノ用物ヲ失シ且船ヲ失ス罪僕カ身ニアリ僕以テ返濟ノ期限ヲ相立テハ至竟虛套ニ屬スベシ成瀬曰在崎ノ御重役アラズヤ才谷曰重役ニ告ルノ所置ヲ甘セハ何ソ紀侯ヲ仰ガンヤ成瀬曰凡乞貸ノ事期限ナキノ理ナシ才谷曰此度之事ハ僕ガ船已ニ如此貴藩船幸ニ殘レリ然レハ其ノ半ヲ分チテ僕ガ窮ヲ救フノ高義ヲ願フナリ故ニ期限ヲ相立テズトモ兩船ノ長崎ニテ議論決セハ乞貸金モ自ラ屬スル所アラン成瀬色ヲ改テ曰聞カ如キハ皆ナ貴論ト異ナリトス吾輩ノ自得スル所ハ船ノ事ニ關係セズ金ヲ貸サントノ意也ト才谷曰異ナル所一點モナシトス對話筆記ノ存スルア

リト言ヒテイロハ丸日記付錄ヲ示ス成瀨曰現今ノ貴論ナラハ再ヒ重役ニ謀ラサルヲ得ズ才谷曰諸君ヲ倚賴ス廿七日朝才谷魚屋ニ至ル昨夜成瀨兄ヲ勞ス多謝扱テ廿六日以後ノ書記ヲ高覽ニ供セント鄙意ハ航海日記付錄ヲ示ス高柳見終テ曰問對ハ實ニ書記ノ如シ才谷曰乞貸ノ上ヲ思フ臣子ノ至情諸君ニ於テモ恕シ玉フベシト思ヘルナリ然ルニ返濟期限ノ論ナレバ必請人ヲ要スベシ然レバ必ズ士分重役ヲ保證トセン重役ニ告請スル意ナラズ何ソ紀伊侯ノ救助ヲ仰ガンヤ異人ニ借貸センハ本難カラス高柳曰返濟期限相立ザル時ハ本藩ニ對シ言立難シ敢テ辭スト才谷曰嘗テ故ニ如此事情ヲモ商量スルヿアリ乞貸ヲ強ヒスト云諸君辭シ吾乞ハズンバ是ヨリ辭別スベキナリ貴舟解纜ニ吾國ノ商會方二人ヲ同船センヿヲ請フ高柳曰諾卽刻解纜セントス才谷曰君ガ心ノ欲スル所ニ從ヘト別辭ス

一日佐柳高次腰越次郎才谷ニ謁シテ下官今日ヨリ長ノ暇ヲ賜ラント請才谷其故ヲ問ヘ𪜈不對強テ問フ二人曰明光艦士官等我船ヲ衝沒ス而應

接間不禮亦甚シ誠ニ憤恚ニ不堪候因之我々二人直ニ彼船ニ躍入シ不禮輩ヲ刺シ而シテ快ク割腹セント欲ス下官輩隊中ニ在テ隊長ヲ煩サンコヲ恐ルガ爲也ト頻ニ懇請シテ止マズ才谷諭メ曰公等ノ請フ所頗ル好シ吾地ニ在テ論辨不決ニハ長崎ニ赴キ徐ロニ論辨シ天下ノ公論ヲ以テ所置スヘシ假令紀人親藩ノ權ヲ恃ミテ我ヲ凌侮スモ我何ソ彼ヲ恐ンヤ必條理判然彼ヲメ屈伏セシメン若シ屈伏セズンハ其時公等ノ言ニ從フモ亦未遲カラズ唯々當ニ心ヲ平ニメ我指揮ヲ待ヘシト二士人感憤シテ敢テ發セス

爾後便船人手廻リ荷物等沈沒セシ者ヲ一々書記セシメテ意ニ任セテ散去セシメ又水夫等ヲ卒ヒテ馬關ニ到リ馬關ヨリ官船ニ乘テ五月十三日長崎港ニ達ス

(海援隊記錄)

○慶應三年四月二十七日　(長岡謙吉ヨリ武藤廣陵宛)

芳翰拜披感涕滿臆候僕鵬飛之志因循先生総指督某(紙面入御覽候御一覽之後丙

丁に付せよ)之爲に阻隔せられ遂ニ投薩藩(仕籍ニ入ラス)暫時見合罷在候小松帶刀西郷吉之助の眷顧も不尠候へども久敷僻地に留り候事不本意候而去年十月より蟄居(不明)候最初坂本龍馬池内藏太に邂逅いたし二人共海軍興張に志ある故に死生相盟候脫後より今日に到まで我三港及上海等に歷遊致候家眷之事は既に老契に委托せりといへども念頭を離れ難きは只垂白老母のみ垂白は資正慧に候へどもうしろせんとか何とか世間並の女々しき事などは被游ずやと無心元存居候處老契之封書にて男子も難及心丈夫誠に爲之感激いたし候定省之コは温厚先人あり何ぞ他人を勞せんや時々御鞭策可賜候僕之身軀は聖明の冥護にや甚健固也屹度安堵いたし候樣御申傳可被下候内には後藤眞鍋松井之諸明府外には石川清之助坂本龍馬淸岡半四郎相合して國事甚相進申候龍馬は脫亡の重罪を宥し於長浦翔天孤鶴閑雲意歟之海援隊長を被命候僕も騖下なれ共末斑に加り隨分勉勵致し(近日一併ニ赦免ノ密命既ニ下レリ洋艦五艘計買上ゲニナリ自在ニノリ回リ商法

ヲサセ其余金ニテ志士ヲ募リ用ヲマツト云フヿナリ海援隊局ハ市中ニ於テ開キ申ヨシナリ他藩生脱生ヲ論ゼスト云フ此向ナレハ當年中ニ兵力強盛ニテ薩長ノ上ニ出ルヿ疑ヒナシ明君看機ノ策於是乎可見矣)罷在候是ニテ水泊ニ不陷事御恕寬可被下候志業未伸之間ハ一封書も呈す間敷と存居候得共垂白之迷誤も解釋したく老兄之懇欵も報したく如此御座候發程(不明)訓戒之書預知僕即去國之心矣巨眼燃犀至誠(不明)則是也不遠把臂談笑之事も可有之歟も難計候垂白孝養之ヿヨリ桂玉之ヿニ到迄一切老契ニ委托ス宜敷御心添奉願上候心緒紛々花飛蝶舞筆勢不震御推恕可被下候不乙

丁卯四月廿七夜半

薩藩付屬臣

長岡謙吉

土藩海援隊

今井純正

武藤廣陵老契　梧下

夜毎の夢今様

杖柱とも頼てし人の行衞は分なくて家にのこりし母と子か夜毎の夢
もむすみかね花のうゑてる月影も涙に社は曇るらめ

蓬　雨

（野嶋寅猪氏文書）

○慶應三年四月二十八日　（龍馬ヨリ菅野覺兵衛高松太郎宛）

拝啓然に大極丸は後藤庄次郎引受くれ申候そして小弟をして海援《マヽ》長と致
し諸君其まゝ御修業被成候よふつかふ付呉候是西郷吉か老侯にとき候所
と存候福岡藤次郎此儀お國より以て承り申候然に此度土州イロハ丸かり
受候て大坂まて急に送り申候所不計も四月廿三日夜十一時頃備後鞆の近
方箱の岬と申所にて紀州の船直横より乗かけられ吾船は沈没致し又是よ

り長崎へ歸り申候何れ血を不見はなるまいと存居候其後の應接書は西郷まで送りしなれば早々御覽可被成候航海日記寫書送り申候間御覽可被成候此航海日記と長崎にて議論すみ候までは他人には見せぬ方か宜と存候西郷に送りし應接書は早々天下の耳に入候得は自然一戰爭致候時他人以て我も尤と存くれ候惣して紀州人は我々共及便船人をして荷物も何にも失しものを唯鞆の港になけあけ主用あり急くとて長崎に出候鞆の港に居合せよと申事ならん實に怨み報せさるへからず早々頓首

四月二十八日　　才谷龍

菅野覺兵衞樣

多賀松太郎樣

追而船代の外二千金かりし所是は必代金御周旋にて御下被成るよふ御頼み申候

(坂本直衞氏藏)

○慶應三年四月二十八日　(龍馬ヨリ菅野覺兵衞及高松太郎へ)

此書翰紀藩船ト衝突ノ時ノ事ナルベシ實ハ一戰云々ハ「船ヲ沈メタ其ツグナヒニ金ヲトラズニ國ヲ取ル」云々ノ俗歌ト同一筆法ナラン(原註)

土佐勤王史第百二十九回ニいろは丸紀州明光丸ニ乘沈メラレシニ就テ先生ヨリ菅野高松兩氏ヘ宛タル書狀ヲ載ス其文中ニ「其後ノ應接書ハ西郷マデ送リシナレバ」云々トアリ此狀其正誤書ニシテ先ヅ海援隊ノ諸氏ニ見セント右(下)ノ如ク取直セシナリ別紙トハ勤王史ニ出ヅルモノヲ云フ(原註)

別紙ハ航海日記應接一册を西郷ニ送らんと記せしが猶思ふに諸君御覽の後早々西小松などの本ヽ(メの字落字なるべし(原註))ニ御廻付てハ石川清の助などにも御見せ奉願候又だきにて御一見の後御どヽおき被成候てハ不安候間御らん後西郷あたりニ早々御見せ可被下候實ハ一戰仕りと存候間天下の人ニよく爲知て置度存候早々

四月廿八日　龍

菅野様◎菅野覺兵衛
多賀様◎高松太郎

(野島家文書之内)

○慶應三年四月日　(龍馬ヨリ寺田屋伊助ヘ)

拜啓益御安泰奉大賀候然に私義此頃老主人よりよび歸しに相成候て國許へは不歸其まヽ長崎に於て兼て召つれ候人數を御あづけと申ことにて私などは海援隊長被申付則長崎にて一局《がくもんじよナリ》を開き諸生の世話致し申候此頃主人の用物を大坂に送り候道にて備後箱の岬のをきにて紀州明光丸と申船《蒸氣船也》が私の船の横に乗掛け候て不計も私しの船は沈沒《うみのそこにしつみたり》仕候間是より又長崎の市へ歸り申候此度の事は紀州は何故の勢にやあまり無《ブ》禮《レイ》なる事にて私の人數及便船かりなど鞆の港にほりあげ主人の急用ありとて長崎の方へ出帆仕候船のものは中に及ばず便船かりも皆金も何も　（以下不明）

伏見寳來橋京橋の　　船宿大濱濤次郎事

寺田屋伊助様　　才谷梅太郎事

遠目鏡一つ　　取卷　拔　六

時計一面添　　（寺田屋伊助氏藏）

○慶應三年四月頃カ　（龍馬ヨリ姉乙女へ）

扨も々御ものかたりの笑しさハじつにはらおつかみたり秋の日よりのたとへもつともおもしろく笑しと拜し申候私事かの浮木《ウキキ》の龜と申ハ何やらはなのさきにまいさがりて日のかげお見る事がてきぬげな此頃みよふな岩に行かなぐり上り〳〵ずふと四方を見渡たして思ふと扨々世の中と言ものハかきがら計である人間と言ものハ世の中のかきがらの中ニすんでおるものであるわいおかし〳〵めて度かしこ

乙　姉様　　龍　馬

猶おはあさんおるへさんおとゝさんの御歌ありかたく拜し申候かしこ

猶去年七千八百両でヒイ〳〵とこまりたれハ薩州小松帯刀申人か出しくれ神も佛もあるものニて御座候

先日中私の手本《マヽ》つかふあしく一万〇五百両というものハなけれハな

らぬと心おつかいし〻不計も後藤庄次郎と申人か出しくれ候此人ハ
同志の中ニもおもしろき人ニて候〳〵
（坂本彌太郎氏藏）

○慶應三年五月五日（龍馬ヨリ三吉愼藏へ）

此度の御志之程士官の者共に申聞候所一同なんたをはらひ難有かり
おり申候再拜頓首

拜啓昨日御申聞被遣候事共實に生前一大幸之語ヲ以テ不可謝御事ニ御座候然ニ先日此地を上方に發る時ニ福田扇馬殿印藤猪荻野隣羽仁常諸兄御出崎被成士人の名を以御修行被成御事ニ付御約束仕候所不計此度の危難又此度も上件の諸兄ニ御面會仕候處諸君皆々何分出崎の志が達度との御事ナリ夫て小弟か曰ク私し出崎の上ハ此度の紀士の論がどふかた付申かも不被計故ニ小弟か命も又不被計されとも國を開らくの道ハ戰するものハ戰ひ修行するものハ修行し商法ハ商法で名々かへり見ずやらねハ相不成事故小弟出崎の上ハ諸生の稽古致す所だけハしておき候まゝ御稽古ハ

でき候へしと申けれハ諸君言萬一の時ハどふなりても宜しく候間との御事ニ候間御聞取可被遣候猶御考可被遣候私ハ諸君の出崎戰國のさまハ此よふなものでもあろふかと存候てすいぶんおもしろふ存候別ニ申上候事在之候梶山鼎介兄是ハ去年頃よりも御出崎の御事小弟も御咄し合致し在之候此人の論ハ兼而通常人の形計西洋を學所でハこれなくほんとふに彼か學文道にいり共上是非を論し申度との御論いやしくも論せさる所小弟ニハ誠ニおもしろく奉存候上件四人の兄たち御出しニ相成れハ此人も御出ハとふであろふと私ゟも希ふ所ニて御座候稽拜首々

五月五日　　龍　馬

三　愼　大　兄

（三吉家文書）

〇慶應三年五月七日（龍馬ヨリ好茶翁ヘ）

覺書二條

一此度の出崎ハ非常の事件在之候ニ付留守ニ於も相愼可申然レハ信友の

ものといへども自然堂まて不參よふ御玄關御番衆まて御通達被遣度候事

一私し留守ニて他所より尋來り候もの或ハ信友と雖とも一飯一宿其事一切存不申事

右の事ニ仕度候間宜御賴申上候拜首

五月七日　　龍

茶翁先生　左右

（伊藤醇氏藏）

○慶應三年五月七日（龍馬ヨリ好茶翁へ）

追白御案内の通り此度長崎ニ出候得ハいかゝ相成候や不被計候得ハ左の覺さし出し置候

舌代

一兼而私々兩人の所ハ三印兩兄聞取ニ相成　御家に止宿御賴申候事故私兩人（マヽ）の生活の一事ハ一切上の兩兄に御引合可被遣候

一私方物好ニて他人呼入候て費用在之分ハ一切私方よりさし出し申候但月末〳〵ニ算用相立候

もし又私方心付不申分ハ御臺所奉行より書付御さしこし可被遣候よふ御頼申上候且又私方洗濯女なと雇入候時ハ其飯料ハ通常旅人宿の時の相場の下等成方ニ算用仕度此儀御役人中ニも御達可被遣候以上

五月七日　龍（花押）

好茶翁先生　机下

（伊藤醇氏藏）

○慶應三年五月八日（龍馬ヨリ三吉愼藏へ）

出帆時ニ認而家ニ止ム

此度出崎仕候上ハ御存の事件ニ候間萬一の御報知仕候時ハ愚妻義本國ニ送り返し可申然レハ國下より家僕及老婆壹人御家まて參上仕候其間愚妻をして尊家に御養置可被遣候よふ萬々御賴申上候拜稽首

五月八日　龍馬

愼藏様　左右

（三吉家文書）

○慶應三年五月十七日（龍馬ヨリ三吉愼藏へ）

私義此頃甚多端別紙福田氏より申上候御聞取可被遣候○近日出帆の時
○長久丸ニハ土商會の者壹人さしそへ御在番役所まて御引合仕候〔度カ〕奉存候
百拜

五月十七日　　　　　　　　　龍

慎老　臺下

（三吉家文書）

○慶應三年五月十五日（土紀兩藩以呂波丸沈沒ニ關スル談判筆記）

五月十五日紀土兩藩船士長崎ニ會シイロハ丸沈沒ノ事ヲ論決ス海援隊文司長長岡謙吉側ニアリテ之ヲ記ス

一土云方今開鎖ノ議未決セス天下紛々患内外ニアリ沈沒ノ事ヨリ互ニ爭端ヲ生スルハ万々アルヘカラサルノコナリ唯理明カニ義詳ニシテ決論ノ上ハ万國ノ公議ヲ以テ決スヘシ

一紀云固ヨリ徐々ニ談論義理詳明ニ到ランノミ

一土云言頭ノ論ハ日後證左トシ難シ互ニ航海日記ヲ交換シ其書ヲ推テ一

々精論スヘシ

一紀然リ

因テ互ニ航海日記ヲ換シ而後論難ニ及フ紀ヨリ出セルモノニハ略圖アリ符號ヲ以テ船路方向ヲ指ス圖線卷首ニ出ス卷末ニ圖符ト稱スル者ハ則是ナリ土云航海日記拔書ト船中用ユル所ノカールトニ由テ論難ス拔書兩ヲ別ニ存ス

紀藩列席

高柳楠之助

岡本覺十郎

成瀨國助

福田能楠

岡崎桂助

中谷光助

上西米藏

尾崎十兵衛
中崎市右衛門
土藩列席
才谷梅太郎
小谷耕藏
渡邊剛八
長岡謙吉
佐柳高治
腰越次郎
森田晉三
橋本麒之助

一紀圖ヲ按シテ論シ云我船ハ航海ノ定則ニ由テ圖線上ヲ走リ而ルニ貴方ヨリ走テ六島ニ向フ我之ヲ右ニサケント欲シ船ヲ右廻スレ𪜈貴船仍六

島ニ向ヒ進ミ來リ我船ニ迫近ス故ニ遂ニ左廻ス其時貴船仍進來ル故ニ
コノ難アリシナリ

一土圖ヲ按シ答テ云是衝突ノ難アル所以ナリ我右舷ノ青燈ヲ認メテ既ニ替リタルヲ知ル而貴船右旋シ來テ忽左廻ス我左避スレ𪜈及ハス因テ此難有シ也

一紀ノ水先長尾云初メ我漁燈ナルカ商船ナルカヲ辨セス既ニシテ蒸氣船ナルヲ知ル因テ右廻シテ左舷ノ赤燈ヲ認メシテ避ントス而貴船愈益進ミ來ル故ニ此難アリシ也

一土ノ當番士官云何ソ赤燈ヲ出シテ他船ニ示スヲ煩ハサンヤ唯定則ニ由テ船ヲ進ムヘキナリ且君云初メ漁火カ商船カヲシラス近ニ及テ急ニ避ントス是此難有所以ニ非スヤ何ソ定則ノ鍼線ニヨツテ船ヲ行ヲ《マヽ》ヿヲセサル

此時紀ノ成瀨出來リ左樣ニテハ有マシ燈ノ漁火カ商船カヲ知ラサル

ハ遠方ヨリ見シ時ノヿニテ近ニ及ンテ見シヿニテハ非ルヘシト云シナリ

一土云我船御手洗ノ瀬戸ヲ拔ケ鍼ヲオーストンノンソイトニ取リ直路ヲ走ル故ニ南方ヨリ廻リ六島ノ方ニ向フヘキ理ナシ貴方ノ圖線甚タカヘリ

一紀云然レ圧南方ヨリ六島ニ向ヒ來リシナリ故此難有リシ也

如此互ニ爭難スレ圧理非分別シ難シ云ノ〻才谷云今船路ノヿヲ互ニ相辨論スルトモ海上ニ證跡無シ遂ニ決シ難カルヘシ暫ク之ヲ置ン

一紀云然リ

一土云再ヒ船ヲ進メテ我船ノ右艫ヲ衝シハ如何

一紀云大艦ハ運轉ニ自在ナラス衝突ノ後愈君ノ船ヲ壞センヿヲ恐レテ少シク退ケシカ速力加ツテ大ニ退タリ故ニ再ヒ近傍ニ到テ相助ント欲セシニ誤テ右艫ニ當タリシナリ故意ニ衝突セシニハ非ス

一士云曩ニ示サル、圖錄ニモ左右ノ舷燈ナシト云ヘリ其事ハ既ニ昨日モ論辨セシカトモ我士官ハ勝房卲公ニモ從學シ外國ヘモ到リシ者ニテ航海ノ規則ハ略了知セル者ナリ然ルニ左右ノ舷燈ヲ點セスシテ暗夜ニ船ヲ行ルヘキ理ナシ甚怪ムヘシ願クハ其確證ヲキカン

一紀云其時前田岡崎ヲシテ貴船ニ到ラシメ水夫ニ似タル者ニ逍フテ舷燈何ニアリヤト問シニ其人舷燈ハナシト答ヘリ

一士云是答ヘタル者ノ姓名ハ如何

一紀云記セス

一士云應答セシ人ノ姓名ヲモ記セス確證ト爲シ難シ

一紀云然リ

一紀問云大船ト小船ト海上ニテ相遇フトキハ小船ハ運轉自在ナレハ避ヘキ理ニ非スヤ

一士云既ニ檣上白色ノ號燈ト青色ノ號燈トヲ見テ既ニ船路ノ替リタルヲ

知故ニ小船ハ大船ヲサクルノ理論ニ關セス

一土云最初船著行當リシ時ホールヨリ我士官等四人躍テ貴船ニ到リシカ左右ニ點燈モナキ船ヨリ上ルヘキ道ヨリモ上ラスシテホールヨリ妄リニ上ル者ハ救フヘキハ救ヒ責ムヘキハ責ムヘキニ誰ソヤトモ問ハサリシハ如何且シキリニ誰船ソヤト甲坂上ノ人ニ問ヘトモ答ヘサリシハ如何

一紀船長高柳云突當ルヤ否予自ラ甲板上ニ登リ哨船ヲ出シテ救ヘト命シタリ故ニホールニアリシ者ハ予カ令ニ從ヒ哨船ノ事ニ掛リテホールニハ少ナカリシモノナルヘシ且其際ノ騷擾筆舌ノ及フヘキニ非ス或ハ貴船ノ人ヲ救フニ急ニシテ認メ得サリシカモ知リ難キナリ且云其時ノホールノ當番ノ者此席ニ在ラサルカ故ニ卽答シ難シ

一才谷云昨日予橋本ト拜顏ノ時明日ハ危難ノ一條ヲ精細ニ論辨シテ世界之公法ニ處スヘシト互ニ約セシニ其論判ニ尤關セル者ノ來ラサルハ論

決ヲ遲延セシムルニ似タリ高意僕ニ在テ解シ得ス
一高柳云今日ハ唯船路ノ大體ヲ談セント欲セシ也
一紀ノ水先當番云最初ニ我傳五郎ヲ見タリ他人ヲ見ス
一土云傳五郎ハ足痛ヲ憂ヘテアリシ最初ニホールヨリ登ルヘキ理ナシ
一又云船當ルヤ否飛上リタル者ヲ硝船ヲ下ロセトノ命ヲ聞テホールニハ非サリシナルヘシトハ誠ニ曖昧ノ語ナリ點燈モナキ船ヨリ妄リニ飛上リ來ル者ヲ認メサル程ノ者カ當番水先ヲ爲スハ何ソヤ我之ヲ問フ所以ハ之ヲ見タルヤ見サルヤヲキカン
一紀ノ水先云其時ニハ傳五郎ヲ見シノミ他人ヲ見ス
一土云然ラハ甲板上ニ當直ノ士官在ラサリシヲ知ルヘシ當直ノ士官アラスシテ水夫輩ニ命シテ暗夜ニ船ヲ行カシム奚ンソ如此危難ニ到ラサルヲ得ンヤ
兩藩士ノ辨難此ニ盡ク而シテ條理錯雜理非分明ナラス恐ラクハ紛々

要ノ者ヲ摘出シテ一證紙ヲ作ル其文ニ云

慶應丁卯四月廿三日紀伊公之蒸氣船我蒸氣船ヲ衝突ス我船沈沒ス

其　證

衝突之際我士官等彼甲板上ニ登リシ時一人之士官有ルヲ見ス是一ヶ條

衝突之後彼自ラ船ヲ退事凡五十間計再前進シ來ッテ我船ノ右艫ヲ突ク是

二ヶ條

五月十六日海援隊文司長岡謙吉應接席上ニ於テ書ス列坐ノ士皆見之

（以呂波丸航海日記）

○慶應三年五月十一日（龍馬ヨリ秋山某へ）

公法御送り但萬國公法 難有奉存候そして活板字たり不申ざれば其不足の字ハ御手許より御頼か又ハ伏水ニテ御相談以前の板木師ニ御申付可被成下奉願候謹言

十一日　　才谷

秋山先生　左右

（野島寅猪文書）

○慶應三年五月十五日（荘村助右衞門ヨリ龍馬ヘ）

口上

過日參館得拜謁懇願之件々夫々御銘諾被成下邦家之幸福實ニ望外ニ出候仕合多々奉拜謝候偖其節猶窺漏候儀御座候間乍御面倒再度相見奉希候格別時刻を費し候程之入組候用向ニ無之候此段御模樣奉伺候要用耳匆々如斯ニ御座候頓首再拜

五月十五日

肥後
荘村助右衞門

才谷先生　侍史

（溝淵守氏藏）

○慶應三年五月十七日（龍馬ヨリ伊藤助太夫ヘ）

船の爭論ハ私思よふ相はこひ長崎ニ出候土佐人だけハ皆兄弟の如く必死ニて候間誠におもしろき事たとふるにものなし頓首

五月十七日

伊藤様　　　　才谷

○慶應三年五月二十二日（長崎聖德寺ニ於テ以呂波丸事件應接筆記）

一後◎土藩重役後藤象二郎曰船路並に船の向背は兩船士既に論辨し了る僕自ら別に一箇の疑問あり貴船崎陽に來り圖符を以て鎮台(奉行)に呈し我船沈沒の由を達す君既に僕の崎陽に在るを知て上書を以て一回も僕に示さず直ちに鎮台に呈す敢て問ふ何の意ぞ且つ問ふ其上書中に我船左右の船燈を點せずと云ふ事は絶て確證と爲し難き事既に前日應接に於て詳かなり是れ確證無きを以て上書し我をして枉罪を負はしむるなり貴意如何

一茂田◎紀藩委員茂田一次郎應答含糊既にして曰船路向背は面會後を待て決論せんと欲し唯其變事を上書せしのみ

一後曰然らば則ち何が爲めに舷燈なき故なりと書けるや尊諭僕に在て解し得ず

一茂曰貴諭甚だ然り事疎漏に出づ千万恕亮せよ明日自ら鎮台に謁し呈す

る所の上書を取り來らん

一後曰諸然らば則僕に在ても不平なし文司◎長岡謙吉をして記せしめん（文司之を記す）

一後曰衝突沈沒の事は未だ我邦に比例あらざるべし宜しく輌津の約に從て裁決せんのみ方今幸に英國水師提督來港せり彼に就て万國の比例を問ひ而後天下の公議を以て裁決せば如何敢て外國人の裁判を乞ふには非ず

一茂曰貴論甚だ宜なり英の水師提督に質問し而後裁決せん

一後曰既に万國の比例に照らし天下の公議を以て判決し了るの後土若し償ふべきにあらば我其償を立てん万一貴方償ふべきにあらば其時君の章鑑を賜はらんや將た金を賜はらんや

一茂曰其兩件を出でず唯其兩件中何れに歸せんやは未だ卽答し難し近日兩國應接書を交換するの時決議を述べん

一後曰万一貴藩償ふべきあらば其償金願はくは五箇月を出ずして賜はらんや願はくは聞かん

一茂曰此一事も亦近日を待て述ん

一後曰疇昔沈沒の際我船士等如此困難窮苦せる時尊藩より嘗て一介の士官をも留めず擧て之を鞆津に遺棄し獨り長崎に向ひ航し去り更に救護愛憐の意なし士林の交際豈如此なるべけんや此の一條は他日詳かに寡君に告ん寡君存慮果して如何なるを知らず且土佐一國の士民或は相讐視せんも未だ知るべからず預め此意を述るのみ（海援隊記事）

○慶應三年五月頃（海援隊士ノ謠ヒシ俗謠）

龍馬進て氣脉を桂小五郎に通し其聲援を求めたの俗謠を丸山の妓樓に唄はしむ

船を沈めた其償は金を取らずに國を取る

○慶應三年五月二十六日（茂田一次郎ヨリ後藤象二郎へ）

明廿七日英國水師提督に和文の儘口上を以て申具之筈若先方差支有之候はゞ日送の筈承知致候

五月廿六日　茂田一次郎

後藤象次郎殿

（海援隊文書）

○慶應三年五月二十六日（茂田一次郎ヨリ後藤象二郎へ）

萬國公法に於て若出金の振合に相決し候はゞ拙者章鑑渡し置き其時より五箇月限に金相渡可申候

五月廿六日　茂田一次郎

後藤象次郎殿

（海援隊文書）

○慶應三年五月二十七日（龍馬ヨリ高柳楠之助へ）

今日も欝陶しき天氣に御座候愈御佳安奉賀候然れば昨日官長◎後藤象二郎罷出茂田君と御約定申上候通今廿七日英國水師提督に對面之儀者第十時より彼船に御同行申度奉存候間此段御通達申上候當方へ御入來被下候や又當

方より罷出可申や御返事此者へ爲御聞被下度如此御座候以上

五月廿七日　　才谷梅太郎

高柳楠之助様　　（海援隊文書）

○慶應三年五月日（五代才助ヨリ後藤象二郎ヘ）

今朝は御病中昇堂仕候處御痛苦を押へて御用辨被成下奉大謝候拙生も歸宅仕候處紀藩相待居候に付卽ち愚存見込の次第論話に及候へは愈々其曲なるを知り只菅詑出如何様共小生差圖通り畏り候に付其趣一先拙生御通話致し置候様にとの趣申出再三辭退致し候得共頻りに歎願難默止明光丸船長を初め一統より御詑を申候得共隨分御通話の節も可有之尙ほ御評議有之度相答今夕總決申出相成筈に候就ては明朝昇堂御直に可申上候得共其内奉得貴意候草々頓首

五代才助

後藤象次郎殿　　（海援隊文書）

○慶應三年五月日（後藤象二郎ヨリ茂田一次郎へ）

昨日御定約申上候沈沒之事今日英國水師提督へ質問の儀に付薩州五代才助昨夜以來兩度罷越種々及談判最早對薩州不得已事に相成暫時五代に任じ置き申候提督へは當方より宜敷申し通し置候此條御通達申上度如此に御座候

後藤象二郎

茂田一次郎殿

（海援隊文書）

○慶應三年五月二十八日（龍馬ヨリ伊藤九三へ）

其後ハ益御勇壯可被成御座奉大賀候然ニ彼紀州の船の議論段々申上り明日か今日か戰爭もヒシメキ候中後藤庄次郎も大憤發ニてともに骨折居申候此頃長崎中の商人小どもニ至るまで唯紀州をうての紀州の船をとれのとのゝしり候よふ相成知らぬ人まて戰をすゝめに參り申候紀州とハ日々談論と成候やりつけ今朝より薩州へたのみてわびを申出候得ども是迄段

々無禮致候事故私もゆるし不申薩州よりハイロハ丸の船代又中荷物代を
立替候て其上紀州の奉行か御宿へまて出し御あいさつ致候得ハよかろふ
なと申候ニ付私しハそふすれハ一分も立候へとも曾而鞆の港へすておか
れ候事ハ是ハ紀州より土佐の士おはつかしめ候事故に私ニあいさつ致し
た位でわすみ不申主人土佐守へ御あいさつ被成べしなと今日ハ申居候何
レ此儀も又打こわれ去れバ一戰ニて候得どもなにふんおもしろき御事ニ
て候先ハ御きつかい可被下と存し今のまゝ早々申上候頓首

廿八日　龍

九三先生　才谷

御直披

(伊藤醇氏藏)

○慶應三年五月二十八日(龍馬ヨリ伊藤九三へ)

此度さし出せし曾根拙藏にハ大兄よりも色々御咄合可被遣候そして此男
に下の關の唐物やに御申聞皆々此拙藏に御引合可被遣候三吉大夫ニもく

ハ敷御申被成候得ハ此拙藏ハ何でも出來ることたけハ御定約仕候間御國の御爲にもよ程相成私の國ニもつかふよろしく商法相立可申候と存候不具

五月廿八日

九三先生　机下　　才谷

○慶應三年五月二十九日（龍馬ヨリ小谷耕藏、渡邊剛八へ）

先達てイロハ丸紀州軍艦の爲めに衝突被致遂及沈沒候儀に付薩州五代才助紀の内意◎此時茂田ヨリ償金八萬三千兩チ辨スベキコトチ申出デタリより度々後藤象次郎へ談出對薩州不得止譯に相成一先五代之申條に任せ候處今日紀の官長後藤へ罷越重々誤入候趣申に付き許し遣し候最も船賃公物並に水夫旅人手廻之品に到る迄一切償金相立候定に候此條官長より被申聞候間御掛合申候以上

五月廿九日　　才谷梅太郎

小谷耕藏殿

渡邊剛八殿

（海援隊文書）

○慶應三年六月十五日（新政府綱領八策）

此綱領ヲ俗ニ「船中八策」ト云フ是月龍馬後藤象二郎ト同船長崎ヨリ上京ノ際船中ニ於テ協定シ海援隊書記長岡謙吉ヲシテ起草セシメシヨリ此名アリト云フ然トモ此綱領ノ確定セルハ是日ナリシコトハ次ニ掲グル中岡ノ日記ニヨリテ證スヘシ想フニ船中ノモノハコノ粉本ナランカ　編纂者識

一天下ノ政權ヲ朝廷ニ奉還セシメ政令宜シク朝廷ヨリ出ツヘキ事

一上下議政局ヲ設ケ議員ヲ置キテ萬機ヲ參賛セシメ萬機宜シク公議ニ決スヘキ事

一有材ノ公卿諸侯及天下ノ人材ヲ顧問ニ備ヘ官爵ヲ賜ヒ宜シク從來有名無實ノ官ヲ除クヘキ事

一外國ノ交際廣ク公議ヲ採リ新ニ至當ノ規約ヲ立ツヘキ事

一古來ノ律令ヲ折衷シ新ニ無窮ノ大典ヲ撰定スヘキ事

一海軍宜ク擴張スヘキ事

一御親兵ヲ置キ帝都ヲ守衞セシムヘキ事

一金銀物貨宜シク外國ト平均ノ法ヲ設クヘキ事
以上八策ハ方今天下ノ形勢ヲ察シ之ヲ宇内萬國ニ徵スルニ之ヲ捨テヽ他ニ濟時ノ急務アルヘシ苟モ此數策ヲ斷行セバ皇運ヲ挽回シ國勢ヲ擴張シ萬國ト並立スルモ亦敢テ難シトセス伏テ願クハ公明正大ノ道理ニ基キ一大英斷ヲ以テ天下ト更始一新セン

(海援隊文書)

○

(參考)尙幾重にも公明正大の御建白有之是れ迄の儀ハ深く御詫被申上卽今より後當坐姑息の御處置或ハ秘密の策など申事一切無之儀御專要ト奉存候右の儀至誠を以て御奏聞有之候はゞ素より御英明に被爲在候御事故御聞入無之御事は有之間敷萬々一夫にても御採用不相成候はゞ猶御誠實之不足御事と御願被遊彌以御臣節被爲盡神祖御心中をも御察被遊德川家は御職御辭之御事御實意より被仰上駿遠參御舊國丈にても一方の御武備御勤可被遊外有之間敷奉存候(中略)此度坂本龍馬に內々逢候處同人は眞の大丈夫と奉存素懷も相話此一封も托候事に候(下略)文久三年四月二日大久保忠寬ヨリ松平慶永ヘ書翰一節

○二月朔日(○慶應二年)中根雪江京師にて小松帶刀を訪ふ(中略)尙又大久保一翁老此節の

意見は如何と問ひし故(○小松より)中根此老は從來公議會を開き(以下細注)大久保の公議會ハ大公議會小公議會の二種に分ち大公議會は全國に關する事件を議し小公議會は一地方に止まる事件を議する所とすべし議場は大公議所を京都或は大坂に設け小公議所を江戶其外各都會の地に設くべし又大公議會の議員は諸侯を以てこれに宛此內五名を撰て常議員とし其他の議員は諸侯自ら議場に出るも管內の臣民を撰で出場せしむるも妨なきことゝすべし其會期は五年に一回これを開き臨時議すべき事件あれば臨時にも開くべし小公議會の議員及會期はこれに準じて適宜の制を立つべしとの意見なりしとぞ)天下とゝもに天下を治むべしとの持論なるが今日も矢張其論なりと答へしかば小松方今此老の持論を措きて外に良策あることなし　續再夢紀事

○慶應三年六月十五日ヨリ二十二日マデ　(薩土交渉)

同◎六月十五日晴後藤◎後藤象二郎面會聞昨夜政府議論決ス云々◎政府議論云々ハ新政府綱領八ケ條及薩土協約ノ要綱ヲ云フ

同◎六月十六日晴西鄕吉井ヲ訪フ

同◎六月十九日晴後藤ニ會夫ヨリ薩邸ニ行

同◎六月二十日此日後藤小松ニ至ル

同月《◎六》二十二日晴三樹之會小帶刀《◎小松》西吉之助《◎西郷》大保市藏《◎大久》來ル
（中岡愼太郎日記抄）

一二十二日月《◎六》薩ノ太夫小松帶刀參政西郷吉之助等吾藩士ト三樹ノ水亭ニ會同ス此會ニ關スル者七八矣
（海援隊日史）

○慶應三年六月二十二日　（土薩兩藩士會合）

○慶應三年六月廿三日廿四日　（大政返上建白ノ修正）

一六月廿三日　晴借席松本ニ會議ス大政返上云々ノ建白ヲ修正ス夫ヨリ毛利恭助同伴ニテ才谷梅太郎石川誠之助兩人ノ意見ヲ聞ク爲メ會々堂ニ密會ス夜ニ入リ歸宿ス今夕大雨雷鳴アリ此日才谷曰ク吾ガ藩ハ是迄幾度モ藩論變ジタル故薩藩モ未ダ疑念解ケズ此度ハ充分目的相立テ變換無之ヲ要スト自分(◎佐々木)曰ク尤ナル事也然レ共此度ハ最早時勢モ切迫セル上ニ後藤ヲ初メ是迄ノ佐幕家モ大政返上ノ事ニ熱心セリ如何樣相成候トモ此度ハ孰トモ踏込ネバ不相立場合ニ乘込ミ候間何トカ充分

ノ芝居ハ出來ベシ安心アレト才谷笑テ曰ク何カ又芝居出來ルトハ名言ナリ何ニテモ宜敷一ト芝居興行スレバ夫ヨリ事始ルベシ云々才谷石川兩人ノ考ニモ大政返上等ノ事ヲ吾カ藩主張シ其主人ト相成候ハヾ薩藩モ必ズ信用スベシ薩長人モ土佐ヨリ何カ主人ニ成ル事ヲ出シ候事ヲ望ムナランン是ハ引ニ引レヌ場合ニ立チ至ラシムルノ心算アランヽト思フナリ充分盡力アリタシト云々

一同二十四日　祇園中村屋ニ會ス薩ノ脱生田中幸助(中井弘)來會建白書ヲ修正ス田中ハ後藤長崎ヨリ入魂ニ相成頗ル面白キ人ナリ薩藩人ニハ珍敷通人ノ樣ニ見受ケタリ歸途由比ノ下宿ニ立チ寄リ今日ノ談話ヲ通ス人定刻歸宿ス

(佐々木高行日記)

○慶應三年六月二十四日　(龍馬ヨリ姉乙女及おやべヘ)

今日もいそかしき故薩州やしきへ參りかけ朝六ツ時頃より此ふみしたヽめました當時私ハ京と三條通河原町一丁下ル車道すやに宿中候

清二郎ニ御頼の御書同人より受取拜見仕候同人も兼而御申越ニてよろしき人物とてよろこひ候所色々咄聞候所何もをもわくのなき人ニて國家の御爲命すてるにくろふハせぬ位なものニて當時私ハ諸生五十人計ハつれており候得とも皆一稽古も出來き候ものニて共《トモ》ニ國家の咄しが出來候清二郎ハたゞつれてあるく位の事ニて今すこし人物なれハよろしい又ハまあすこし何かげいでも出來れハよろしいと存候此上すいきよふすれば實ニ御藏のにわとりとやらにて御座候今一二年もくろふ致し候得ハすこしハやくにたち可申かまあ今の所でハ何もしよふのなき人ニて御座候當時他國ニ骨《ホネ》おり候人ニハなんぼあほふと言人でもお國の並々の人の及所でハこれなく先日大坂のおやしきニ行て御用人やら小役人ニであい候所證《ショウ》判《ハン》役《ヤク》小《コ》頭《カシラ》役《ヤク》とやら言ものヽつらがまへ京都《キヨテト》の關白《クハンバク》さんの心もちにてきのどくにもありおかしくもあり元より私ハ用向と申てハなしものも不申候得どもあまりおかしく候故後藤庄次郎ニも申候所同人も言にハ私しハあ

のよふなものおつかハねばならぬ此うるさいことおさつして下タされおまへがたハ實ニうらやましいと申候てわらい申候坂本清次郎も右よふのばけものよりハよほどよく候

○先頃より段々の御手かみ被下候おゝせこされ候御文ニ私を以て利をむさぼり天下國家の事おわすれ候との御見付のよふ存せられ候

○又御國の姦《カン》物《ブツ》役《ヤク》人《ニン》ニたまされ候よふ御申こし

右二ヶ條《チヨウ》ハありかたき御心付ニ候得ともおよハすなから天下ニ心さしおのへ候為とて御國よりハ一錢一文のたすけおうけす諸《シヨ》生《セイ》の五十人もやしない候得ハ一人ニ付一年どふしても六十兩位ハいり申候ものゆへ利を求メ申候○又御國の為ニ力を盡すとおゝせらるゝが是ハ土佐で生レ候人が又外の國につかへ候てハ天下の大義論をするに諸生ニまで二君ニつかへ候よふ申され又女の二夫ニつかへ候よふ申て自身の義論か貫らぬきかね候故ニ浪人しつけるに又ハ御國をたすけるに致さねバゆ

かぬものニて候夫で御國よりいで候人々ハ皆私か元トにあつまりおり申候ゆへもふ土佐からハおかまいハなくらくにけいこ致しおり候此頃私しも京へ出候て日々國家天下の爲義《キ》論《ロン》致しまじハり致候御國の人ニハ後藤庄次郎福岡藤次郎佐々木三四郎毛利荒次ハ石川清之助此人ハ私同よふの人又望月清平これハずいぶんよきおとこナリ中にも後藤ハ實ニ同志ニて人のたましいも志も土佐國中で外ニハあるまいと存候そのほかの人々ハ皆少々づヽハ人からがくだり申候清二郎が出かけてきたニ付て此人ニも早々に内達致し兄さんの家にハきずハ付ハすまいかとそふだん致し候所夫レハ清次郎が天下の爲に御國の事ニ付て一家の事を忘れしとなれバ兄さんの家ニハきずハ付まいと申事なり安心仕候かれこれの所御かんがへ被成姦物役人にだまされ候事と御笑被下まじく候私一人ニて五百人や七百人の人お引て天下の御爲するより廿四万石を引て天下國家の御爲致すか甚よろしくおそれながらこれらの所ニハ乙様の御心ニハ少し心がおよ

ぶまいかと存候
○御病氣がよくなりたれハおまへさんもたこくに御出かけの御つもりのよし
右ハ私か論がありますす今出てこられてハ實ニ龍馬の名を言ものハもはや諸國の人々しらぬものもなしそのあねがふじゆうおして出々來たと言てハ天下の人ニたいしてもはつかしく龍馬も此三四年前ニハ人もしらぬ奴《ヤツコ》なれハよろしく候得ども今ハとふもそふゆうわけニハまいらすもしおまへさん出かけたれバどふしても見すてゝハおかれぬ又せわおせんならん其世話おするくらいなれハ近日私しが國にかへる時後藤庄次郎へも申候て蒸氣船より長崎へ御つれ申候兼而後藤も老母と一子とがあるとやらニて是も長崎へつれだすとて色々咄合仕候私しハ妻一人ニて留守の時に實ニこまり候からいやても乙樣お近日私し直々に蒸氣船より御とも致し候短銃おこせとのこと御申是ハ妻ニも一ッつかハし
このへんのことハこくないのことなり御かんかへ被成べく候

これあり長サ六寸計五發《ハツ》込《コミ》懷《タハイ》鉃よりハちいさけれども人おうつに五十間位へたどりてハ打殺すことでき申候其つれか今手もとにこれあり候得どもさしあけ不申候其故ハ今御國のことお思ふニなにふん何ものもしらぬやつらかやかましくきんのふとやらそんのふとやら天下の事をぬれてゞ粟つかむよふいゝちらしそのものらか言ことおまことゝおもい池のかゝさんや杉也のごけさんや又ハおまへさんやがおもいおり候よふす又兄さんハ島の眞次郎や佐介讃次郎やとつきあい候よふすなりおまへさんがたたこくへでれハとふでもして世渡りができるよふニおもハしやるろふがなか／＼女一人のよわたりハどのよふくらしても一トとふりハ一年中ニ百二十兩もなければ參り不申私しハ妻一人のみならずおまへさん位ハおやしない致すことハやすいことなれども女の天下の爲ニ國を出と言わけにハまいらぬものゆへぜひしつほんしたれバにんさんのお家にかゝり申候あいた私しの御國にかへるまで死でも御

まち可被成候後藤らとも内々わはなし合ておきます
○そして當時ハ戰のはしまるまへなれハ實ニ心せわしく候中ニ又あねさんが出かけ候時ハ清次郎一人でさへ此頃のしゆつぽんハよほどはなぐすなれどもおとこであるきにまあをさまりハ付申べし前後御察し可被遣候
○小高坂邊《ヘン》のむすめまできんのふとか國家の爲とかあわんさがし夫か爲ニ女の道おうしない若き男とくらがり咄ししたがり此頃ハ大坂の百文てチョットねるそふかと申女郎のよふなもんちやと申ことニて御座候此ことお小高坂邊ニて心ある人々ニハ御申聞被成べく候
○私しらの妻ハ日々申聞候ニハ龍馬ハ國家の爲骨身《ホネミ》をくだき申べししかれハ此龍馬およくいたわりてくれるが國家の爲ニてけして天下の國家のと言ことハいらぬことゝ申聞在之候夫で日々ぬいものやはりもの致しおり候そのひまニハじふんにかけ候ゑりなどのぬいなと致しおり

候そのひまニハ本よむことといたせと申聞候此頃たんほふ《ピストヲル》ハ大分よく發《ウチ》申候誠ニみよふな女ニて候得とも私しの言ことよく聞込ミ又敵お見て白刄をおそるヽことおしらぬものニてへつにりきみハせねども又いつけふへいせいとかわりしことなしこれハおかしきものにて御座候

○ふしみのことなとおもいあわせたまふべし

かしこ

六月廿四日　龍馬

姉　上様

おやべ様

追白はるいがかんさしおこしてくれよと申來りたれともおつとのしゆつほん致し候時ニあたりてかんさしなにものぞ清次郎ニ小遣でもやりてくれよとでもいヽそふなもんなりたゞきのどくなるハあにさんなり酒かすぎれハ長命ハできまい又あとハよふしもあるまい龍馬がかへるおまてば清次郎ハつかふよくだしてやるものをつまらぬでよふおした

七月頃はたけにはへたおくればへのまうりやきうりの如しあわれむ人少なしかしこ〱
（坂本彌太郎氏藏）

○慶應三年六月二十六日（薩土協約ノ要綱）

約定之大綱◎原案ハ龍馬ノ意ヲ受ケテ長岡謙吉ノ起草スル所、爾後後藤、福岡、佐々木等諸士ノ刪潤スルモノナリ薩ノ脫士中井弘亦タ此事ニ關係セルモノノ如シ

一國體を協正し萬世萬國に亘りて不耻是第一義
一王政復古は論なし宜しく宇内の形勢を察し參酌協正すべし
一國に二帝なし家に二主なし政刑唯一君に歸すべし
一將軍職に居て政柄を執る是天地間あるべからざるの理なり宜しく侯列に歸し翼戴を主とすべし
右方今の急務にして天地間常有之大條理なり心力を協一にして斃て後已ん何ぞ成敗利鈍を顧るに暇あらんや
皇慶應丁卯六月

約定書

一方古皇國の務國體制度を糺正し萬國に臨て不耻是第一義とす其要王政復古宇內之形勢を參酌して下後世に至て猶其遺憾なきの大條理を以て處せむ國に二王なし家に二主なし政刑一君に歸す是れ其大條理我皇家綿々一系萬古不易然るに古郡縣の政變じて今封建の體と成り大政遂に幕府に歸す上皇帝在を知らず是を地球上に考るに其國體制度如玆者あらんや然則制度一新政權朝に歸し諸侯會議人民共和然後庶幾は以て萬國に臨で不耻是以初て我皇國の國體特立する者と云ふべし若二三の事件を執り喋々曲直を抗論し朝幕諸侯俱に相辯難枝葉に馳せ小條理に止り却て皇國の大基本を失す豈に本志ならんや爾後熱心公平所見萬國に存す此大條理を以て此の大基本を立つ今日堂々諸侯の責而已成否顧る所にあらず斃而已ん今般更始一新皇國の興復を謀り奸邪を除き明良を擧げ治平を求天下萬民の爲に寬仁明恕の政を爲んとて此法則を定る事左の如し

一天下の大政を議定する全權は朝廷にあり我皇國の制度法則一切の萬機京師の議事堂より出を要す

一議事院を建立するは宜しく諸藩より其入費を貢獻すべし

一議事院上下を分ち議事官は上、公卿より下、陪臣庶民に至るまで正義純粹の者を選擧し尙且諸侯も自ら其職掌に因て上院の任に充つ

一將軍職を以て天下の萬機を掌握するの理なし自今宜しく其職を辭して諸侯の列に歸順し政權を朝廷へ歸すべきは勿論なり

一各港外國の條約兵庫港に於て新に朝廷之大臣諸大夫と衆合し道理明白に新約定を立て誠實に商法を行ふべし

一朝廷の制度法則は往昔より律例ありといへども當今の時勢に參し或は當らざる者あり宜しく弊風を一新改革して地球上に愧ざるの國本を建てむ

一此皇國興復の議事に關係する士大夫は私意を去り公平に基き術策を設

けず正實を貴び既往の是非曲直を不問人心一和を主として此議論を定むべし

右約定せる盟約は方今の急務天下の大事之に如く者なし故に一旦明約決議之上は何ぞ其事の成敗利鈍を顧んや唯一心協力永く貫徹せん事を要す

六　月

(佐々木高行日記暘谷公實傳等ニ據ル)

○慶應三年六月二十六日ヨリ七月朔日迄　(土藩ト藝薩二藩ノ交渉)

其後二三日の中に建白書の草稿も出來上つた薩の脱藩生たる田中幸助中井弘もその修正に加はつたこれは後藤が長崎から連れて來たので頗る面白い男薩人には珍らしい通人の樣に思つた同二十六日愈々草稿ヲ薩藝兩藩に送つて其意見を問ふ事にし同二十八日夕方藝藩の辻將曹寺尾精十郎平山寛助船越陽之助小林順吉等と面會して建白の事に就て種々話して見ると藝藩では大體に於ては賛成であるが字句の上に少々異論があるとの事先づ以て安心したすると七月朔日薩藩から「建白の趣旨は甚だ御同意であ

る」と返事が來た一同大に悅んだ自分とても心中愉快ではあるが夫と同時に薩藩の智略に感服した役所から歸りながら由比と「藝藩は些細の事にも異論を唱へたけれども薩藩は表面御同意御尤と云うて我藩を安心させ裏面わが藩をして重荷を負はせ一本打たせて參つたと云ひ二の太刀で大にやらうといふ積であらうこれ位の大事件に少し位の異議のないのは不審じやないか」などゝ話合つた事である　（佐々老侯昔日譚抄）

○慶應三年六月廿九日　（木戸孝允ヨリ龍馬へ）

拜啓引續き內外不容易御苦慮之由い曲石田兄ゟ相窺奉歡慕候紀州一件もいかゝ哉と奉存候處御應接之次第承知仕かく可有之義とハ奉存居候得ども至于此不圖雀躍仕候肥後庄村ニ返書之義石田兄より是また相窺候ニ付則別紙差出し候間宜敷奉願候于時上國之風說取々ニテ甚懸念仕候老君上ニも御歸國被遊候由如何之御事ニ御座候哉近況不苦儀は相伺度奉存候先日は後藤君御一同馬關御通行之由欠違ひ拜青不得仕殘懷ニ奉存候使節之

事も石田兄へ御傳言被下候處此節ハ上にも御歸國被遊居且後藤君なども御歸國中と奉存寡君之存付も有之候間御引請いかゝ可有之歟と奉存候得ども不取敢差出申候い細石田より御承知可被成下候先ハ爲其申上度奉存候匆々頓首拜

丁卯六月廿九　竿鈴

龍　大兄　拜呈

（瑞山會文書）

○慶應三年七月一日（薩藩ヨリ建白ニ付同意ノ旨申シ來ル）

一是月朔日　晴出勤仕舞眞邊ニ會議ス薩藩ヨリ建白ノ趣旨甚ダ御同意ノ旨答ヘ來ル皆大ニ悅ブ歸途由比ト兩人ニテ薩藩ノ智略ヲ感心ス其譯ハ藝藩ハ聊カニテモ異論申立テタレ共薩ハ只御同意御尤トノ事ナリ依ツテ吾藩人ハ薩モ一言ナシト申唱フル事ナランナレドモ是ハ薩ノ智略也是迄吾ガ藩ノ事ニハ疑念ヲ抱キタル事ニテ此度ノ事ハ吾藩ヲ主人ト成シ一本打タセ後ニ大ニ成サン目的ナリ是レ吾藩ニ十分ノ荷ヲ負セタル

事ナリ一本參リタリト呼ンデ後太刀ハ十二分占メル覺悟ナラント兩人微笑シテ歸ル夕方大佛邊散歩夜若尾讓助山田東作ト四條川原ニ納涼ス

（佐々木高行日記）

○慶應三年七月二日（西郷隆盛ヨリ後藤象二郎へ）

昨日ハ遠方迄御來訪被成下奉深謝候明日御發足之段小松に申聞候處差掛煩敷事と奉存候得共今日四時頃より木屋町柏亭ニおひて離杯献し度候由ニ付先日御出會被下候御人數は勿論此度御上京相成候御兩人樣◎佐々木高行ト由比猪内ナリニ茂何卒御誘引被成下度寛々御面會いたし置度含ニ御座候故御同伴被成下候處偏奉希上候いつれ以參右旁可申上筈ニ御座候得共乍自儘之働拜面後奉得御意候　頓首

七月二日　　西郷吉之助

後藤象二郎樣　要詞

（男爵岩崎小彌太氏藏）

○慶應三年七月二日（柏亭ニ於ケル薩土兩藩士會合）

七月二日　晴出勤申ノ刻ヨリ柏亭ニテ薩藩小松帶刀大久保市藏吉井幸助內田仲之助ニ會ス西鄕吉之助病氣ニテ欠席吾藩ヨリハ後藤福岡眞邊寺村由比等ナリ自分モ列席ス此時義太夫語ヲ呼寄セ候處甚ダヘタニテ一同抱腹セリ

（佐々木高行日記）

○慶應三年七月三日（後藤象二郎等歸藩）

七月三日　寺村左膳眞邊榮三郎後藤象二郎深尾直衞今日出足歸國ス依ツテ御用翰幷ニ留守宅ヘ書狀下橫目慶助ニ托ス又太閤勳功記二十册幷帷子壹疋　後藤ニ托シ留守ヘ遣ス

太政返上建白ノ義　老公ヘ伺ノ爲ニ後藤初メ歸國ス其節自分ヨリ後藤ヘ相談致シ候十分出兵有之度其譯ハ此度建白ハ不容易義ニ付兵ヲ備ヘ周旋無之テハ必ス兵力ニテ壓セラレ可申後藤同意シ歸國ノ上其運ニ可致云々

（佐々木高行日記）

○慶應三年七月九日（薩藩士黑田淸隆等龍馬ヲ訪フ）

七月九日〇中略薩州人黒田了介永山彌一郎兩人才谷梅太郎ヲ尋來ル兩人ハ薩ノ二本松屋敷ニ詰ルトイフ　（佐々木高行日記）

〇慶應三年七月十八日（海援隊商事ニ關シ陸奥宗光意見書）

商船運送之事

一商船運送ニ兩様アリ店引負ト船爲替トノ二ツナリ店引負トハ譬ハ荷主ヨリ若干金高ノ品物ヲ某船ニ積ミ運送センヿヲ望ムトキニハ定則ノ運賃ヲ船持ニ拂ヒ了スレハ船持ハ店ヨリ破船引負ノ劵書ヲ出スナリ而シテ船爲替ト云フモノハ兼テ船中ニ若干ノ金高ヲ貯ヘ置キ荷主ノ求ニ應シ荷物ノ金高ニ七八分ノ金子ヲ出シ先方マテ届ケ送リ其ノ上ニテ運賃ハ勿論爲替ノ元利共無相違請ケ取ルヘシ乍併萬一海上ニ破船ニ及ブトキハ船ヨリ出ス處ノ爲替金ハ船持ノ損亡トナル也

愚案

洋人ノ運送ハ惣テ店引負ナリ譬ハ在崎ノ商人カラハ或ハ「ヲールト」ノ商

船ヲ借リ其地ノ向ニ品物ヲ運送センニハ其ノ品ノ金高ヲ定メ運賃ヲ定メタル上ハ破船ノ節ハ長崎カラハ或ハヲールトノ商會ヨリ荷主ニ毫末モ損毛ヲ掛ザル樣ノ劵書ヲ出ス故ニ荷主ニ於テハ無事ニ着船スレハ論ナク萬一破損スル𪜈荷物ノ元價ヲ失ハズ此ノ仕方ハ西洋人一般ノ定則ニシテ日本ニハ曾テ之レ無キヿナリ乍併今日我ガ海援隊ノ商舶モ追日增多ニ及ベハ日本中ノ航海ニモ止マル可カラズ早ク此ノ引負所ヲ建テ精々洋人ノ荷物モ運送スルヿヲ働ザル可カラス洋人ノ運賃ハ日本ノ運賃ニ比レバ高價ナルヿ世人ノ知ル處ナリ然レ𪜈此ノ引負所ナケレバ洋人ノ荷物ヲ積ムヿ出來ス船爲替之事ハ足《是カ》迄淡路船ヲ始メトシテ諸國ノ運送船ニ往々コレアリテ行ハレ來ルノ法ナリ是ハ荷主ニ於テハ運賃ノ外若干爲替ノ金ニ高利ヲ拂ヒ出スヿ故高運賃ノ樣ニナレ𪜈時々甚タ便利ナルモノナリ其譯ハ凡ソ東西ニ品物ヲ運ヒ利ヲ千里外ニ射ント欲スルモノハ萬金ヲ以テ萬金ノ商賣ヲスルモノナラズ萬金商賣ハ自ラ三四

千金ニシテ辨シ千金ノ商賣ハ四五百金ニシテ足ルヘシ其ノ不足ヲ補フニハ必ズ船爲替ヲ要ス故爲替ナキ船ハ運送少シ運送少ケレハ自ラ空シク港內ニ滯在ス可シ是レ當今商船ヲ所持スト雖モ甚タ利益ヲ見ザル所以ナリ我カ隊ノ商舶モ殆ント三艘ニ及ベ𪜈常ニ滯船多クシテ利益少キ所ハ船中ニ金少ナキ故ナリ三艘ハ一艘ナリテモ若干ノ中荷金爲替之事金ヲ積ミ貯ヘ常時荷主ノ求メニ應シ無間斷諸方ニ運送シテ富隊ノ基ヲ開カントト望ムモノナリ

取組商賣之事

一取組商賣ハ是迄日本中ニモ儘々有之所謂取組先或ハ中間問屋等ノ名目ナルモノ也併シ是等ハ其ノ組中ニ互ニ隱利私益ヲ恣ニスルノ心ナル故ニ動モスレハ爭端ヲ開キ事ヲ破ルヿ多シ西洋諸國ノ所請コンペニーコンメンス同盟商方ト云フ義ナリノ如キハ大ニ是ト異ナルモノナリ凡ソ同社ノ商方ニ於テ興廢利損モ是ヲ與ニス公平至當ノ道ヲ以テ少シモ奸曲ヲ働クヲ得ズ其之詳

ナルヿハ商社盟論ト云フ譯書ニ盡セリ

愚案

西洋諸國ノ同盟商方コンペニーコンメンスノ事也ノ仕方ハ同社中利益ヲ大ニシ損失ヲ少クシ大融通ヲ付クル所ノ良法ニシテ商方ノ根本是ニ過ルモノナシ然リト雖モ其ノ盟約至嚴至明ニシテ今俄ニ日本ニ採用ニ難キ事件モアルヘクシテ行ヒ難シ故ニ我隊ニ於テ取組商賣ヲセントスレバ是迄日本中ニ行ハレ來ル處ノ取組先又ハ中間問屋等ノ仕方ニ少ク潤色シテ組合ヲ始ムヘシ

大坂　兵庫　下之關　北國要地敦賀三國新潟等　筥館　松前

此等ノ地方ニハ必ズ組合ナカル可カラス故ニ此組合ヲ立ツル爲ニ長崎ニ一之商社ヲ建テ其ノ家ヲ商人名前ニシ其ノ家主ニ隊士一人ヲ降シ家計商事ヲ司ラシムベシ而シテ西洋ノ商方ヲ取リ交ヘシム此事隊中ノ外他人ニ任ズ可カラズ必ス肝曲ヲ生スルノ患アラン

其ノ家主ト定メラレタル隊士ハ閑時ヲ以テ諸國ニ往來シ商事ヲ帶テ前文ニ載タル地方ニ往キ親シク自カラ取組ヲ結ヒ來ルベシ此ノ商事ニ預ル隊士ハ商事ノ外決テ他事ニ關係ス可カラズ故ニ兵商ヲ兩ツニ分チ商事ヲ司ルモノハ兵事ニ關セス兵事ニ關スルモノハ商事ヲ司ル可カラス而シテ兩樣トモニ隊長ノ免許ヲ受ケ隊長ノ指揮ニ隨フ可シ

此ノ一商社ヲ建テ諸方ニ取組ヲスルニハ必シモ多ク煩雜スルニモ及ハズ又タ財失却スル可カラズ唯タ最初ニ三四千兩ノ元金ヲ得レハ爾後永續シテ興榮ス可ク思フ

商舶ヨリ舶持ニ運上ヲ出サセシムル事

一此ハ船長ヨリ船持ニ運上ヲ出スト云フヿハ諸洲ニ希ナルヿニシテ其ノ利害得失ハ未タ詳ニセズ然レ𪜈瑞士國スヱズン國ノ船持ハ自分ノ船ハ一悉船長ニ任シ其ノ利益損失トモ元ヨリ關セズ一年若干兩又ハ時々荷物ノ金高ニ付若干金ト云フ運上ヲ出サシムル法ナリト云フ近來英國ニモ此法ヲ採

用スル商人アリト云フ

愚案

此法ハ我隊ニ行ヘハ頗ル便利ノ様ニ思フ如何トナレバ我カ隊長ハ自ラ事務多用ニシテ常ニ一所ニ在留シ難ク且ツ些々タル一船ノ商事ニ關スルノ暇モナカル可シ左スレハ一船ノ事ニ一隊ノ談議ヲ費スヰニハ事件繁雜ニナリテ大ニ商方ノ懸ケ引キヲ誤ル可ク此クシテ隊中ニ船數增多ニ及ヘバ隊中ノ俗事益々增多トナル可シ故ニ本文ノ仕方ニ習ヒ船中ノ諸事ハ都テ船長ニ任シ他人ノ商量ヲ待タズシテ船ヨリ働キ出シタル處ノ利益ハ船中ニ分配シテ給金諸式ノ料ニ備ヘ而シテ船長ヨリ定則ノ若干金ヲ無相違隊長ニ運上ヲ納メ隊長ハ是ヲ以テ隊士ヲ教育スルノ料トス可シ此法建ツ上ハ船長ヨリ定則ノ上納ヲ怠ルヰハ其ノ船長ヲ退職セシメ可ナリ

此ノ三條ハ今時我カ海援隊ニ商方ヲ行フ爲ノ考ニシテ敢テ世間ニ公行セ

ラル可キヤ否ハ知ラズ又我ガ隊中トハ云フモノヽ畢竟予ガ獨見ノ見込ナレバ其ノ事件ノ彌々適當スルヤ否ハ又不知時惟丁卯七月旬八夜風清月明ナリ因テ大浦第十二館ノ寓居ニ思ヒノ儘ヲ筆スト云爾

右三ケ條之外ニモ採用スヘキ事件ハ澤山可有御座候得共當時我カ隊中ニ於テ急務ハ先ツ此之三條ト相見込申候尤其是等之儀ハ世上人々相唱ルモノニシテ陳腐之樣御坐候得共未タ實事ヲ相行ヒ候方決シテ無御坐候然ハ我ヨリ其實事ヲ行ヒ候時ハ陳腐ニハ有之間敷日新之業トモ可申候此三商事ハ先達テヨリ筆ヲ下シ置候得共余人ニ爲相見不申候其譯ハ申出候上ニテ不被相行候ハヽ自然空談死論トモ相成丹誠之甲斐モ無之候事候《マヽ》奉存候僕ハ測量士官ナレバ其職ヲ勉勵スレハ可然事候得共又窃ニ思フニ軍艦ヲ使用スルニハ軍略ニ長シタル人ニ非レハ進退向背ノ術ヲ失シ商舶ヲ運送スルニ商法ニ明カナラザル時ハ利損懸引ノ機ヲ誤リ可申候然ル時ハ即チ我隊ヲ富シ我隊ヲ強クスルモ亦此道ニヨラザルヘカラズト奉存候因ヨリ

粗淺之獨見宜敷御取捨ヲ奉願上候委細書義ハ御面議可奉申上候欽白
海援隊士陸奥源二郎宗光（伊達家雜錄拔萃）

○慶應三年七月二十八日（幕府大目付土藩重役ヲ召喚ス）

七月二十八日　晴今日ハ出勤セズ猪內藤次ノ下宿ニ至リ御用談夫ヨリ下宿ニテ御用向取扱ヒ然ルニ今日留守居森多司馬ニ早速役所ヘ罷出デ候樣幕府大鑑察永井玄蕃頭ヨリ達シ來ル依ッテ再ビ藤次下宿ニ一同集會致シ多司馬歸宿ヲ相待ッ中何分浪人ヲ白川邸ヘ入レ置キタル義歟嫌疑ノ筋ナラント心配致シ今ヤ〻〻ト相待チ候處漸ク歸宿致シ候處豈計ランヤ七月六日崎陽ニテ土州人英人ヲ殺害致シ候義ニ付英公使「バークス」幕府ヘ切迫シ談判相成候間早〻下坂致シ右申談シ候樣トノ事ナリ依ッテ藤次下坂ノ筈ノ處折柄風邪ニテ平臥之體ニ付猪內下坂夫ヨリ時宜ニ寄リ歸國自分モ大坂迄罷越シ候筈ニテ毛利恭助モ隨行致シ俄ニ夜五ツ過ギ京師出足淀ヨリ乘船致シ候處先日來ノ天氣ニテ水勢乏敷船遲〻致シ候也

（佐々木高行日記）

○慶應三年七月二十八日　（龍馬ヨリ三吉愼藏へ）

何も別ニ申上事なし然ニ私共長崎へ歸りたれば又のりかへ候船は出來ず水夫らニ泣々いとま出したれは皆泣々に立出るも在りいつ迄も死共に致さんと申者も在候内チ外に出候もの兩三人計なりおゝかたの人數は死まて何の地迄も同行と申出て候て又こまりいりながら國につれ歸り申候幕の方よりは大に目をつけ又長崎ても我々共は一戰爭と存候うち又幕吏ら金出しなとして私水夫をつり出し候勢あり候得共中々たのもしきもの計にて出行ものなし今御藩海軍を開候得共此人數をうつしたれはと存候今朝伊豫の大洲より屋敷にかけ合かきて水夫兩三人蒸氣方三人計も當時の所拜借とて私し人數を屋敷ゟ五代才助か賴にてさし出シ候

○木圭氏に手紙○を送りけるが是は極内々を始て御覽被成けるは極テたしかなるたよりにて山口に迄御送被成度

○わ長崎の近時のよふなと別ニ記したり

龍

慎藏大人

右七月廿八日

（青木恒三郎氏藏）

○慶應三年七月廿九日（板倉閣老土藩重役ヲ召詰ス）

七月廿九日　晴四ッ半頃漸ク下坂長堀藏屋敷ヘ著候處板倉（勝靜）閣老ヨリ使者今早天ヨリ幾度モ來リ催促頻ナリ直樣支度相調ヘ候處幸ニ西鄉吉之助下坂致シ居候ニ付下宿ヘ立寄リ此度斯樣ノ次第ニテ只今ヨリ談判ニ罷越シ候御氣付モ承リ度且時宜ニヨリテハ急速歸國可致處折柄弊藩持船モ參リ居不申承リ候得バ御藩ノ三國丸兵庫ニ泊シ居候趣ニ付暫時借用致シ度ト西鄉曰ク英人ト御談判候得バ至極御大事ト存候弊藩モ先年彼國人ト談判致シ候節モ隨分六ヶ敷事ニ有之聊ニテモ彼ニ言葉質ヲ取ラレ候時ハ面倒ナリ十分御注意被成候樣ニト又三國丸ハ早速御用立可申候間御安心被成度ト深情ニ答ヘ吳レテ先ツ一安心致シ夫ヨリ中寺町板倉ノ旅館ヘ至

リ談話ス尤モ英公使ハ其席ニハ出デズ其列席ハ板倉周防守閣老平山圖書頭外國奉行助役大鑑察戸川伊豆守小鑑察設樂岩次郎其他柴田某等ナリ此方ハ自分及ヒ由比猪内大坂留守居石川石之助小鑑察毛利恭助下横目一人等ナリ板倉曰ク先般長崎表丸山町ニ於テ英國水夫殺害セラレ候處其下手人ハ貴藩中ノ趣就テハ速ニ取調へ候樣英公使ヨリ差迫リ談話相成候其許ハ重役ノ義ニ候得バ其邊ノ義通知有之候哉答ヘテ曰ク都テ不相心得昨日京都留守居ヘ御達ニテ初メテ承知仕候抑モ弊藩ノ所業ト英公使申立テ候ハ確ナル證據有之候哉曰ク未ダ證據ハ不申出テ候得共長崎表ニテハ一般ニ土州人ノ所業ト申ス事ニテ決シテ疑無之旨申立テ候答ヘテ曰ク夫ハ意外ナル義ニ有之藩士モ長崎表ニ罷在候得共土佐守ヨリ常ニ外國人等ヘハ猥ナル擧動無之樣相示シ置キ候事ニテ弊藩ノ者ハ右樣ノ義ハ無之ト信用仕候万一不得止義ニテ切害等仕リ候ハヽ必ス其節訴出デ自殺致シ謝シ可申ハ武門ノ常ナリ殊ニ弊藩ハ其邊ニハ嚴重ナル藩法候得バ外人ヲ暗殺致シ身ヲ

隱シ御國難ヲ引起シ候事仕候者ハ一人モ無御座候間御安心被仰付其邊ヲ以テ御談判被爲成度候板倉曰ク前ニ申候通リ英公使ハ土州人ノ所業ト深ク信ジ居候處何分幕府ニテ手緩キ故遲延相成候ト大ニ憤怒致シ候場合右樣ノ答ニテハ決シテ承引不致ト存候答ヘテ曰ク然ラハ私共直ニ談判仕度曰ク其儀ハ不相成前述ノ通リ彼レ大憤怒致シ頗ル切迫致シ候場合其方共ト直談判致シ候ハヾ如何ノ變事出來候モ難計候ニ付被差扣可申候又曰ク此度ノ事件ハ將軍家ニモ深ク念慮ニ被爲掛容堂殿ヘ親敷申入候ハヽ適宜處分可有之トノ事ニ有之候間歸藩ノ上其取計可致候答ヘテ曰ク私共不肖ニ候得共一藩ノ重役ニテ此度上京仕候上ハ土佐守容堂ノ命ニ代リ出先キノ處分ハ委任之義ニ付私共右下手人ハ弊藩ノ者ニ無之ト申上候義ハ土佐守容堂ヨリ御答ヘ申上候同樣御聞取被仰付度候曰ク此度ハ前述ノ通將軍家ニモ御心ニ被爲掛容堂殿ヘ篤ト可申入トノ事ニ候得バ是非共平山圖書頭戸川伊豆守設樂岩次郎罷越候間其心得ニテ歸藩可致候答ヘテ曰ク右樣

御台命ヲ以テ是非共御越ノ義ハ閣下方ノ御任ニ候ヘバ其邊ハ强テ不申上候ヘ共畢竟風說而已ノ義ニ候ヘハ御苦勞ニモ及間敷ト申上候ヘ共此上ハ如何共私共ノ兎角可申上事ニ無之候私共モ是ヨリ歸藩致可申候其時板倉云フ只今英公使ヨリ申來リ候ハ土州藩重役共歸國ニ決シ候ハヾ英國軍艦ニ乘込ミ吳度諸事案內ノ都合モ宜トノ事ニ付英軍艦乘込ミ候樣被致度候答ヘテ曰ク其儀ハ甚ダ迷惑ニ候間御斷申上候抑モ此度ノ事件ハ英公使確證モ無之義ヲ申立テ加害人ヲ弊藩人ト申極メ候義甚以テ不都合之義ト被存候夫ニ付前段ニ申上候ヘ共是非共閣下方ハ台命ニテ弊藩ヘ御越ノ義ニ候ヘバ私共ハ不容易事件ニ付注進ノタメ歸國仕候義ニテ英公使ハ押掛ケ談判罷越候義ハ彼ガ勝手ノ事ニ候ヘバ私共案內可仕道理是レナク候私共ハ此度ノ義ハ大ニ不平ヲ起シ居申候其譯ハ英公使ハ風說ヲ信用シテ下手人ハ土州人ト取極メ大政府ヘ差迫リ亦弊藩ヘ軍艦差向ケ候事等都テ不解候勿論長崎表ニテ英人ヲ切害ノ義ニ候ヘハ下手人ハ御國人ニテモ又外國

人ニテモ日本政府ニテ取調之義ハ當然歟ト被存候ヘ共無證據ニテ土州人ト取極メ弊藩ヘ軍艦等差向候義ハ無禮之義ト存候右樣ノ次第ニテ乘込ミ案内等致シ候義ハ强テ御斷致候間宜敷御取成相願候曰ク英公使ヨリハ頻リニ乘込ミノ義差迫リ申出テ候間尙一應評議可致ト暫時退席ス再出席スレハ乘込ミ一條事六ケ敷ト猪内ト相談シ無沙汰ニテ可立歸義ニ相談致シ留守居石川石之助ニ跡ヲ托シ再席之義申來リ候ハヽ疾ク兩人ハ退出致シ速ニ歸國可致迚跡之義ハ私ヘ相托シ申候ト被答度能キ加減ニ申暗マシ候ハヽ其中自分共ハ兵庫ヘ向ケ彼ノ地ニテ三國丸ヘ乘込ミ可申ト約シ立出デタリ

一西郷氏ヨリノ書簡左ノ如シ

只今承知仕候蒸滊船ノ義乘頭召呼取繕候處バッテ！ラノ義ハ間違ニて爰許ヘハ相廻居不申趣に御座候間早速兵庫本船ヘ乘頭は參候樣相達候ニ付明朝は別段迎船は不差上候間何卒兵庫迄は其御許より御乘廻被成

下度彼方にて御待中上居候て本船御乗込相成候ハヽ直様出帆の都合に相決し申候に付左様御含被下度御約定の趣と少し相違致候に付此旨早々奉得御意候頓首

卯七月廿九日　　西郷吉之助

由比猪内様

佐々木三四郎様　要詞

一英公使居所ニ就キ後年本山氏ヨリ左ノ通リ

（前略）却説先日御滞坂の節御依頼相成候英國公使宿泊の寺漸く相知れ候當時給仕に罷出候者有之承候處右は慶應三年にして寺は現今大坂府下攝津國東成郡西高津村字寺町本覺寺及正法寺の二ケ寺（上下双び居る）を以其旅館に充たる由公使の名を知らざるも當時單に「ミニストル」々々と申居候附屬の者の申には「サトー」と申人居其音日本人の佐藤姓に相通ずるあり能く紀念致居候此「サトー」氏は英國公使書記と存候其一行は余程多人

數にて騎兵隊數人其他馬丁に至る迄外國人附添居候由且滯在日數は凡そ百日程と覺え用向は當時大坂城滯在の將軍に談判の用件ありたる樣申居候右の通大略御報申上候尤尙進で取調候へば詳細相分り可申候間尙々必要の廉有之候へば直に取調御報可致候右乍延引御報迄(下略)

本山茂樹

佐々木高美殿

大坂ニテ英國公使「パークス」ノ旅館失念致シ候間後年在大坂ノ本山茂樹ヘ取調呉候樣高美ヘ賴置候處其後右之通申來リシ也

(佐々木高行日記)

○慶應三年八月一日　(龍馬佐々木高行等ト歸藩ス)

是月〇八月朔日　石川ニ後事ヲ托シテ早々出立早駕籠ニテ藏屋敷ヘ立歸リタルニ最早鷄鳴ナリ直樣支度シ兵庫ヘ向ケ夜ノホノ々々明ニ出立駕籠夫ヲ追立々々走リ候ヘ共何分心急ギ候事故道ノ運ビ遲キ心地セリ漸ク兵庫

近ク相成候處蒸氣船相見エ追々船モ近ク相成遙ニ幕ノ回天丸薩ノ三國丸英ノ軍艦都合三艘ニ烟ヲ立テ今ニモ運轉可致ト待受タル模樣モ相分リ候漸ク七ツ時頃兵庫著直樣三國丸ニ乘込ミタリ此時端舟ニテ急キ來ル人アリ近寄見レバ坂本龍馬ナリ越前春嶽公ヨリ老公ヘノ書翰持參セリ此度英人トノ事件ヲ春嶽公心配被致候ニ付テハ御文通ノ由坂本ハ是ヨリ歸京ノ心組之處運轉相初メ候場合ニテ色々咄モ有之中既ニ出帆其儘ニ同乘シテ高知ニ向ヒタリ

八月二日　昨夜海上風波船ノ動搖甚敷大ニ因却漸ク日ノ入リ過ギ須崎ニ入港上陸シテ下宿ヘ郡奉行原傳平前野源之助ヲ呼寄セ歸國之次第申述ベ程ナク英軍艦幕軍艦入港ニ付其用意可致乍併追々談判可致ニ付夫迄ハ人心騷立テ候義無之樣屹度取締可申且當郡兵隊等操出シ警衞ノ義ハ見合セ候樣申談シ候兩人モ承諾セリ同夜須崎ヲ發シ早追ニテ急行ス其夜モ大雨名古屋坂等難儀時々松火消失致シ道中中々運バズ猪内ト自分從者一人ツ

ヽ召連レ先打モ行屆カズ人足繼ク事間ニ合兼候朝倉村番所ニ來ル人足一人モナシ平常ハ參政大鑑察等巡回等ニハ隨行者モアリ先以テ相觸候事ニ付其心得ナレドモ此度ハ俄ノ事ナリ從者一人ツヽ其上京師ヲ發シ候ヨリ聊隙無之殊ニ昨夜來船中動搖シテ主從共亂髮等ニテ重役ト見ヘズ番所ニテモ余リ差急キ人足モ呼立テズ猪內大聲ニ吾ハ御仕置役ナリ彼ノ方ハ大目附ナリ大事ノ御用ニテ京都ヨリ罷歸リ候一刻モ早ク人足ヲ出セト番人大ニ驚キ俄ニ奔走シテ漸ク人足來ル

坂本龍馬ハ兵庫ヨリ不斗乘船ニテ須崎港ニ著シ候處同人ハ兩度迄出奔致候事ニテ御國內ニテハ脫走人トシテ上陸致候ハ國法ノ許サヽル所ナレバ此ノ時政府モ佐幕家多ク殊ニ脫走人等ヲ惡ム事甚敷事ニテ如何ノ場合ニ立至ルモ難計ト幸ニ夕顏丸船長由比畦三郞ハ猪內ノ養子ナレバ猪內ヨリ能々事情申談ジ夕顏船へ乘移ラセ船中ニ潜伏セリ京都ニテハ重役共ト出入致候へ共御國ニテハ中々六ヶ敷事也高知著ノ上猪內被申

候ハ龍馬儀潜伏致サセ候義内々老公ヘハ申上候方可宜其儀ハ貴君ヨリ言上被致度トノ事ニ付申上候處老公暫御考慮ニテ今日ハ先以テ其取計可然聞置キ候何分八釜敷事ナリト御笑ヒ被爲遊候ナリ
龍馬ハ初メ脱走セシニ追々春嶽公ヨリ御申入ニテ御免ニ相成候處又々脱走致シ乍併龍馬ノ人物ナル事ハ曾テ勝房州ヨリ老公ヘ申上タル事モアリシト聞ケリ故ニ能々御合點ノ事故深ク御咎不被爲在ト恐察仕候

（佐々木高行日記）

○慶應三年八月五日（龍馬ヨリ寺田屋おとせへ）

御別申候より急に兵庫に下り同二日の夕七つ過き土佐の國すさきと申港に付居申候先々無事御よろこび是より近日長崎へ出申候て又急に上京仕候御待可被遊候かしく

八月五日　　うめより

おとせさま　御許へ

（寺田屋伊助氏藏）

○慶應三年八月五日（龍馬ヨリ長岡謙吉へ）

御別後同二日夕方すさき港ニ著船仕候此地の一件ハ石淸◎中岡愼太郎事ニ申送候御聞取可被下小弟是より長崎へ廻り不日ニ上京仕候御待可被遣候別紙宜御賴申上候謹言

八月五日　　楳　拜

謙　吉樣

右件直次郎ニ御傳奉賴候以上

（坂本彌太郎氏藏）

○慶應三年八月八日（龍馬ヨリ兄權平へ）

一筆啓上仕候

彌御機嫌能可被成御座目出度奉存候然に先頃長崎より後藤參政と同船にて上京仕候處此頃英船御國に來るよしなれは又由井參政と同船にてスサキ港まで參り居候得共竊に事を論し候得ば今まて御無音申上候此度英船の參る故は長崎にて英の軍艦水夫兩人酔て居候處をたれやら殺し候よし

夫お幕吏に土佐國の人か殺候と申立候よし其故にて御座候其英の被殺候時は去る月六日の夜の事にて候同七日朝私持の風帆船横笛と申か出帆致し又御國の軍艦か同夜に出帆仕候右のつかふを以て幕吏が申スニハ殺し候人が先横笛船にて其場引取て又軍艦に乗うつり土佐に歸り候と申立候よし也夫で幕軍艦英軍艦ともに參り候よし也

然れ共先つ後藤由井佐々木の談判にてかた付申候此頃又御願申上度品有之候彼御所持の無銘の了戒二尺三寸計の御刀何卒拜領相願度其かわり何ぞ御求被成度西洋もの有之候は御申聞奉願候先は今持合候時計一面さし出し申候御笑納奉願候今夕方急々認候間はたしてわかりかね可申かと奉存候得ども先早々如此期後日候恐惶謹言

八月八日　　　　　　　　　　　　　　直柔

尊兄　左右

（坂本彌太郎氏藏）

○慶應三年八月十一日（佐々木高行伺書ニ對スル藩廳指令）

八月十一日　午後暫時出勤出崎ニ付心得方之義廉書ニ致シ相伺ヒ候爲ニ出勤セリ然レドモ未ダ不快ニテ夕方ヨリ引籠リ候

覺

一下手人御國者ニ相決候時ハ如何之取扱ニ可仕哉

○召捕候上長崎奉行へ伺出下知ヲ受處置可致候事

一同海援隊中之者ニテ本御國之者ニテ候ハヽ如何可仕哉

○御國者取扱ニテ可然事

一同御他邦之者ニ候時ハ如何仕哉

○其藩へ相達候上取計可致事但長崎奉行へモ其形一應相屆置可申事

一同御他邦亡命者ニテ當時海援隊ニ入候者ニ候ハヽ如何可仕哉

○本文何藩相分候ハヽ右同斷

公儀ヨリ被尋候節

一海援隊編入之之御國亡命者ナレバ何ツ迄モ御國者ト相唱可然哉

○本文之通

一御他邦亡命者ハ出所等申述當時雇入或ハ食客ト相唱候歟又當時召抱置候歟御國者ト相唱へ可然哉

○事實明白ニ申出可然歟

一崎陽へ御差立ノ御用向ハ此度英人ヨリ申立候筋之詮穿一向之義ニ付出崎之者共之平素之義ハ不相携船中ハ船法商會ハ商會掛リ取扱ニ相成來候通ト相居リ可然哉

○本文之通

一下手人手掛有之候ハヽ崎陽之外何國へモ時宜ニヨリ立趣候義兼テ御差明被仰下度事

○本文之通

一崎陽之御用向大抵相片付候歟又ハ替リ參リ込候上ハ一度御國元へ罷歸リ候上再御詮議振ヲ以テ京師へ御差立被仰付度此度ハ一先京師御

用御免被仰付度崎陽ヨリ直樣出京被仰付候テハ御用向ニ雜澁仕候間
此段御下知被仰付度事
○詮議ノ上可申達事
一夷人應接之節ハ勿論日本人ト出會之節迄モ此度限リ御制服等制外被
仰付度事
○本文之通
一此度之御用向ニ付テハ事柄ニヨリ諸藩士又ハ諸浪人等へ出會之義モ
可有之ニ付如何樣之場所へ立込候事モ難計自然遊里ニ立入候モ難計
候間諸事制外ニ不被仰付テハ時宜ニ寄リ取扱ニ難澁可仕ニ付兼テ御
下知ヲ相受申度候事
○本文之通
右廉々急々御詮議決被仰付度明朝之出足ニ差閊候間宜敷御達被仰付度
事

但此廉々時宜見計御委任被仰付度段御奉行中へ御達申ス筈之處出足差掛候間象二郎榮三郎平十郎權次忠藏退助へ談シ御奉行中へ達置候ニ付其通取計可然樣一同ヨリ申聞候ニ付其心得ノ事

第一條ニ付更ニ心得　但此廉下紙アレ共召捕候時ハ御國法ニ處シ可然段象二郎榮三郎退助權次忠藏等へ申置一同引受候事

御掛合之趣致承知申候可相成ハ鳥渡御用番へ御苦勞被成下候ハヽ甚都合可宜存候得共其儀御調ニ相成不申ハ致方無御座候初條ハ付紙候處大議論ニ至リ可申中々文通抔ニテ事濟候譯トモ存不申又兩府客老之處モ如何哉イヅレ御乘船ノ節鳥渡兩府へハ御立寄被成度手書ハ先ヅ以テ御受取申置候御勉强御調相成候ハヽ御用番へ御苦勞被成義當然歟ト相考申候匆々拜備

即刻

本山只一郎

佐々木三四郎樣

（佐々木高行日記）

○慶應三年八月十二日ヨリ十六日マデ（龍馬佐々木高行等ト共ニ出崎ス）
八月十二日　晴五ツ半出足商會所へ出勤長崎行彼是御用談致シ九ツ前幡多倉ニテ端舟へ乘リ八ツ過キ若紫船へ浦戶ニテ乘船八ツ半出帆夜五ツ過ギ須崎入港直樣夕顏船ニ乘リ移リ九ツ半須崎出帆船長ハ由比畦三郎乘組ハ英人「サトー」同人へ隨從ノ會津人野口某外ニ坂本龍馬岡内俊太郎等ナリ
八月十三日　晴六ツ半頃西御崎ヲ經過七ツ半過伊豫ノ崎ヲ過グ船中平穩時々坂本抔ト談話
同十四日姬島ノ北方ニテ明ヲ待チ五ツ時頃下ノ關ニ淀泊ス才谷ノ案内ニテ稻荷町大坂屋ニ休息シ才谷ノ妻ノ住家ニ才谷同伴同妻ハ有名ナル美人ノ事ナレ共賢婦人ヤ否ハ知ラス善惡共爲シ兼ヌル樣ニ被思タリ夫ヨリ招魂所へ參リ否本船ニ歸ル未ダ一人モ歸船セズ退屈セリ夕方出帆ス
同十五日　曇夕七ツ半頃長崎へ入港商會ニ至リ夫ヨリ池田屋ニ宿ス岡内同宿夜中松井周助才谷梅太郎岩崎彌太郎來會英人事件相談シ鷄鳴過ギ臥

床ス

今日才谷ノ考ニテ此度英人切害セル下手人ヲ探索致シ得タル者ニハ千金ヲ與フルト申觸スベシ依ツテ同意致シ早速其運ビ爲致候事

長崎ニテ海援隊ト申スヲ兼テ才谷等組織アリ則チ才谷隊長ナリ其隊士ハ本藩人菅野覺兵衞中島作太郎野村辰太郎小田小太郎石田英吉關雄之助安岡金馬等數名ナリ越前人渡邊剛八佐々木榮福島某等ナリ紀州人陸奥陽之助幕人田中幸三其他橋本某等數名ナリ此隊兼テ過激ノ聞ヘアリタル故ニ此度ノ事件モ必ス隊中ノ人ナリト内外人共見込タルヨリ英公使信用シテ差迫リタル也

八月十六日　曇早天才谷來ル夫ヨリ同伴商會ニ至リ野崎傳太松井周助岩崎彌太郎ニ會ス今日五ツ時奉行役所ヘ出デ候樣申來リ候處所勞ニテ斷リ候ヘバ小目附ヲ差出候樣申來ル松井周助御密事御用ニ付小目附役ト届出テ置キタルニ付代人トシ岩崎ト出頭ス横笛丸ノ義ナリ才谷渡邊中島下宿

ニ來ル横笛船ノ次第ヲ聞ク同夜松井由比才谷渡邊菅野中島等來會岩崎代ニ森田普三モ來リ横笛船出帆ノ手續等ノ申口ヲ聞ク（佐々木高行日記）

○慶應三年八月十三日（龍馬ヨリ森玄道、伊藤助太夫へ）

　尙下の事件ハ三吉兄にも御申奉願候

一筆啓上益御勇壯大賀至極奉存候

扨時勢の事ハ一二三吉兄の方に申上候間御聞取可被遣候扨此度使さし出候事ハ誠に小事件の可笑事なから又々御面遠を願奉るへしと希望仕候其故ハ長崎の者小曾根英四郎と申賣（マヽ）人七月廿八日大坂の方ゟ關に著船仕とふか其者ハ大坂町奉行より長崎健《タテ》山奉行への手紙を懷中仕候よし尤御召捕ニ相成はずの御事ニ候然ニ彼者本ト惡心無之ものにて候其故近日菅野角兵衞か蒸氣船より關に參り候間くハ敷申上候本ト此小曾根なるものハ長崎ニてハ長州御屋鋪御出入の家なり又此頃乙丑丸の用達を薩より申付候由ニて浪士等長崎ニ出てハ此小曾根をかくれ家と致し居候ものも在

之既私らもひそみ居候事ニ候間悪心無之事ハ是レヲ以御察可被遣候然レ共軍法として敵國ニ通し候ものは先ツ一ト先ツ召捕とり正シ方仕候ハ當然の事ニ候得ハ此上疑相はれ候得ハ何卒御返の御周旋奉願候且又猶ヲ嫌疑の筋も在之候得ハ其まヽ御止置〻まヽ其筋御通書被下候よふ奉願候然時ハ薩州人〻さし立テ御受取申薩屋鋪ニ所置仕度何卒よろしく奉願候先ハ右計早々萬々稽首々々百拜

八月十三日　　龍　馬

玄　道樣

助　太　夫樣

（伊藤醇氏藏）

近日私しも早々關と心かけ候うち小倉早落城も敵かなくなりしかと思へハ誠ニ殘念ニて先長崎ニ止りおり候何レ近日再拜以上

○慶應三年八月十四日（龍馬ヨリ三吉愼藏へ）

今月朔日兵庫出帆同二日土佐ニ歸リ一昨夜土佐出帆今日馬關ニ來ル」扨京師の時勢ハ大樣の處ハ御聞取も可在之候得共一通申上候」薩此頃大凡吉之助等決心幕と一戰相心得候得とも土佐後藤庄《ママ》次郎が今一度上京をまち居申候先頃私後藤庄《ママ》次郎上京して西郷小松と大ニ約し候事有之候故なり後藤庄次郎ハ今月十七日出京私事ハ是より長崎へ出候て蒸氣船を求候て使者又ハ飛脚ニ用ヒ候爲小ナル蒸氣船なり早々上京と相心得申候」思ふニ一朝幕と戰爭致し候時ハ御本藩御藩薩州土佐の軍艦をあつめ一組と致し海上の戰仕候ハすハ幕府とハとても對戰ハ出來申間敷御うち合も仕度候得共何レ長崎よりニ致し可申か」近日京師の戰ニ出候人ニは少々御出し被成地利なと御見合可然と奉存候」私の船は夕方のしほに下り可申何レ近日先は草々謹言

十四日　　　　龍馬

三吉愼藏先生　左右

（三吉家文書）

○慶應三年八月十六日（龍馬ヨリ陸奥宗光へ）

彼長崎人吉田の千兩を以て家を御求御論をもしろそふなれ共是必ず前門の虎を退そけしに後門の狼の入り來り候咄しならんはたして大兄にも御目付は無き事と奉察候草々奉對早々頓首

卯十六　　　　楳

陸奥大先生

（佐々木高行日記）

○慶應三年八月廿日（龍馬佐々木高行ヲ木戸孝允ニ紹介ス）

八月廿日　雨今朝商會へ本藩諸生數人ヲ呼集メ英人ノ事件ニ付聞糺ス何モ不相分夕方才谷梅太郎ト同伴玉川ニテ長ノ木戸氏(桂小五郎)ニ面會時勢ノ事ヲ談ズ此頃木戸ハ薩人ト表向ハ相唱へ出崎致シ候處長藩船修覆ニ俄ニ取掛リ出來ノ處金千兩不足ニテ大ニ困却シ才谷へ相談ニ相成才谷ヨリ自分へ申來リ候處役場ニ無之ニ付商會へ相談致シ右金子相調へ木戸へ送リタリ木戸モ大ニ悅ビ右謝禮トシテ長州出來ノ新短刀一振長州縮二疋ヲ送リ來リ其邊ノ事旁ニテ種々懇話セリ其節木戸ノ咄ニ此頃英ノ「サトウ」ニ

出會致候處同人曰ク此度三藩盡力ニテ大變革ノ事ヲ周旋ノ由此事若シ出來不申候ハヾ歐州ノ諺ニ老婆仕事ト申候十分御盡力アリタシト英ノ一書記ヨリ如此事ヲ聞ク此度ノ事不相成候ハヾ最早內外ニ對シテ面皮ナシ御互ニ屹度憤發セズバ千歲ノ遺憾ナリ太政返上ノ事モ六ケ敷カ七八步迄運ビ候ハヾ其時ノ模樣ニテ十段目ハ砲擊芝居ヨリ致方ナシ抔ト色々相談シテ夜ニ入リ歸宿ス　（佐々木高行日記）

○慶應三年八月廿一日　（木戶孝允ヨリ龍馬ヘ）

一拜啓昨夕は難有奉存候大醉不敬之至今更奉恐縮候諸君へも可然御詫奉願候扨てまた佐々木君には不圖得拜眉十年來の變態等御同樣に御噺申尙段々御高話相伺奉本懷候歸宿後倩御話の趣等思ひ返し前途の勢推考仕見候得ば實以て神州御浮沈の界と申も眞に此際の事にて四五年前の時節とも內外大に相違仕列侯方御周旋も乍恐尋常の御盡力にては此勢御挽回と申候事万々無覺束奉存候先日も英人「サトー」と申通辨官の話に逐々諸侯方

も御上京に相成御建白有之候由乍併定て公論は被行申間敷西洋にては古より公論と存込天下に相唱不被行とて其儘捨置候事は老婆の理屈と申男子は好ミ不申乍去日本今日の建言と申候ものも少しは老婆の理屈と申候氣味有之候樣覺申候などゝ談話仕候由傳承仕不覺長嘆息外國一通辨官をして此語を吐かしむるは列侯は不及申神州男子の大耻辱と老屈生迄も甚感慨悲痛罷在候折柄御大論拜承奉欣喜候後藤君上京相成候はゞ不日大御公論天下に相立可申其末乾君の御上京誠以御都合之次第と奉感服候兎角初如脱兎終如處女相成浩嘆の至に御座候何卒此度は終如脱兎と申所を只管　神州の御爲奉祈願候先は昨日の御禮申上度不圖筆に任せ不及義まで相認奉恐入候大兄限り御覽被下何も御容赦奉願候爲其匆々頓首九拜

八念一月　　竿鈴生

尙々今夕は庄村一件御供申上度奉存候敬白

龍　大兄　（佐々木高行日記）

○慶應三年八月廿六日（龍馬ヨリ佐々木高行へ）

一筆啓上候然るに今日木圭より一紙相達候間御覽に入候同人事は御國の情に能通じ居候者にて彼初強く後女の如くなとは尤も吾病にさし當り申候何卒御國の議論根強く仕度唯此所一向に御盡力奉願候謹言

卯八月廿六日　龍　拜

佐々木先生　左右　（佐々木高行日記）

○慶應三年八月廿四日（横笛船呼戻シノ件）

八月廿四日　晴早天菅野覺兵衛佐々木榮申口相違ニ付横笛船呼戻シ可然段梅太郎ト相談ス渡邊剛八菅野モ來會共ニ評議シ呼戻シニ決ス依ツテ其段申出ル安藤鈔之助云フ政府ヨリノ沙汰ハ申口ノ相違ト申ス譯ニテ呼戻ストノ義ニモ非ズ横笛船御呼戻シノ御沙汰ニ相成候テハ如何答ヘテ云フ申口相違無之時ハ申解キ候筋モ御座候得共申口相違候上ハ兎モ角呼戻シ

取調候義ト存候間迎船之義ハ御場所ヨリ被仰付度旨申出ル委細承知トノ事ナリ夜ニ入リ石田英吉下等士官一人水夫一人來ル今夕岡内俊太郎ヲ遣ス俊太郎立山役所ヘ兩度出頭夜五ツ半頃更ニ立山ヘ行ク是レハ明日橫笛船呼戻シニ薩摩ヘ出向候義ニ付テナリ石田初メ明日出帆ノ面々ヘ藤屋ニテ離盃ス夜半歸宿ス但シ昨今ハ非常ノ多忙ナリ十分快寢セズ

(佐々木高行日記)

○慶應三年八月頃（龍馬ヨリ佐々木高行へ）

此度石田英吉の船中は兼て衣服少なき諸生なれば甚だ氣の毒なり金を御つかはしなれば早速に求候もし先生の御著物ものでも御つかはし遣さる可く候や右英吉は非常用向申付候義は官より右よふの事あつて御つかはしにて可然かと奉存候何卒宜御取計奉願候謹言

龍　　拜

佐　々　木樣

(佐々木高行日記)

○慶應三年八月廿五日（龍馬ヨリ佐々木高行へ）

石田及下等士官水夫頭には私より金少々遣し申候貳拾金御つかはしになれば可なり西洋衣がとゝのい中候彼横笛船では船將にて候得バ夫ばかりの事してやり度奉存候何れ御考奉願候再拜

八月廿五日　　龍　馬再拜

佐々木先生　左右

（佐々木高行日記）

○慶應三年八月廿五日（石田英吉等鹿兒島ニ向フ）

八月廿五日　曇今朝橋本喜之助ヲ立山役所へ出ス◎海援隊士佐々木榮ヲ拉シ來ランガ爲ナリ官金貳拾圓ヲ石田英吉ニ渡ス才谷等毎々來ル夕方英吉俊太郎下等士官小柳高次高見島《シハタ》水夫小頭梅吉外ニ水夫一人幕府持チ長崎丸へ乘込ミ其節壹樽爲持候事夕刻ヨリ肥前藩士副島次郎ニ藤屋ニ會ス此頃肥前人ニハ副島次郎大隈八太郎兩人尤モ人物ト聞ケリ時勢談致シ候得共同藩ハ佐幕ノ風有之候事ニテ胸襟ハ開カズ能キ程ニ談話ス夜四ツ前歸途宿ヨリ使來ル立山役所へ御用ノ趣出頭ス歸途渡邊剛八下宿ニ至リテ御用ノ事ヲ達ス

但シ長崎定役久保山寛三調役ノ使ニ來リタル由ナリ（佐々木高行日記）

○慶應三年八月廿六日（龍馬佐々木高行等ト藤屋ニ會ス）

八月廿六日昨夜ヨリ高橋安兵衞止宿橋本喜之助モ來ル夕方ヨリ才谷梅太郎同伴藤屋ニ至リ向來ノ策略談話數字刻ニ及ビ遂ニ鷄鳴ニ至リ歸宿ス

（佐々木高行日記）

○慶應三年八月二十八日（龍馬佐々木高行ト密議ス）

八月二十八日雨少々不勝ニテ引籠リ喜之助安兵衞來ル夜才谷梅太郎來リ談話數刻其夜止宿ス其節才谷ノ内話ニ當所運上所ニ拾万圓計金子有之趣ニ付一朝事起ラバ右金子ハ吾ガ物トスベシ其計畫豫メ致シ置度ト色々相談セリ又曰ク是ヨリ天下ノ事ヲ知ル時ハ會計尤モ大事也幸ニ越前藩光岡八郎ハ會計ニ長ジ候間兼テ咄合モ致置候事有之候其御含ニテ同人ヲ速ニ御採用肝要ト申シタリ

今夜鰻ヲ出シ食ス

一金參拾壹兩貳分貳朱　　藤屋拂

八月廿九日風雨朝寢所ノ儘ニテ何角才谷ト談話ス夕方喜之助來ル本日ハ少々所勞ニ付數々見舞ニ來リ夜四ツ時前歸ル風雨雷アリ

自分ノ所勞ハ先年大熱ヲ煩ヒ夫ヨリ氣管惡敷未ダ平癒セス此度ノ船行モ無理ナリ夜中西川易二御用ニ付來ル西川ハ御用達ニ付屢來ル也

（佐々木高行日記）

○慶應三年八月三十日　（龍馬討幕ノ擧ニ宗敎ヲ利用セントス）

八月三十日風雨廿八日頃ヨリ不勝ノ處少々快氣ナリ高橋安兵衛橋本喜之助調書持參尙清書致候樣申聞候大宰府ヨリ小澤庄次變名ニテ戸田雅樂（尾崎三良ノ事）來訪種々時勢談アリ夜ニ入リ才谷來ル終夜談話止宿ス種々談話ノ末才谷曰ク此度ノ事若シ不成ハ耶蘇敎ヲ以テ人心ヲ煽動シ幕府ヲ倒サン自分曰ク耶蘇敎ヲ以テ幕府ヲ倒ス後害アラン吾ガ國體ヲ如何吾ハ神道ヲ基礎トシ儒道ヲ輔翼トセント才谷曰ク今日如此ニテ迚モ事ハ不成ト互ニ議

論ハ釜敷成リタレドモ才谷モ異宗敎ヲ研究シタル事モ無之自分モ神儒ノ道ヲ深ク研究セズ互ニ議論果テス所謂盲人ノ叩合ノ如ク相成其中深更ニ相成候故他日互ニ研究スベシト笑トナリ寢ニ就ケリ

因ニ曰ク才谷ハ策略ヲ以テセントスル不得止ヨリノ談ナリ故ニ或ハ佛法ヲ以テトモ云ヒタリ自分ハ國體上ヨリ神儒ヲ主張ス然レドモ互ニ勤王ノ事ヲ爲サントノ考ナレハ詰ル所種々樣々ト研究セル事ナリ

（佐々木高行日記）

○慶應三年八月下旬カ　（龍馬ヨリ佐々木高行へ）

先西郷大久保越中の事戰爭中◎戰爭中云々ハ水夫殺害一件訊問ノ事チ云フにもかたほにかゝり一向忘れ不申若しや戰死をとげ候とも上許兩人の自手にて唯一度の香花をたむけくれ候得ば必ず成佛致し候こと既に決論の處なり然るに唯今にも引取り可申とて糞をくらへと鎭臺に攻かけ居り候何とぞ今少し〳〵と待つてたべと申來り候間例の座敷をことはり候て皆はねかえり足を空にして

晝寢をし居申候何は兎もあれ他人は他人にして置き西郷、越中守殿の方へは必ずや御使者御賴み申上候是が來らぬと聞けば小弟に限りなげき死に可申候其心中返すぐ\も深く御察し被可遣候かしこ

龍

佐々木將軍陣下

（野島寅猪文書）

○慶應三年八月下旬　（龍馬ヨリ佐々木高行へ）

只今戰爭相すみ候處然るに岩彌（◎岩崎彌太郎）佐榮（◎佐々木榮）兼て御案内の通りに兵機も無之候へば無餘儀敗走に及び候獨り菅（◎菅野覺兵衞）渡邊（◎渡邊剛八）の陣敵軍あへて近寄り能はず唯今一とかけ合はせは仕り候當る所ひらき申候竊に思ふ富國强兵且雄將のはたらき東夷皆イウタンを落し申さんと奉存候

卯九月　　梅　拜

佐々木先生

（野島寅猪文書）

○慶應三年八月下旬　（龍馬ヨリ佐々木高行へ）

私より藤屋の空虚を突可申大兄も其儘ふじやに御もりかへしはいかゞに
候や謹言

即日　　　　　　　　　　　　　　　　　　　　　　　　龍

○慶應三年八月下旬（龍馬ヨリ佐々木高行へ）

先刻御見うけ申候通りに大兄の反したまふより援軍壯士三四輩ときの聲
を出しエイ〳〵と押來り加ふるに女軍吾本陣を打破り其聲雷の如く大兄
此時にもれたまふて地下に吾に何の顏を見せたまふや御心根爲御聞可被
遣候なぜに來りたまはぬや爲御聞拜首

呈　　　　　　　　　　　　　　　　　　　　　　　楳　　　拜首

佐々木將軍　陣下

（佐々木高行日記）

○慶應三年八月下旬（龍馬ヨリ佐々木高行へ）

唯今長府の尼將軍監軍熊野惣助及二人わらわを供し押來りて吾右軍と戰
はんとすかぶら矢の音をびたゝしく既に二階の手すりにをしかゝりたり

別に戰を期せし女軍未來思ふに是れは我がをこたるを待つて虚をつかんとの謀ならんか先づ吾先々の先を以て此方より使をはせ或は自ら兵に將としてをそふてとりことし來らんかとも思へり將軍勇あり義あらば早く來りて一戰し共にこゝろよきを致さん先は卒報如此謹言

唯今　(龍)楳　拜首

佐々木大將軍　陣下

(佐々木高行日記)

〇慶應三年八月下旬　(龍馬ヨリ佐々木高行へ)

今日の擧やあへて私しにをいとなむに非ざるなり則ち天地神明の知る所なり唯大人の病苦をなくさめんことを欲して也相會する面々は女隊にては此段尤密なり西川の二女及胡妓外一人是又有名の一妓其外下之關の老婆今日相會し次第但四時迄の心積なれども九ツ時にも相成らんか使者差出申候間只今より駕を命し且左右調度など御取調可被下候弊館には彈藥大小の砲銃取そろひ有之一度命し候得ば諸將雲の如くに相會す百万の兵馬只意の如くと奉存候誠慙百拜

龍　（佐々木高行日記）

○慶應三年八月下旬（龍馬ヨリ佐々木高行へ）

一參上仕候樣被仰聞候然るに私方にも唯今長府馬關赤間ヶ關在番奉行其余兩人計參居申候（但昨夜出崎仕候由也）商會の取組の事此度は取定度との事なり何か御かまい無之事なれば御手書たまはり度先上件申上候謹言

即報　　　　龍楳　拜

佐々木先生　左右　（佐々木高行日記）

○慶應三年九月三日（尾崎三良ヨリ佐々木高行へ）

拜啓御所勞追々御快方と奉敬賀候然ば坂本龍馬樣何地に御止宿被成候哉何共御面倒の至に候得共此楮末にても御書付被下度奉願候因爲其余ハ可期拜晤如此御座候草々頓首

卯九月三日　　戸田雅樂事　小澤庄次拜　◎尾崎三良ノ變名又戸田雅樂トモ云ヘリ

（佐々木高行日記）

○慶應三年八月下旬頃（佐々木高行ヨリ土佐藩廳重役へ）

土佐へノ書簡左ノ通（原註）コノ書簡日不明ナレド或ハ八月末日カ九月早々ノモノニアラザルカ暫ク疑チ存シテ玆ニ收ム

一筆致啓上候先以

上々樣益御機嫌克恐悅御互に御坐候然ば去る十五日夕方崎陽入港致し否上陸にて荒増模樣承り候處海援隊組等は決して疑敷者無之一同に激し候情態に御坐候何分御國者にては有間敷と何れも申居り候得共素より証跡無之義に付如何共致兼候得共種々の手を盡し頻に探索は爲致申候御國者に無之見通し粗相立候上は先々安心致居候然るに件の横笛船出帆致居中候に付其筋異人より不審相立候趣に御坐候處右出帆の義は段々順序も有之候事と海援隊組より申出候處聯か手順違の筋も有之哉に相聞候得共何れ右之次第に付急々呼返し候樣達て異人より申出候趣を以同十六日松井周助岩崎彌太郎兩人へ鎮台大小鑑察より被仰聞候畢竟僕を御呼立に相成候處少々不勝に罷在御斷申出候處右兩人差出候樣御沙汰に相成候事に御

坐候尤も先達て出帆之節早速呼返し候樣御沙汰に相成急飛を以て呼返し
致し候段彌太郎より申出候處此度は蒸汽船を以呼戻候樣御沙汰に御坐候
然るに梅太郎留守中海援隊惣宰致候渡邊剛八管野覺兵衞兩人其他中嶋作
太郎と申者橫笛船一件の筋は悉皆引受疑を申し晴し候存慮に付何分委敷
相辨居候間橫笛船呼返し候迄日を空敷致候より何分一同に罷出公邊御役
人御列坐英人立會の上にて談判致し候ハゞ可然と詮議致し其段鎭台へ迄
申出今日八ッ時より運上所へ一同罷出大小鑑察鎭台英人等も出會の上に
て談判の筈に約束致し此上是非共橫笛乘組之者共呼返し不申ては疑念共
晴れ不申時は公邊の御船へ誰か爲乘組右橫笛船乘組の者入れ替呼返し候
儀も申出置候委細之義は申取り兼候何れ談判口等は相認め追て差出可申
今日談判之義に付昨日出勤致し平山幷に大小鑑察鎭台列坐にて何角御應
答申述候處殊之外御心配の御模樣にて諸事御丁寧是れは當時公邊の被成
方にて議論を爲致不申樣の御取扱と被察申候

丁卯九月　佐々木三四郎（佐々木高行日記）

○慶應三年九月四日（木戸孝允ヨリ龍馬ヘ）

亂筆御高許

爾後益御壯榮に引繼御高配奉遙察候さて滯崎中は色々蒙御厚意奉多謝候御迷惑之一條◎英國水夫殺害一件チイフ如何御片付に相成候哉早々御濟に相成候邊乍蔭心急個敷奉存候于時御內話相窺候上之方の芝居も近寄とも不仕哉何分にも此度の狂言は大舞台の基を相立候次第に付是非共甘く出かし不申ては不相濟世間旦々役に立候頭取株は不申及旦々舞台の勤り候ものどもは仲間に引込候工風もまた肝要と奉存候何分にも御工風御盡力奉祈候莊村氏之一條如何是もせめては內輪丈にても芝居の趣向を立てつまり外之大芝居之役に立候事六個敷都合に候得者却而內之芝居にて外へ出ぬ丈けも可然と奉存候いづれ外の役は六個敷と奉存候（原註）此は肥後の莊村助右衛門が中原に兵を出す能はざるも藩內の改革は出來ると云ふの意味を示せしものと知るべし　且又乾頭取◎板垣退助之役前此末は最肝要と奉存られ

申候何卒萬端之趣向前に此は乾頭取と西吉座元◎西郷吉之助と得と打合せに相成様手筈きまり居候事尤も急務歟と奉存候此狂言喰ひ違ひ候ては世上の大笑と相成候は元より終に大舞台の崩れは必然と奉存候然る上は芝居は事止みと相成申候御同意に被爲在候はゞ一飛脚にても乾頭取元へ被差越御決定に相成居度御事歟と奉存候是非乾頭取は此後は西吉座元と御同居位にても可然様奉存候御高案如何狂言之始末一定之處甚肝要に奉存候且また大外向◎外國を指す之都合も何卒其御元ヒコ郎◎大山彦太郎中岡愼太郎などと極内得と被仰談置諸事御手筈專要に是また奉存候實に此大外向之よしあしは必ず芝居の成否盛衰に屹と相かゝわり申候乍此上四方八方へ御目を御くばり被成候て御盡力芝居大出來と申處に至り候様御高配乍蔭奉祈念候乾頭取の處も場合に後れては丸々狂言は出來不申は元より實にいか様考え申候ても大舞台は其きりと奉存候則ち義經の早く行てまつことあればいさぎよしおそくていそぐ道は危しとは此の場合歟と愚考仕候于時拜借金大に難

有奉存候近日御地へ差送り申候間急早々御返上可仕候宜く御聞濟可被遣奉願候先は任幸便取敢ず愚考のまゝ申上候御取捨奉願候乍毫末佐々木君初め諸君へ可然御致意奉願候其中時下御自玉第一に奉存候匆々頓首拜

九月四日

尙々此芝居に付ては少しも損の行かぬ御工風被爲在且々役に立候ものは御引込被爲在度乍迂遠奉思候敬白

さいさま　御内拆御火中　　　きと

（田中英光氏文書）

○慶應三年九月六日（龍馬ヨリ佐々木高行へ）

御書拜見仕候明日西役所へ云々の由早々參上の筈に候得共蒸氣船借入且手銃千挺取入申候て早々出帆と決心仕候に付通辨者其外人數をそろへ異館へ參候所なり今宵彼方より歸り次第御旅宿まて參上仕候謹言

九月六日　　　楳

拜

佐々木先生

左右　　（佐々木高行日記）

○慶應三年九月十日（由比猪内ヨリ佐々木高行へ）

貴札相達拜見致候先以　上々樣御機嫌宜恐悦御同意奉存候然ば去十五日御首尾能く御著崎の由誠に御病中別て御苦勞と奉存候横笛船も拔掛て居合不申御心配の義奉察候是ハ公邊の手拔と吾役手にも落度有之歟過日の樣子にては既に乘組中兩人計名前も相分不審有之赴に付屹度取締付可居筈と相心得居申候處如何の事ニ候哉合點參り不申拔掛と申樣に相成候はゞ益疑念を受實に公然たる事に不相成不工面千万と相察申候如何海援隊中には疑もなく其中に横笛の事情相心得候者有之倶に御談判被成候御都合之由理解相調候へは子細無之候得共何分横笛を呼返不申ては相濟申間敷と被存候其後の義時々御掛合被下度於御國も此以後又々「ミニストル」なと出掛候も難計其節始末手續を相聞居不申候ては應對に難澁致可申候と

心配に御坐候先達てより大洲之方へ探索に差遣有之處未だ歸り不申候最早不日に歸り模樣相分り候得ば直樣相達可申候於御國も是の心配は致候旨「サトー」へ御傳へ置相成度候象二郎も去月廿五日乘船致候處折柄天氣あしく南海大波立に付出帆不相調三四日滯船にて卅日頃に出帆致候故疾く著坂に致り可申候夫より最早出京大事件の事始めに至り可申哉と被存候左候時は不遠出崎の事に可相至と相察候然るに京師も模樣違にて宇和島公も御歸國薩公も大坂迄御引取是は御水氣に付御養生のためと申事や原市之進も被切候よし種々變動も有之候得共高知之處は先相更候義無之由に候格別御掛合可申候事件も不相聞に付追々可申進候

一大極丸殺害一件六ヶ敷なり町奉行とやらの手に扱になり終に下手人とかは出奔させ船は長崎へ乘込せたると藤次より申來り委細の事情不相分出奔させたるは却て疑念を受るの一端になるべきかと小子抔は却て氣遣候方に御坐候船相廻候後は委細御承知も可相成と存候何分公邊よりも浪

士へ目の付候時節に付海陸援隊を始め其余帆船乗組の者共取締且唱方等
尤用心すべきことゝ存候追々取扱がたきことに不至ば宜と相氣遣候事に
御坐候他藩の出奔者等を近付置候義尤不工面之筋に付於其御地も御心配
の廉可有之哉と相察申候申迄も無之都合能御取計被成度候
一御國政府も先相變義無之種々世上之物議有之候得共先其儘動搖之氣遣
は無之候出京も大鑑察は神山と決し既に被命候御留守居は寺田典膳に御
坐候是も些異論を所持したり白川入りの浪士など尤世上より論あり高は
腹のはりかねたること故万々不工合なり御察可被成象二郎など參り候得
ば又能き策も出可申哉と被存候幽囚も漸々御免しに相成り候別條無之に
付先閣筆申候追々之御左右相待申候委細御掛合可被下候以上
卯九月十日認　　由比猪內
佐々木三四郎様
尚々時候御厭可被成候小子も無異ニ相勤申候此節大つき御察早く御切

リ上ゲ御歸國待兼申候

因ニ云フ白川入浪士云々ハ當七月對州人立花某ヲ下宿ニテ幕ヨリ捕縛セリ依ツテ幕ヨリ嫌疑アル者ハ市中下宿不安心トテ石川誠之助ノ請求ニヨリ石川ヲ頭取トシテ浪士ヲ土佐ノ下屋鋪ノ白川ヘ廻シタリコノ事僕尤預ル大鑑察故也由比モ參政ニテ預レリ然ルニ藩ニテ異論頻ニアリタル也　（佐々木高行日記）

○慶應三年九月十一日（高知藩人於長崎外人刄傷ノ件）

九月十一日　早天ヨリ昨日評議セル書取爲致候處商會ヨリ山崎直之進アハタヾ敷來リ曰ク今朝諏訪神祭ニ付下代島村雄二郎田所安吾兩人波戸場ヘ神輿ヲ見物ニ罷越候途中外國人兩人ト取遣リ致シ遂ニ雄二郎ヨリ兩外國人ヘ疵ヲ付ケ候右外國人ハ米一人「ジョージアンデルソン」英一人「エドワードワルレン」ノ趣相分候夫ニ付商會ニテ評議致候處穩密に致し早々雄二郎安吾ハ歸國爲致候樣仕度此段御屆仕トノ事ナリ依ツテ其席ニ居合セタル者種々ノ議論起リ岡

内俊太郎ハ日本刀ヲ帶ビ候以上ハ右外人ヘ申込打果タサセ可申トカ身立チ或ハ其ニ同意モアリ又ハ穩ノ處置スト云フアリ商會ヨリハ岩崎彌太郎初メ是非跡ヲ隱シ候樣致シ度ト頻ニ申出デ議論紛々其中才谷ト相談ヲ篤ト致シ是迄英人暗殺ニ付嫌疑相晴レ候場合此度ノ義隱シ置キ他ヨリ露顯致候時ハ前日ヘモ立戾リ如何樣ノ難事引起シ候モ難計畢竟今日ノ事ハ彼レ暴ナレバ公然屆出候方可然ト決斷シ商會ノ大不服ヲ叩キ伏セ漸ク四ツ時頃西役所ヘ屆出ル又米英領事館ヘハ由比畦三郎ヲ以テ通知ス奉行大ニ悅ビ過刻來英米領事ヨリ嚴敷掛合有之候ニ付探索ニ百方手ヲ出シ候場合公然御屆出有之實ニ安心致候畢竟彼レ暴動ニテ此方ハ十分條理有之候事ニ付談判モ致シ安ク若シ隱シ置キ後日露顯致候ハヾ假令吾レニ條理有之モ其隱シタル處不條理ニ相成甚ダ困難ト存候場合滿足ノ至トノ事ナリ又英領事モ殊之外相悅ビ是レ迄貴國人外國人ヲ害シ候時イツモ隱レ逃ゲ候事ニテ吾國人初メ外國人一般甚タ感觸惡敷候處此度ノ如ク公然御通知有

之候事兩國交際上尤モ親密ノ印ニ有之十分取調可申ト答ヘ候由比畦三郎歸リテノ話

一長崎奉行宛ニ差出候扣(坂本龍馬草案)左ノ如シ(十日參照)

於丸山此度英人殺傷ノ義ニ付　上樣御書ヲ以テ御名ヘ被遣則平山圖書頭戸川伊豆守設樂岩次郎御來國ニ相成其節英國軍艦モ渡來仕候御調ニ相成猶於此地屢々御談判席ニ相加リ今日ニ至リ漸ク嫌疑相晴一同安心罷在候然ルニ此儀ハ英人等道路雜說ヲ聞取疑念ノ筋申上候ヨリ上件ニ立至リ候得共何等ノ証跡モ無之義ニ御坐候向後外國人横死致候節モ自然弊國ニ嫌疑相成候テ度々前件ノ御取扱ニ相成候テハ弊藩頑固々陋ノ人心深ク心痛仕候何卒此度ノ義ハ斯ク迄重大ノ御取扱ニ相成候上ハ御名ヲ始國中人民ニ於テモ一同可奉感服候樣御沙汰被仰付度奉願候

右之趣宜樣〔磨滅〕以上

九月　日

(○龍馬右ノ如ク草案シテ其終リニ)

認オハリテ枕邊ニオシヤル頃門守ル犬ノ聲ニサ夜フカフ覺ヘ鳥ノコ

エノコ、カシコニキコユルハ寅ノ針ハ卯ヲサスニチカ、ランカ

（佐々木高行日記）

○慶應三年九月十三日（龍馬歸藩ト小銃輸送ノ件）

九月十三日今日モ對決ノ筈ノ處延引ト相成リタリ

長崎ノ景況等報知ノタメ近日岡内俊太郎歸國候筈才谷梅太郎モ同船ニテ上京且ツ内密御國ヘ立寄ル筈ナリ夫レニ付キ英形ミネール銃千挺相求メ廻ス筈右代金無之手附トシテ五千圓渡ス此金ハ才谷周旋ニテ薩摩邸ヨリ上國ヘ爲替金ヲ借リ受ケ大坂ニテ返弁之筈ニテ自分ト才谷兩人ニテ証文入レ借受ケタリ小銃買入ノ周旋ハ陸奥陽之助ナリ高千二百挺ノ内二百挺ハ陸奥ヘ讓リ渡ス筈也

（佐々木高行日記）

○慶應三年九月十八日（龍馬ヨリ佐々木高行ヘ）

御目にかけ置候木圭より私に參り候手紙長文の方◎此月四日付亂筆御高許云々ヲ云フ　此者に御つかはし奉願候謹言

九月十八日　　龍　拜首

佐々木三四郎樣

左右

(佐々木高行日記)

○慶應三年九月中旬カ　(海援隊ト田邊藩ト商事契約)

今度丹後國田邊藩と商法取結ひ之事ハ當秋八月比其藩士松本檢吾より我か隊士菅野渡邊陸奥等ニ示談ニ及ベリ夫ニ依て互ニ條約取替たる文言

條約

一今般貴藩と商法御取組致候上は以後永續して互ニ平等公道を守り信實ニ取計ひ可致候ニ付左之條目を相定候

一貴藩御產物長崎へ御出ニ相成候節ハ賣捌等此方屋鋪にて一切引請御世話可申候若又品物ニ付時價不當之品有之候ハヽ其品物代價に應し世界定則之步割金を指出置直段引合之上惣會計を相立可申候

一貴藩御産物御仕入ニ付金子御入用之節ハ此方ニ於て御相談可申候尤も品物長崎へ到著之上ニて會計相立可申候

一貴藩より御産物御運送ニ相成候へは此方ニ而商船等御用立可申候

一二丹州幷但若兩國之産物等此方に買入致度節ハ御隣國之譯を以貴藩より御世話被成下度候

一貴藩ニ於て西洋器械及ひ諸品物等御入用之節ハ此方兼て取引之洋人より買入可指出候

右之通リ互ニ相守違背有之間鋪仍而定約如件

慶應三年　　　　　　　　松平土佐守内

卯九月　　　　　　　　　　才谷

牧野備前守樣御内

松本――殿

右之通リ我か隊ゟハ條約を出し又松本ゟ假定約を請取る其文言左ニ相

記候

條約

一今般貴藩と商方御取組致候上ハ向後永續して互ニ平等公道を守り信實ニ取計可致候ニ付左之條目相定候

一弊藩産物長崎へ差出候節ハ賣捌等貴藩御屋鋪ニ而一切御引請御世話被下度候自然品物時價不當之品有之候ハヽ其品物代價ニ應し世界定則之歩割金御差出置被下直段引合之上惣會計相立可申候

一弊藩産物仕入ニ付金子入用之節ハ貴藩ニ而御相談被下度候尤も品物長崎に著之上ニて惣會計相立可申候

一弊藩ゟ産物運送仕候節ハ貴藩御商舶御貸被下度候

一二丹刕幷但若兩國之産物貴藩ニ而御買入其外弊藩ニ而周旋可致候義ハ一切引請御世話可致候

一弊藩ニ而西洋器械及び諸品入用之節ハ貴藩兼而御取引之洋人ゟ御周旋

被下度候

右之通リ互ニ相守違背有之間敷依之定約如件

牧野備前守內

松本檢吾

書判

松平士——

才谷——殿

如右互ニ取替たるニ付條約之通リ產物仕入金を松本ニ渡スヿを約し先ツ長崎にて金子五百兩相渡し猶殘リ金之處ハ大坂ニて相渡し候筈依て松本ゟ請取證書を取る左ニ記す

證書

一金五百兩也

右は此度商方御取組相賴候ニ付產物仕入金之內借用仕候處實正也然

ル上ハ大坂表ニ於て御融通ニ相成候分と共ニ十一月中旬迄ニ產物長崎表へ指出し御返金可仕候條明白ニ御坐候爲後日證文仍而如件

丁卯九月十四日　　牧野――內

松本――印

松平土――

才――樣

同月十八日藝州蒸氣震天丸借受け此之條約を結ふ爲ニ菅谷眞三陸奥陽之助田邊藩士松本檢吾同伴して長崎出帆し丹後ニ趣く

同月廿日長州下之關ニ著す此處ニ於て無余義仕義有之震天丸ハ直樣土佐ニ相廻り菅谷陸奥松本外ニ兩人商人壹人下僕壹人別ニ早船仕立大坂ニ出帆す

○慶應三年九月十四日（蘭商ハツトマンヨリ小銃買入ノ件）

丁卯九月十四日蘭商ハツトマンと條約ライフル一千三百挺買入之事を談す尤も四千兩入置余分ハ當日後九十日ニ拂渡す筈

同月十五日左之條約書及ひ金子四千兩持參陸奥陽之助及ヒ請人鋏屋與一郎廣世屋丈吉其外商人三四人通事末永鄭太郎同道ニて出嶋ハツトマン商會ニ至リ昨日約束之通リライフルを請取る事談じ直ニ引替たり其節ハツトマン商會よりライフル目錄書付幷品位請合書を出せり末永氏翻譯書も相添へり

此間種々混じたる事あり

ハツトマンニ出せる證文左ニ記す

證文之事

一ライフル　千三百丁

但し九十日延拂之事

代價壹万八千八百七拾五兩

內　金四千兩入

又　金三百六十兩九十日分歩引

差引殘り
金壹万四千四百九十兩
右ハ今般入用ニ付其許より買請候處實正也九十日限り皆納可申候以上
――三年　松平土佐守内
九月十四日　才谷梅太郎印
ハットマン商社
前書之通り相違無御座候若萬一延引及ひ候節ハ我等より相辨可申候
爲其請印仕候以上
廣瀬や丈吉印
鋏屋與一郎印

○慶應三年九月中旬（藤安喜左衞門ヨリ金五千兩借入ノ件）
一卯九月中旬長崎商人八幡屋兵右衞門を以て薩州藤安喜左衞門へ大坂爲替金五千兩を相談す則ち才谷梅太郎借主にして佐々木三四郎奧印す其

始末左ニ記す
一金四千兩
右ハハツトマンヘライフル代價之內ヘ拂入
一金一千兩
內五百兩　田邊藩松本檢吾ニ相渡す證書別ニ有之候
又金貳百兩　長崎ニ於てハ隊長才谷梅太郎へ相渡す
又金百五拾兩　長崎ニ於て口入料として菅谷吉田ゟ八幡や兵右衞門ニ遣すト云
又金百五拾兩　菅谷陸奧兩人上坂之入用持參細記は別ニ有之但シ此內ゟ末永幷商人謝義等相遣置且積舟入用も相籠リ居候
○慶應三年九月下旬（鋏屋廣瀨屋ニ小銃百挺預入ノ件）
一才谷梅太郎か取入候ライフル千三百丁之內百挺丈け長崎商人鋏屋與一郎廣せ屋丈吉兩人ニ相預リ置候始末

覺

一先日才谷梅太郎買主を以て蘭人ハツトマン商社ゟ取入候一千三百丁之ライフル銃之內百挺丈其許御兩人へ御任セ申候間惣金拂入之期間迄可然御取捌被下度候爲念證書仍而如件

年號　　　　　　　　陸奥源二郎　印

月日　　　　　　　　菅野　　　無印
　　　　　　　　　　但し此節不居合故ニ印形無之候

鋏や與一郎殿

廣瀨や丈吉殿

右之通り相渡し又鋏屋廣瀨屋兩人ゟ預り一札を取る

（以上四件海援隊商事秘記）

○慶應三年九月十九、廿一、廿三日（龍馬ヨリ岡內俊太郎へ）

參上仕何か御咄可仕筈ニ御座候得共なにふん氣もちあしくよわり居申候

然ルニ拜面度事も有之候得は御ひま御座候へハ御出可被下候萬々拜頭〔額カ〕謹言

(丁卯)廿三日　龍

佐々木三四郎樣御同宿

岡内俊太郎樣　楳　拜首

同人狀

彼長の船は廿三日出航ニ相成候よし其心積奉願候

(丁卯九月)廿一日　龍

佐々木三四郎樣御同宿

岳内俊太郎樣　楳　拜

同人狀

皆樣御集ニ相成候得は中島作太郎方迄つかい御こし被遣度奉願候以上

(丁卯九月)十九日　龍

或ハ八月

俊太郎先生　　　　　　楳太郎

左右　　　　　　　（瑞山會文書）

○慶應三年九月廿日（龍馬ヨリ木戸孝允へ）

一筆啓上仕候然ニ先日之御書中大芝居之一件兼テ存居候所トヤ實ニオモシロク能相ワカリ申候間彌憤發可仕奉存候其後於長崎モ上國之事種々心ニカヽリ候内少々存付候旨モ有之候ヨリ私シ一身之存付ニテ手銃一千挺買求藝州蒸汽船ヲカリ入本國ニツミ廻サント今日下ノ關マテ參候所不計モ伊藤兄上國ヨリ御カヘリ被成御目カヽリ候テ薩士及云々且大久保カ使者ニ來リシ事迄承リ申候ヨリ急ニ本國ヲスクワン事ヲ欲シ此所ニ止リ拜顔ヲ希フニヒマナク殘念出帆仕候」小弟思フニ是ヨリカヘリ乾退助ニ引合置キ夫ヨリ上國ニ出候テ後藤庄次郎ヲ國ニカヘスカ又ハ長崎ヘ出スカニ可仕ト存申候」先生之方ニハ御ヤクシ申上候時勢云々之認モノ御出來ニ相成居申候ハヽント奉存候其上此頃之上國之論ハ先生ニ御直ニウカヽヒ候得

ハハタシテ小弟之愚論モ同一カトモ奉存候得トモ何共筆ニハ盡カネ申候彼是之所ヲ以心中御察可被遣候猶後日之時ヲ期シ候誠恐謹言

九月二十日　龍馬

木圭先生

左右

（木戸家文書、瑞山會文書ニ據ル）

○慶應三年九月廿二日（伊藤博文ヨリ木戸孝允ヘ）

屢賜尊簡幾重忝拜讀仕候引續御苦慮被爲在候御事奉想像候藝當奮發決心之段イカニモ感服スヘキ事ニ御座候我藩今日不可免之地ニ立テスラ異議多中ニ彼藩速ニ去就ヲ決順ヲ蹈候義偏我藩之大幸而已ナラス天朝之一大幸不過之事ニテ一入奮激力ヲ出サズテハ不相叶場合ニ可有御座奉存候私儀モ兩三日中出足出崎可仕相決居申候此度被仰越候船一條奉拜諾候バン之事モ同樣ニ相心得居申候ニ付御安心可被思召候奪艦之一條ハ兼テ大山格之助トモ相談置候事ニテ都合次第人數ハ鹿兒島黑田嘉右衛

門迄申遣候ヘハ早速出崎仕ラセ候樣重々相約置申候兎角相試可申奉存候薩ニモ別ニ軍艦一艘崎陽ニテ相求度ニ付國元ヨリ一人出崎セシメ候ニ付於彼地談合世話仕呉候樣大久保ヨリ申事ニ御座候乍此上爲邦家御盡力此秋ト奉禱候貴酬匆々拜復

二十二日朝　　宇　生

尙々坂龍今以滯關今日當リハ定テ出帆ト奉存候（◎龍馬藝藩ノ震天丸ニ乘ジ九月廿日馬關ニ寄港ス）兼テ崎陽ニ於テ御談合之我公論ヲ遍外國人ヘ示之一條草按相調居候ヘハ頂戴仕度頻ニ渴望仕居候御調相成候ヘハ京攝間迄龍ヘ御當御送可被爲在候別紙ハ昨夜相認置ニ付差添拜呈仕候拜具

木戶盟臺

執事

（侯爵木戶家文書、瑞山會文書ニ據ル）

○慶應三年九月二十四日　（龍馬ヨリ齋藤利行ヘ）

渡邊先生

左右

一筆啓上仕候

然ニ此度云々の念在之手銃一千挺藝州蒸汽船に積込候て浦戸に相廻申候參かけ下ノ關に立より申候所京師の急報在之候所中々さしせまり候勢一變動在之候も今月末より來月初のよふ相聞へ申候二十六日頃は薩州の兵は二大隊上京其節長州人數も上坂是も三大隊計かとも被存候との約定相成申候小弟下ノ關居の日薩大久保一藏長ニ使者ニ來り同國の蒸汽船を以て本國に歸り申候御國の勢はいかに御座候や又後藤參政はいかゞに候や京師の周旋くち下關にてうけたまわり實に苦心に御座候乾氏はいかゞに候や早々拜顔の上萬情申述度一刻を爭て奉急報候謹言

九月廿四日　　坂本龍馬

（桑名素男氏藏）

○慶應三年十月二日（中村官兵衛ヨリ吉岡昌太郎ヘ）

中村官兵衛

要用

〆
十月四日
以村遣急便

山内掃部様御中
吉岡昌太郎様
甲浦御在番

微冷相催候於其御表御起居御清榮ニ可被成御入奉大賀候野生義同樣消光仕候乍憚御休意可被下候御出足の頃ゟ御耳ニ可入程の事も無之候故今迄御無音仕候もし事有之候ハヽ御報可申御約束忘却ニ而は無御坐候御在番所ニ而も定而時態御承知も可被成薩藩決心ニ而上京義旗を揚け候事必然ニ候誠ニ幕の姦惡黑白漸く人心ニ盈通いたし候樣子ニ御座候薩の心中難計候得共兵を揚け候名目正議ニ付先助けて事を成さしめもし後日薩の私姦相顯れ候ハヽ卽時ニ征伐可致事かと存申候然るに幕府も増々姦惡增長

ニ而少しも悔悟の色相見へ不申外ハ佛國《フランス》ニ結び内ハ會。桑。熊本。尾。紀等ニこ
びて已ニ九州探題の任ヲ以熊本侯ニはまセ熊落もまた甘して此を受る又
佛の本國ゟ使節を發して彼の兵を起し土薩長の三藩を討つの密策を廻し
此が爲に一橋の末弟某丸を佛ゟ人質ニ渡し又彦根藩をもとの如く三十餘
萬石ニして淀城ニうつし會津藩の封をまして彦根ゟうつし伏見与嵯峨ゟ
大城ヲ築き幕兵を籠めおき諸侯の京師警衛をことごとくのぞき幕ゟ京師
を守る事ニなし口ニハ諸侯を休め國々の兵備を足らしめ候策と申となへ
又公家因循之人々ゟハ大内裡造營を以人心を收め心中ニハ京師を手籠め
ニして征伐開港の勅旨綸命を思ふまゝに出さんとす其姦謀誠ニ可惡此所
を知る藩ハ至而少く又知而此をうれへ此を防かんとするものハ纔ニ薩長
或ハ藝或ハ土位の事ニ候得共實ニ天下ニ義兵を擧んものハ薩長二藩のミ
今日之勢議論周旋ニ而ハ天下の事迚も不被行征伐誅戮ニあらずハ何を以
天下之大義を明かにし皇國の國基を立んや就而再報之延引は今迄無事之

故と御推察可被下候九月十六日之貴簡御心事察入申候然ニ國論一旦地ニ落ち已ニ大橋參政不戰辨論之國論を以上京之處京師之勢ひ薩長藝及ひ諸藩之論頗る果斷ニ出而大橋の所唱ハ發端も出來不申他藩ゟハ都而取り合不申ニ付如何とも不相成趣自得之事といふべし乍併此ニ而ハ國事益難澁之處崎陽ゟ藝の船一艘四五日前來港坂本龍馬等此ニのり來りて前件之處及ひ薩長藝の三藩彌兵をくり出し戰期增々迫り候段官府ニ報スるニより政府大ニ驚悔して國論大ニ挽回し不日ニ兵を京師ニ出し天下の大義を踏んとす則昨日中島町參政參政ヲ以大隊司令士ニ命セられ追々兵制相立候間今十日位ニハ出軍の事相行われ可申候今日之勢ニ而ハ先國事も上策ニ出んと欲スるの態狀ニ御座候上下有志の者も大半ハ兵伍ニ入て出るヿを得る勢ひ也吾兄願くハ少しく眉をひらくべし付而は不再來の機會ニ候間僕も何卒して上京いたし度日夜苦心仕候御推察可被下候吾兄も不日ニ出府して僕か身の上をも談し兄の身の上をも聞て共ニ同心の周旋せんヿ企

是以待日夜東望餘事不能盡請察矣
十月二燈下　　官　拜
吉　昌兄　案下
（瑞山會文書）

○慶應三年十月三日（大政返上ニ關ス建白）

誠惶誠恐謹で建言仕候天下憂世の士口を噤して言はざるに到候は誠に可懼の時に候朝廷幕府公卿諸侯旨趣に違へるの狀あるに似たり誠可懼の事に候此懼は我の大患にして彼の大幸也彼の策於是乎成矣と可謂候此の如き事態に陷り候は其責畢竟誰に可歸哉併し既往の是非曲直を喋々辯難すとも何の益かあらむ唯願くは大活眼大英斷を以て天下萬民と共に一心協力公明正大の道理に歸し萬世に亘つて不恥萬國に臨て不愧の大根柢を建てざるべからず此旨趣前月上京の砌に追々建言仕候心得に御座候得共何分阻障の筋のみ有之其內不計も舊疾再發仕不得止歸國仕候以來起居動作と雖も不隨意候事に成至再上の儀は暫時相調不申候は誠に殘憾の次第

にて只管此事のみ日夜焦心苦思罷在候因て愚慮の趣一々家來共を以て言上仕候唯幾重にも公明正大の道理に歸し天下万民と共に皇國數百年の國體を一變し至誠を以て万國に接し王政復古の業を建てざるべからざるの大機會と奉存候猶又別紙得度御細覽被仰付度懇々の至情難默止泣血流涕の至に不堪候

卯九月　　　　松平容堂

從來儒臣松岡毅軒(七助)ノ容堂ノ命ヲ受ケテ立稿スル所ナリト云フ別掲長岡謙吉ノ書翰ニ據ル時ハ謙吉ノ立案セルモノヽ如シ想フニ謙吉ノ初稿ヲ毅軒ノ潤色セルモノカ　編纂者識

別紙　◎長岡謙吉等ノ手ニヨリ數次刪潤セラレタルモ其要領ハ龍馬ノ八策ニ基キ庠序學校云々ノ外更ニ增減スル所ナシ　編纂者識

宇內の形勢古今の得失を鑑み誠惶頓首再拜伏惟皇國興復の基業を建てむと欲せば國体を一定し政度を一新し王政復古萬國萬世に恥かしからざる者を以て本旨とすべし奸を除き良を擧げ寛恕の政を施行し朝幕諸侯齊しく此大基本に注意するを以て方今の急務と奉存候前月四藩上京仕一ニ獻

言の次第も有之容堂儀は病症によりて歸國仕候以來猶又篤と熟考仕候に實に不容易時体にて安危の決今日に有之哉に愚考仕候因つて早速再上仕左の次第一々乍不及建言候志願に御座候處今に於て病症難澁仕不得止微賤の私共を以て愚存の趣乍恐言上仕候

一天下の大政を議定する全權は朝廷に在り乃我皇國の制度法則一切万機必ず京師の議政所より可出

一議政所上下を分ち議事官は上公卿より下陪臣庶民に至迄公明純良の士を選擧すべし

一庠序學校を都會の地に設け長幼の序を分ち學術技藝を敎導せざるべからず

一一切外蕃と規約は兵庫港に於て新に朝廷の大臣と諸藩相議し道理明確の新條約を結び誠實の商法を行ひ信義を外蕃に失せざるを以て主要とすべし

一海陸軍備は一大主要とす軍局を京攝の間に築造し朝廷守衛の親兵とし世界に無比類兵隊と爲さむ事を要す

一中古以來政刑武門に出づ洋艦來港以來天下紛紜國家多難於是政權稍動く是自然の勢也今日に至て古來の舊弊を改新し枝葉に馳せず小條理に不止大根基を建つるを以て主要とす

一朝廷の制度法則從來の律例ありと雖も方今の時勢に參合して或は當然ならざる者あり宜しく其弊風を除き一新改革して地球上に獨立するの國本を立つべし

一議事の士大夫は私心を去り公平に基き術策を不設正直を旨とし既往の是非曲直を不問一新更始今後の事を視るを要す言論多く實功少き通弊を不可踏

右の條目恐らくは當今の急務内外各般の至急是を捨て他に求むる事有間敷と奉存候然則職に當る者成敗利鈍を不顧一心協力万世に亘て

貫徹候樣有之度若或は從來の事件を執し辯難抗論朝幕諸侯互に相爭の意あるは尤不可然是則容堂の志願に御座候因て愚昧不才を不顧大意建言仕候に付乍恐是等の次第空しく御聽捨に相成候ては天下の爲に殘懷不鮮候猶又此上寛仁の御趣意を以て微賤の私共に御座候得共御親問被仰付度奉懇願候

松平土佐守家來
神山佐多衞
福岡藤次
寺村左膳
後藤象二郎

（土佐藩政錄）

○慶應三年十月日（長岡謙吉ヨリ小嶋龜十郎足立行藏へ）

（前略）純正平生の閑文字も這回建白二書を草案し遂に大樹公謝表中政刑を擧げて朝廷に歸還する草案を起すに至りしは存じ掛もなき事にて此筆

從に風月を罵るの具にあらず候建白書は世界万國へ公布する事になるかも計り難く關係甚だ大矣にて候今三四十日は天機未發に候間伯父様も行藏兄も密に御細覽可賜候恐惶不備

慶應三丁卯十月　　　海援隊文士　長岡謙吉

伯　父様

行　藏様

○慶應三年十月三日（佐々木高行ヨリ高知藩重役ヘ）

一筆致啓上候然ば此頃都て京師之形勢相違不申萬一事起り候事機に至り候ては當地にても夫れ丈の處置有之譯に候〇中略

一横笛船出帆之取扱之儀ニ付彌太郎初海援隊の者共一先歸國可致之趣の沙汰に相成候儀は委細坂本龍馬事梅太郎より御聞取被成御國許へも相報し候得共未だ何等の報無之長々只今の振合にては取扱に難澁致候に付急

々幕府にて御所置相付け候樣御周旋相成る丈御盡力被下度將又越前人渡邊剛八佐々木榮も矢張土州藩之取扱に相成候に付京師に於て越前藩へ彼是御引合置被下度是又梅太郎より御聞取可被成と相察し候間格別不申述候萬一梅太郎著京に不相成候はゞ喜之助より御聞取被成度事○中略

十月十三日

(寺村)左　膳樣(後日野春草と改む)

(眞邊)榮　三　郎樣

(後藤)象　二　郎樣

(福岡)藤　　次樣

(佐々木高行日記)

○慶應三年十月四日　(岡内重俊ヨリ佐々木高行へ)

高知より一書拜呈仕候愈御安泰被爲在奉慶賀候扨ハ私儀長崎港出帆以來風順惡しく處々滯泊漸く九月廿日下ノ關著港仕不取敢才谷梅太郎中島作太郎私同伴上陸折柄才谷之妻同所東本陣東本陣は長藩之一之官廳ニ御座候ニ差置き御坐候

故種々用事も有之趣にて才谷は同所に滯留いたし私は中島と共に宿屋に止宿仕此處より陸奥源次郎菅野覺兵衛は直に京師を差して出達仕兼て長崎より持參居候小銃の中貳百挺計りを兩人へ相渡し京師に事ある時の用意に充て申候扨此の小銃の事に關し茲に必死盡力仕其事を遂げずては不相成時宜に相成申候兼て長崎出帆の際にも種々御苦慮も被爲在又其節より私共も苦心仕候此小銃の一事にて愈御國元に於て之を容るゝ處と相成候はゞ幸と若し俗論派のため拒まれ之を採らざる事に相成候はゞ實に不安次第と可相成實は此小銃を携へ居り本藩に持行き大ニ爲さんと欲する處ある事情を才谷より下ノ關に詰合せし長藩人伊藤俊介にいさい打明け談話いたし候處伊藤云土佐に持行き若し土佐因循にして之を用る事を爲さゞる時ハ又下ノ關に引戻し持歸るべし長藩に於て之を用る事に計ふ可しと云はれ候我々土藩の者何の面目あつて再び長藩人に見へん此一事最早成否如何によりては最後の一決を行ふの外無之と才谷倶々談論仕候是

非此事は一死を期して盡す可くと誓ひ御國元へ著之上の方策を講じ如何の事に成行き又如何樣の儀あるも再び長藩に持歸る事を成さゞるべしと決し申候扨又玆に愈薩長の一致協合固く實に愉快なる事に相成申候其下ノ關著港の際一の蒸氣船煙を揚げて東を差して進行するを見る此事如何何歟確たる事も候はん早速に探り見んと才谷も大にあせり探索候處才谷聞來り密話ニ出帆の船は薩船にて薩藩大久保市藏下ノ關に來り長藩との打合せも出來薩兵は追々小倉の地に繰出し長藩幷末藩岩國長府淸末等の兵は下ノ關に集め京師の事に應ずる打合せ濟み了て出帆せし事なる由にて實に此事を聞く哉心事不易御國元藩論未だ双派に別れ一決せず其時薩長は最早一致我本藩因循最早一日も油斷不相成速ニ土佐に歸り大に此等の事情を陳べ是非薩長と事を合する外無之速に土佐に行かんと決し急ぎ下ノ關出帆の用意を爲し才谷梅太郎中島作太郎私外に長崎より連れ居候大宰府より出達三條卿の内命を受けて本藩船に依賴し京師に出んとする

戸田雅樂を同伴し外に薩人長崎留守居方の内一人（實は小銃の事にて金策の都合を賴み爲替金に關係する人に御坐候）大坂行の者をも同伴其他二三の者に便船を與へ乘せ下ノ關出帆十月二日浦戸港に著し藩論の成行き聞き合せ見候處愈二派に分れ双方共中々激烈にて却て始め私共御國元出の時より烈しく同志の方も中々憤發いたし居り又俗論も撓まず候有樣にて此時御國許へ參り候才谷梅太郎も坂本龍馬なる事又中島作太郎も當時脫藩の身又太宰府より參り候戸田雅樂等を同行仕候事も秘密となし何れも一旅人に裝ひ秘し置かずては却て事の破れと可相成正義派の爲の得策に非ずと考へ先づ差向坂本龍馬を始め一旅人と爲して種崎浦に隱し置き夫より種々龍馬等と謀議の上差向き兼て長崎出達の際龍馬より其當時竊に長崎に參り合せ居たる長藩木戸準一郎に薩長間の事情又將來爲さんとする處の方策に付一之芝居に組立其者等に薩の西鄉吉之助を始め土佐人をも其者となすの組合せたる手紙を書き貰ひ此手紙に龍馬より添へ手紙を認め是を渡邊彌久馬殿に宛て届んた

め一封と爲し之を私携へ彌久馬殿御宅へ參り種々今般の事情又薩長一致協力大に爲さんとする大勢を御内話仕り又同樣に本山只一郎殿の御宅へ參り種々申上げ兎に角方今の大勢非常の時故極密々竊に坂本龍馬に御逢被仰付度段申上不容易時勢精しく御直に御聞取被仰付度と申上實に天下の大事今日に迫れりと種々申上候處御兩所大に憤發御聞取り御決心に相成り其場所又出會場所ハ松ヶ端《ハナ》の某茶店時刻は夜六ッ時と定め私兩所へ申上候翌日に取極めたより私は坂本の種崎の宿に參り委細打合せ坂本同伴にて約の如く夜六ッ時を期し坂本と私兩人丈けにて此時は中島は不參候御出會の御方ハ渡邊彌久馬殿本山只一郎殿外に森權次殿加り來られ候其より種々坂本より申上げ大に時勢の大體を御看破に相成り實に薩長と同心協力盡さずんばある可からずと云はれ夫より小銃の事も無論に受取候事に可致との御決論は運ばすともかくも今夜切りにては事盡せす夜も更け此の後の出會は吸江の寺にすれば宜敷ならんとの御評決に相成り其

寺にて御出會申上ん事に決し申候扨珍敷御三所より白酒を御持せに相成坂本も數年振にて土佐の白酒を飮み大に舊を懷ひ快談時を移し更けて別れ申候是より其後の出會は吸江の寺にて一二度御密話にて頗る好き運と相成り長崎御苦慮被爲在候小銃の一事も見事に相運兼て代價の立替へを致し貰ひ候其人も連れ參り彼の薩人（大坂ニ行ク爲替掛リ）へも金渡し出來又長藩伊藤俊介等へも再び面會する事も出來御國のため實に可賀事に立至り候間返す〳〵も御安心被仰付度候樣奉申上候扨彼の長崎滯在中石田英吉と私と倶に佐々木榮を呼んため薩州へ參り候時出達の際私へ龍馬よりの心付に依り薩藩に於て作り居る貳歩金の模樣仕上り品を探り取來り薩藩同樣之を本藩に於ても作らずては事を發したる時差支へを生ぜん本藩に獻策して薩の方法に習度との一事ハ私より献言試み候處之れは其細工職方に付中々六ケ敷譯合も御座候故追て其方法の詮議に及ぶ可きとの事にて此一事相運ばず併し今度何とか軍用金調達は肝心に付捨置かず御詮議は被

爲在樣の御運びに御座候扨兩三度の御逢以來段々好き方に御運びには被爲在候得共茲に重大なる御一難の御事御座候て種々御苦慮御坐候樣の御次第にて其御事柄を能く〳〵伺上候得ば御隱居樣思召には兵を用る事は御好不被爲遊事ゟ御建言を爲すの策を御採り被爲遊思召にて被爲在就ては其思召等に種々御評議御議論も被爲在候御趣にて後藤象二郎殿も兵を用る事の議論は無きよし然るに天下の大勢薩長の協力愈兵を用る事に相決し居候事に候はゞ土佐と薩長とは藩論一致さゞるの勢とも可相成歟薩長兵力に據る時土佐傍觀も如何あらん實に重大の關係を生じ可申歟方今後藤象二郎殿京師に滯留故兎も角も早々京師に出で彼是の周旋薩長と反せず大に　王事に盡力せずては不相成次第若し彼是相反し候ては不容易事ニ立至り實に不容易次第早々京師へ出て盡力ある樣といふ樣の御議論にて彌久馬殿只一郎殿は兵力論の方にも御座候樣にて御坐候へとも御隱居樣思召の御旨趣も被爲在候御時强て兵力を用るを國論となすべしと云

様にも參りかね余程の御苦慮の御模様に伺上候兎に角龍馬私ともは早々京師に出て盡力するを偏に御希望の次第にて畢竟後藤象二郎殿に說き薩長と反せぬ様相運ぶ事を主と致し候事情に御坐候素より龍馬始め私共國元にある同志の議論は薩長協力兵力を用る議論にて御座候兎に角龍馬私作太郎等京師に出る事に相決し申候彌久馬殿只一郎殿御憤發にて彼是先づ大躰の處は相運び上出來の御事に御坐候是より出達の事に決し野本平吉殿も御差立と相成り夫より出達支度に取掛り直ちに平吉殿龍馬作太郎戸田雅樂等も又同伴出達する事に相成り申候此時□小事に渉り候得共申上置度候一の高知の模様に御坐候扨龍馬高知へ旅人となりて滯留中夜中竊に上町の自宅に參り實兄權平にも久振りにて面會舊を語り戸田雅樂も參り權平より鍔を貰ひ大に歡び申候種々の奇事も御坐候其中龍馬の竊に高知に參り居候事を二三の同志の者に通じ候處皆頻に參り其中大石彌太郎も參り龍馬と彌太郎の對話に始めて何も云はず君はまだ若いねやと双

方より云大笑いたし候又池知退藏等は切齒して此度土佐が薩長と一所にやらんけりや土佐は燒跡の釘ひらひぢやと云大に憤激いたし候事等種々の奇事も御坐候愈出達明五日と相決し候に付用意仕野本平吉殿及坂本龍馬私中島作太郎戸田雅樂其外之者乘組可申筈に御坐候先御國の模樣は盡力周旋如何により善き方にも向ひ可申候明五日出帆と決し申候に付長崎出帆以來今日迄の御國の形勢奉申上度尙今後の形勢は京師より可奉申上候御自重御大切に被爲成度長崎に罷在候同志の者へは御國元の事情御知らせ置き被仰付度乍憚奉願候今後の形勢により直ちに京師に馳登候御用意等萬端御指揮の程御肝要と奉存候先は右迄呈上如斯御坐候恐惶謹言

慶應三年十月四日

高知表より　岡內俊太郎

長崎
佐々木三四郎樣　御左右

(佐々木高行日記)

此ノ書翰ハ明治卅六七年ノ頃岡內男爵ガ佐々木侯爵(當時伯)ノ需ニヨリ長崎分袂後土佐ヲ經テ上京スル迄ノ經過ヲ當年ノ追憶ヲ辿リテ此ノ日附トナシ認メテ侯爵ノ手許マデ

差出セルモノナルヲ以テ多少ノ記憶違ヒアルヲ免レザルモ參考ノ爲採錄セリ　編纂者識

○慶應三年十月五日（高知藩廳重役ヨリ佐々木高行へ）

藝船便ヲ以御翰相達夫々致承知候然は

一先達て以來英人引合ノ義悉皆相濟御安心のよし御國許も御同樣に御坐候其後又十一日英米人等取遣り出來再御心配被成候よし別て御苦勞心痛御互の事に御坐候然るに此度の一事は當方に條理の相立候義にて其後決著の處は不知と雖も多分御取計にて相濟候事と御察申候

一右兩條の中前英人引合皆濟の上公義へ御伺書の條於御國に異論無之候後英米人引合濟の上養療金被渡遣候義は不被遣可然との御詮議尤皆濟之後彌困究等顯然に候はゞ尙又實地の御考慮可被成候

一横笛關係の海援隊御國へ引取之義万々不工面に付可成は其土地にて鎭定爲致度旨中立可然其儀不相整時は京師白川御屋敷へ被閣候て可宜致詮議候　但白川へ引取樣に相成候時は御地より御掛合被成下度候

一夕顏船は當時能御有用に付相成丈早々御返し可被成御國よりは追々外の船仕立可申候
一彌太郎代りは象二郎へ示談致し遣し申候相分次第取極可申候
一此度藝船御借用入費幷石炭代等御地ニて御取計可被成候
一藝船十月朔日上京之人員三百輩を乘せ浦戸港より大坂への航を發す東寺岬に抵る逆風逆浪の爲に進むことを得ず須崎港に歸入す上京人は空蟬船へ乘替六日港解纜の筈なり藝船は若干の石炭を與へ歸國するの筈なり兼ての調へ違ひの所御含にて可也
一出崎參政の義は詮議振の有樣御坐候象二郎急速出崎も不相整哉に被存候夫迄の處は何とぞ可被仰付候
右條大約相認候野崎傳太此度陸地通長崎へ被差立不日出足被仰付候に付委細の義は申含且右の余の廉々略候分も有之御地參著候上同人より御聞取可被成候此書狀傳太參著の跡相成候哉も難計候へども御飛脚便を以て

大坂迄差立申候先略々の處如此御坐候以上

卯十月五日　參政府

佐々木三四郎様

御安全御勤務被成奉大賀候貴様御拜借金も相應被仰付筈ニ付暫時如何樣共御融通可被成將出崎中御扱迚も右同樣傳太參著の節相分可申候間左樣御承知可被成候

右ノ內海援隊御國入云々海援隊は御國他國人共脫走ノ向々ニテ殊更御國ニテ佐幕家其他概シテ忌ミ惡ム故御國入は尤六ケ敷也政府中モ二派ニ成リタルニ付右樣脫走人ヲ入國スレバ夫レガ爲メ大ニ害ヲ引起スニ付入國ヲ憚ル也既ニ去ル七月僕輩上國ヨリ歸藩ノトキ英人關係ノ事故越前春嶽公ヨリ容堂公ヘノ御書翰ヲ坂本龍馬持參ニテ兵庫マテ來ル折柄出港ノ時ニテ坂本其儘土佐ニ來ル上陸出來ズ須崎港ニテ夕顏船ニ隱シ置キタリ依ツテ其旨容堂公ヘ申上タルニ上陸サセテハ不可然先ツ隱

シ置ケトノ御沙汰也老公ノ御權力ニテ人氣ヲ御憚リアル程ノ事也其景況思フヘシ

藝船云々坂本龍馬中島作太郎等乘組セ密ニ土佐ニ遣ス尤も表向ハ土佐ノ用向ニ付役人モ同志ノ者同船也土佐ヘ著ノ上參政渡邊彌久馬大鑑察本山只一郎等夜中密ニ出會國事ヲ相談セル由是レ卯年九月末也時勢切迫未ダ政府同一ナラズ僕輩モ苦心万々ニテアリシ也（佐々木高行日記）

○慶應三年十一月初旬（本山茂任ヨリ岡内重俊ヘ、龍馬土藩鼓舞ニ關スル件）

一書拜呈十九年十二月二日付御投翰早速相達候然處小生去年十月ヨリ脚氣ノ症ニテ追々水勢ヲ增加シ丁度御手紙著之頃ハ危篤ニ差迫リ久敷拜緘も不仕其儘ニ差置候一時ハ醫師も活路ナキヲ吐露スルニ至リ候幸ニシテ漸次快和ノ途ニ赴キ水氣は全去候得共頗健康を害此五六日跡ヨリ歩行ヲ試事ト相成申候右故執筆も不調大ニ御回答及延引申候御照會ノ一件ハ實ニ賛成ノ至ナリ

一英國船須崎ニ來レル時ハ小生ハ高知政府ニ居殘リ該地ノ事ハ記ス處無之一時ハ兵隊ヲ操出隨分騷然タリシハ覺有之英船ハ後藤ノ盡力ニテ退港セリ後藤ハ委細覺居候事ト存候此時坂本ハ長崎ニ在テ周旋爲タルカト覺へ候

一坂本カ長崎ヨリ竊ニ本藩ニ來リタルヤ吸江ノ寺ニ會シタリ渡場ノ上リ付何トカ云小キ寺也此時ハ小生立合タリ龍馬ハ木戸ノ長キ手紙ヲ携へ來リ天下ノ事ヲ芝居狂言ニ作リ立有志ヲ皷舞スルノ作文其時面白覺タリ此手紙ハ小生カ手元ニ有之處久敷不見猶追テ調へ可申又細川良之助ノ短書モ持來リ天下大動搖之事確タル事ヲ陳述セリ松ケ岬ノ會藩へハ小生ハ臨不申渡邊西野ハ吸江ノ寺ニ臨候樣覺タリ當時內外騷然筆記ハ更ニ無之龍馬ノ陳述スル處ハ木戸ノ口頭ヲ傳へ吾藩ヲ皷舞スルニ止リタリ木戸ノ手紙芝居役者ニハ西鄕板垣抔記シ有之タリ坂本石川ノ手紙小生ニ來ル數通アリ西京招魂社へ納置もアリ宅ニ殘ルモ有之候右龍馬カ來ルヨリ我政府

も余程時勢ニ進歩セシヲ覺居申候當時ノ筆記ハ平井善之丞小細記載セシ本數通アリ山川良水日比剛藏へ御照會ニナリタレハ御回し可申ト存候武市ハ始發ヨリ小生輩社中へ來リ候事故種々御噺も有之候得共當時筆記ノ暇無之故不記御入用ナレハ思ヒ出シ書集メ差出可申武市ハ始專小南平井ニ依リ小生カ宅ヘモ度々來レリ石川清之助ハ小生安喜郡宰タル時ノ諸生中ニアリ取立タルヲ以テ時勢形態ヲ時々京師ヨリ報シタル手紙アリ坂本ハ早ク國ヲ出テ長藩ノ間ニアリシ故其作業ヲ不詳ナリ小生未タ細書ニ苦候得共餘リ失敬ニ及候間僅ニ右計御回答申述候御入用ニ可相成と考ル者ハ追テ進呈可仕候也

(明治二十年)二月十四日　　本山茂任

岡内重俊雅君　座下

右本書ハ岡内重俊所持スル者ナリ　(瑞山會文書)

○慶應三年十月九日　(龍馬ヨリ兄權平へ)

其後藝州の船より小蝶丸ニ乘かへ須崎を發し十月九日ニ大坂に參り申候則今朝上京仕候此頃京坂のもよふ以前とハよ程相變日々にて〳〵仕候得とも世の中は亂んとして中々不亂ものにて候と皆々申居候事に御座候先は今日までふしなる事幸便ニ申上候謹言

十月九日　梅太郎

〆

上町本一丁目
坂本權平樣
御直破　坂本龍馬

（坂本彌太郎氏藏）

○慶應三年十月上旬（尾崎三良龍馬ト共上京記事）

長崎に居ること月余此際外人居留地に至り米國領事ウォールド其他にも面會又土佐藩士坂本龍馬及び其統率する海援隊諸士と相往來して益開國の必要を感じたり時に京師の形勢益變革の氣運に赴くの報あり坂本龍馬

陸奥陽之介中島作太郎等數人と藝州藩の汽船に搭じ急に京師に上る馬關に上陸し翌日陸奥等と分れ坂本中島岡内俊馬《太郎カ》等と共に高知に至り其藩士等と竊に計る所あり

坂本の宅に留ること數日土佐にては藝州藩小澤庄次と云海上浪華に出んとするに大洋中にて汽罐破損して進退自由ならず危險云ふべからず僅かに沈沒を免れ辛ふじて須崎に入り急に汽船蝴蝶丸を高知に取り纔に能く浪華に達することを得たり時に十月上旬なり即夜京師に上り其事情を探聞するに後藤象次郎其藩主山内容堂の委任を受け幕府に建言して大政奉還の事を勸誘し其臣即若年寄永井尙志等と相往來して專ら周旋する所あり

坂本初め我々京師に上つたとき予も又土州藩小澤庄次で河原町四條上る醬油屋某方に同宿した其時坂本等の評判が高くなり其頃散し紙の新聞樣のものを時々發行する事があるそれを見ると今度坂本龍馬が海援隊の壯

士三百人をつれて上つたと書いてある實際我々脅士が僅か五六人であると大に笑ひたり然るに坂本の知人より忠告して君等に幕府方で目を付てるからあぶないと云ふ者もあり予も亦久し振にて京都に返りし故三條家へ參り諸大夫の丹羽豊前守に遇ひ久し振なれば大に喜ぶ事と思の外案外よそ〳〵しくして餘り來て吳れるなと云から是れは怪しからぬと詰つた所が今甚だ危ない貴公も用心しないと如何なる難に逢ふかも知れぬと只怖れて居る其れには理由あることで其前に其息子の出雲守が捕へられて六角の獄で殺された其時に相往來した者は皆呼び出されて嚴しき吟味を受けたことがあるそれを恐れたと見へる予等はそれ程に思はず却て無頓着に冷笑して居た　（尾崎三良自叙略傳）

○慶應三年八月二十六日ヨリ十一月マデ　（男爵尾崎三良手扣）

三條實美公實歷繪卷物草按ヲ爲ス一部ノ記事

慶應三年八月廿六日三條公戸田雅樂（今ノ男爵尾崎三良）ニ命ジ長崎ニ至リ密カニ歐

米人ノ事情ヲ探聞セシム
戸田雅樂ハ薩州藩士小澤庄次ト假稱シ薩摩ノ藩士前田杏齋ト共ニ太宰府ヲ發シ陸路長崎ニ至ル
長崎ニ居ルコト月餘此際土州藩士坂本龍馬佐々木三四郎岡内俊太郎及坂本ノ其統率スル所ノ海援隊諸士ト相往來シテ益々開國ノ必要ヲ感ズ
時ニ京師ノ形勢益々變革ノ機運ニ赴クノ報アリ坂本龍馬陸奥陽之助中島作太郎岡内俊太郎等其他數人ト汽船ニ搭シ急ニ京師ニ上ル途ニ馬關ニ上陸シ大坂樓ニ於テ長州人數人ト會飯シ翌日陸奥ト分レ坂本中島岡内等ト土佐ノ高知ニ至リ其藩士ト密カニ謀ル所アリ坂本ノ宅ニ滯留スル事二日夫レヨリ海上浪華ニ出ントスルニ大洋中ニ於テ汽鑵破損シテ進退自由ナラス危險云フ可カラズ纔ニ沈沒ノ難ヲ遁レ辛シテ須崎ニ入リ岡内急ニ陸路高知ニ至リ新船蝴蝶丸ヲ取リ纔ニ能ク浪華ニ達スル事ヲ得タリ時ニ十月上旬ナリ卽夜京師ニ上ル其形勢ヲ探聞スルニ後藤象

次郎其藩主土佐容堂ノ委任ヲ受ケ幕府ニ獻言シテ大政奉還ノ擧ヲ賛襄シ永井尙志等ト日夜往來シテ專ラ周旋スル所アリ

時ニ坂本名ヲ變シテ才谷梅太郎ト云フ幕吏ノ探偵ヲ避クルナリ然ルモ尙流言アリ土佐ノ豪俠坂本ハ頃日浪士三百名ヲ率ヒ竊ニ京師ニ入込メリト幕吏ノ之ヲ忌憚スルヿ實ニ甚シ後終ニ禍ニ罹ル十月十四日德川將軍遂ニ大政奉還ノ擧ヲ決行セリ小澤庄次(尾崎三良)坂本龍馬中島作太郎岡內俊太郎等ト共ニ河原町三條下ル醬油屋某方◎尾崎男爵ガコノ醬油屋ヲ最初菱屋某ト稱セル爲メニ大ニ紛淆ヲ生ゼシガ川田瑞穗氏ノ調ニヨリテ確然判明セルコトハ別掲同氏ノ書翰及諸氏談話ニ徵シテ知ラルベシ坂本等ノ旅宿ニ會シ與ニ事ヲ謀ル天下ノ大政朝廷ニ歸スルト聞キ坂本等ト議シテ朝廷大政總攬ニ關スル制度ヲ畫策シ之レヲ其筋ニ致ス其制度ノ大略左ノ如シ

關白　一人

公卿中尤德望知識兼修ノ者ヲ以テ之ニ充ツ

上一人ヲ輔弼シ萬機ヲ關白シ大政ヲ總裁ス(暗ニ公ヲ以テ之ニ擬ス)

議奏　若干人

親王公卿諸侯ノ尤モ徳望智識アル者ヲ以テ之ニ充ツ萬機ヲ獻替シ大政ヲ議定敷奏シ兼テ諸官ノ長ヲ分掌ス（暗ニ島津毛利山内伊達宗城鍋島春嶽諸侯及岩倉東久世嵯峨中山ノ諸卿ヲ以テ之ニ擬ス）

參議　若干人

公卿諸侯大夫士庶人ヲ以テ之ニ充ツ大政ニ參與シ兼テ諸官ノ次官ヲ分掌ス（暗ニ小松西郷大久保木戸後藤坂本三岡八郎横井長岡良之助等ヲ以テ之ニ擬ス）以下略ス

朝廷ニ於テハ此説ヲ採用セリト見ヘタリ其名ヲ改メテ總裁議定參與トシ之ヲ三職ト云フ

時ニ西郷等將ニ國ニ歸ラントストスト聞キ十月十七日戸田雅樂相國寺ノ薩邸ニ至リ西郷ニ面シ其方略ヲ問フ西郷曰歸途長州ニ立寄リ毛利氏ト將

來ノ事ヲ謀議シ國是ヲ定メント欲ス天下ノ國主諸侯今將ニ召ニ依リ上京セントス輦轂ノ下ニ於テ是等ノ諸侯ト大ニ國是ヲ定ムヘシ云々蓋シ其深意ハ兵力ヲ以テ幕府ヲ仆サントスルニ在リシナリ乃チ共ニ便船セン事ヲ約シ岡內俊太郎ハ暫時止リ擧兵ノ事ヲ謀ル用トシテ土佐ニ行ク事ニ決ス越ヘテ十九日中島作太郎ト共ニ浪華ニ至リ西鄕吉之助大久保一藏等ト船ヲ同フシテ三田尻ニ着シ此地ヨリ戶田一人陸路馬關ニ出テ小倉ヲ經テ晝夜兼行廿六日朝太宰府ニ著直ニ滿盛院ニ至リ公ニ謁シ備サニ大政返上容堂上書後藤周旋ノ有樣京師變動ノ情況及ヒ西鄕ノ心事長州應接ノ模樣等ヲ報告ス

此時ニ當リテ諸藩士ノ京師ニ在テ公卿幕府ノ際ニ周旋シテ天下ノ事ヲ議スル者幾百人ナルヲ知ラズ然レトモ其際ニ尤モ勢力アルモノハ薩州藩トス小松帶刀西鄕吉之助大久保一藏是レナリ之ニ亞ク者ハ土州藩トス後藤象二郎福岡藤次坂本龍馬等ナリ又陰然勢力アル者ハ長州藩トス

然レトモ當時長州ハ猶謹愼中ニテ表面斡旋スル事能ハズ廣澤兵助品川彌次郎ノ類薩邸ニ潜居シ諸士ト往來シ密カニ討幕ノ事ヲ謀ル

薩州長州二藩ハ極密討幕ノ密勅ヲ奉ズ同十一月坂本龍馬中岡愼太郎ト共ニ河原町ノ旅寓醬油屋ニ於テ幕府新選組兵士ノ爲メニ襲殺セラル

(瑞山會文書)

○慶應三年十月十日(福岡孝弟ヨリ後藤象二郎ヘ)

天下及吾身共ニ安危之決今日ニ在リ明日衆登城ニ決セザルヲ不得模樣如何ハ一筆爲御知被下度候僕無能今日ニ至リ只一歩を不退を以報ン兄ガ後ニ隨ヒ可不去是ノミ

參上可伺處ナレ共又別ニ外接致居申候明日出ル不出トノ一言爲御聞奉希候以上

十月十日

福岡藤次

後藤象二郎様

必御親拆　　（山田直矢氏藏）

○慶應三年十月十三日（龍馬ヨリ後藤象二郎ヘ）

去る頃御健《マヽ》言書に國體を一定し政度を一新し云々御論被成候時は先以將軍職云々の御論は兼ても承り候此余幕中の人情に不被行もの一ヶ條有之候其儀は江戸の銀座を京師にうつし候事なり此一ヶ條さへ被行候得ハかへりて將軍職は其まゝにても名ありて實なけれは恐るゝにたらずと奉存候此所に能々眼を御そゝぎ被成不《被脫カ》行と御見とめ被成候時は義《マヽ》論中に於て何か證とすべき事を御認被成決して破談とはならさるうち御國より兵をめし御自身を《はカ》早々御引取　老侯樣に御報し可然と奉存候破談とならざる内に云々は兵を用るの術にて御座候謹言

丁卯十月　　　　楳　拜首

後藤先生　左右

（男爵中嶋久萬吉氏藏）

○慶應三年十月十三日（龍馬ヨリ後藤象二郎ヘ）

御相談被遣候建白之儀萬一行はれされは固より必死の御覺悟故御下城無之時は海援隊一手を以て大樹參　内の道路に待受　社稷の爲め不戴天の讐を報し事の成否ニ論なく先生ニ地下ニ御面會仕候○草案中に一切政刑を擧て朝廷ニ歸還し云々此一句他日幕府よりの謝表中ニ萬一遺漏有之歟或ハ此一句之前後を交錯し政刑を歸還するの實行を阻障せしむるか從來上件ハ鎌府以來武門ニ歸せる大權を解かしむる之重事なれハ幕府に於てハいかにも難斷の儀なり是故に營中の儀《マヽ》論の目的唯此一欵《已カ》にあり萬一先生一身失策の爲に天下の大機會を失せバ其罪天地に容るへからす果して然らは小弟亦薩長二藩の督責を免れす豈徒に天地の間に立つへけんや

十月十三日　　　　　　　　　　　　龍　馬

後藤先生　左右

（男爵中嶋久萬吉氏藏）

○慶應三年十月十三日（後藤象二郎ヨリ龍馬へ）

華書拜披於僕萬々謝領ス文中政度を朝廷ニ歸還云々之不被行時は勿論生

還スル之心無御座候併今日之形勢ニ因リ或ハ後日擧兵之事を謀リ飄然として下城致哉も不被計候得共多分以死廷論スル之心事若僕死後援隊一手云々は君之見時機投之ニ任ス妄輕擧勿破事已ニ登營程度ニ迫レリ大意書之奉答頓首

十月十三日　　　　　　　　後藤元燁

坂本賢契

(坂本龍馬紀念寫眞帖)

○慶應三年十月十三日（後藤象二郎ヨリ龍馬へ）

唯今下城今日之趣不取敢奉申上候　大樹公政權を朝廷ニ歸スの號令を示セリ此事を明日奏問明後參内敕許を得て直樣政事堂を假說け上院下院を創業スル事ニ運へり實ニ千歲之一遇爲天下萬性大慶不過之此段迄不取敢奉申上候匆々頓首

十月十三日

後藤象二郎（坂本龍馬紀念寫眞帖）

才谷梅太郎様

報一字不明

○慶應三年十月十三日（佐々木高行ヨリ高知藩廳重役へ）

一筆致啓上候然ば此頃都て京師之形勢相違不申萬一事起り候事機に至り候ては當地にても夫れ丈の處置有之譯に候○中略

一海援隊へ相應御扱被仰付度根元は都て御構無之規則に候得共土州援隊と申す名高名に相成候間自然臨時の御扱被下候様の事柄往々可有御坐候ニ付一ヶ年何百石與申様之御取極に相成候はゞ名分もよろしく御入目の廉も却て御爲と相考へ申候尚御考慮被下度事

一紀州藩岩橋徹助と申仁先達て出崎致候處件のいろは丸沈沒之儀に付何歟申分有之候間一昨十一日岩崎彌太郎へ面會に相成候都合に付此度彼の藩三宅精一と申者上京致し後藤君へ直に御談申度迚則今日出帆致候右岩橋出崎以來の順序は橋本喜之助より御直に御聞取被下度事○中略

十月十三日　　　　　　　　　　三　四　郎

（寺村）左　　　　膳樣（後日野春草と改む）

（眞邊）榮　三　郎樣

（後藤）象　二　郎樣

（福岡）藤　　　次樣

（佐々木高行日記）

○慶應三年十月十五日（小松清廉ヨリ後藤象二郎へ）

愈御多祥可被成御座奉躍雀候陳者昨日は終日之御周旋誠ニ御苦勞ニ奉存候今日大樹公御參內之義は彌御參內相成申樣御達之御運ニ相成候よし昨夜承申候間決而相違之義は無之事と相考申候此上は萬端都合克相運天下之御爲相成候樣吳々奉祈候御談之通十二日比ゟ下宿之樣御越可被下候御待申上候辻氏ニは乍自由先生ゟ此段御通達被下候樣奉冀候此旨要詞迄早々如此御座候以上

十月十五日　　　　　　　　　　小　松拜

後　藤君　　（山田直矢氏藏）

○慶應三年十月廿四日（龍馬ヨリ岡本健三郎ヘ）

健三郎先生　左右　　梅太郎

唯今は御使被下難有然ニ越前行は今日出達仕候よふ後參政より昨日申被聞候是もものゝついてに鳥渡聞候事故今日四ッ時ニ彼是取《マヽ》き候爲私より後藤の方參り候はすニ致候大兄御同行のことはまた不申候得とも今日は申出シ必御同行と存居申候夫であなた及私し家來一人〆三人ニて今日出足七ッ時頃ゟも出かけ致度其御心積ニて先キ觸大津の方迄仕出し可被遣候よふ御賴申入候竊ニ聞ク越前侯は廿八日國を發シ上京と夫で我等はよふ出足を急□《不明ナリ》也先は早々頓首

廿四日　　龍

（足立龜次郎氏藏）

○慶應三年十月十九日（龍馬中嶋信行ヲ長崎ニ遣ハス）

慶應三年丁卯十月十九日龍馬紀藩ト伊呂波丸賠償事件交涉ノ爲メ中島作太郎ヲ京師ヨリ長崎へ遣ハス　（海援隊始末）

○慶應三年十月上旬カ　（五代才助ヨリ後藤象二郎へ）

先達而紀藩岩橋何某出崎イタシ紀土之火船行違一條ヲ再ヒ論破イタシ度趣意紀藩云茂田一次郎不條理ノ取扱イタシ候處ヨリ國民沸騰人心之沈撫不相成ニ付横濱ニ來ル各國異人且勝安房守等へ質問イタシ何處迄モ萬國ニ押出シ時宜分明條理立候樣イタシ度ト云々然ニ拙生へ周旋イタシ呉候樣ト云又勝ヨリノ書翰ヲ出ス勝ハ紀藩ノ説而已ヲ知テ尊藩拙生等ノ取扱ヲ不知拙者ヨリ周旋イタシ候樣ト云々拙答ルニ其時之始末ヲ詳ニ述英國水師提督ニ決問イタシ候樣拙生ヨリ縷々相進メ尙拙者紀藩ト成リ土人へ對話可致ニ付誰カ一人檢使ヲ御出可給ト迄申上候得共御用無之偏ニ平穩至當之所置イタシ呉候樣頻ニ御依賴ニ相成候ニ付不得已事右邊ノ所置相及候段相答今更拙生へ條理ヲ以テ周旋抔トハ土藩ニ對シ一言モ無之勿論

士八ヘ發言イタシ候面皮モ無之候ニ付此上ハ尊藩ニテ御隨意ニ御取扱可然ト取合不申云々

○慶應三年十月日（イロハ丸償金ノ件等）

中島作太郎紀州一件イロハ丸償金ノ義ニ付談判致來リ候間同道可致申聞け候事イロハ丸一件ハ何分双方相纒リ兼候處追々切迫ノ景況ニ相成候間直負ケ致シ金ヲ取ル方可然ト中島ヘ委任ノ事ニテ漸ク相運ビ候事

喜多村又八家來時久逸衞行狀ノ義ニ付安兵衞同伴玉川ニテ探索致候事夜五ツ半頃歸宿シ來ル（佐々木高行日記）

○慶應三年十月日（龍馬ヨリ兄權平ヘ）

一筆啓上仕候益々御安泰可被成御座愛度御義奉存候陳者私儀無異乍不及國家之御爲日夜盡力罷在候乍失敬御安慮可被仰付候然ニ先頃西郷ヨリ被送被遣候吉行の刀此頃出京ニも常帶仕候京地の刀劍家ニも見せ候（以下斷欠）（弘松宣枝著「坂本龍馬」所載）

○慶應三年十月中旬（龍馬ヨリ後藤象二郎へ）

夫ニ三條侯《マヽ》の身内小澤庄次と申もの小松のたよりに西ニ歸り度ものとて

是は相談して京ニ止まり居申度先刻申上置候ものなり

右のものも何か買ものも致し又西行するに廿金かりてほしいと申候

但先生に

是は先生のおぼしめし次第也實御氣のとく申上かね候よろしく

其上ニ小松へ被聞合被遣一人《蒸氣船》同船の儀御頼可被遣《マヽ》度奉願候

但中嶋長崎へつかハす爲

後藤先生

左右

才谷

（男爵岩崎小彌太氏藏）

○慶應三年十一月一日（龍馬福井ニ至ル）

十一月朔日〇慶應三年龍馬は福岡と謀る所あり慶永を入京せしめんが爲めに岡本謙三郎と共に越前福井に至る同二日由利公正來りて龍馬に面會し財

政の事を談す◎巻初龍馬と由利公正關係ノ條參照　同三日龍馬福井を去り同五日歸京す
(海援隊始末)

○慶應三年十一月上旬　(龍馬自筆新政府綱領八策)

第一義
天下有名ノ人材ヲ招致シ顧問ニ供フ

第二義
有材ノ諸侯ヲ撰用シ
朝廷ノ官爵ヲ賜ヒ現今有名無實ノ官ヲ除ク

第三義
外國ノ交際ヲ議定ス

第四義
律令ヲ撰シ新ニ無窮ノ大典ヲ定ム律令既ニ定レハ諸侯伯皆此ヲ奉シテ
部下ヲ卒ス

第五義
　上下議政所
第六義
　海陸軍局
第七義
　親　兵
第八義
　皇國今日ノ金銀物價ヲ外國ト平均ス
　右預メ二三ノ明眼士ト議定シ諸侯會盟ノ日ヲ待ツテ云々〇〇〇自ラ盟
　主ト爲リ此ヲ以テ
　朝廷ニ奉リ始テ天下萬民ニ公布云々强抗非禮公議ニ違フ者ハ斷然征討
　ス權門貴族モ貸借スルコナシ
　　慶應丁卯十一月　　　　　　　　　　　坂　本　直　柔

（男爵岩崎小彌太氏藏）

○慶應三年十一月十五日（龍馬及ビ中岡愼太郎遭難記事）

いろは丸ヘ便船シタル京師ノ人山内外記ト云者アリ是ニ託シテ破船ノ顚末同氏洞前ニ見シ形狀ヲ具サニ記シテ大坂ニ在留セル高松太郎ヘ附與シテ後來ノ模表共ナサシメ且ツ此一條ヲ京師ノ西郷吉之助ノ許ヘ忽々太郎ヨリ通告セン事ヲ依頼ス而シテ衆士ヲ伴フテ馬關ニ到リ夫ヨリ崎陽ニ皈リ後藤ニ面會シテ破船ノ始終ヲ告ケ彼明光丸ノ船將某ニ航海規則ヲ以テ討論ニ及ビタルカ明光丸ノ船將某責贖フ可無クシテ終ニ割腹ス此趣キヲ紀州ニ報ス仍テ藩吏兩三名此表ニ來リ一端應討スレ𪜈航海規則上ヲ以テ理極リ辨盡テ終ニ紀州ヨリ八万有餘圓ノ償金ヲ出セリ此賞金ヲ以テ其時便船シタル人々ノ損害ヲ償ヒ餘金ヲ以テ後藤ノ下吏岩崎彌太郎後三菱ノ會主ヘ渡シ又是滯崎中ニ一箇ノ隊邸ヲ買得シメ衆士ヲ是ニ居ラシメテ勉學セシメ直柔亦獨リ馬關ニ抵ラントト發崎セリ同年夏直柔又京師ニ到リ在京日西

鄕後藤等ト會議ヲ盡シ幕府大權返上ノ事又藩主容堂公ヘ數ケ條ノ建言ス同年秋ニ至リ大權返上ト議決セシヨリ然ラン後一般ノ政務其他ノ細事ニ至ル迄小松西鄕後藤ノ諸氏等ト謀議シ又越前ノ三岡八郎ヘモ商議セント土佐人岡本健三郎ヲ伴フテ彼地ニ行ケル途中屢危險ヲ侵シテ三岡ヲ訪ヒ事終ニ京師ニ皈リ日々謀議ノ外事ナシ此中諸國ニ散在セル同志ノ輩追々京師ニ集會ス此時崎陽ニ止ル者ハ僅ナリ又爰ニ土佐人陸援隊ノ長中岡愼太郎モ前ヨリ京師ノ薩邸ニ潜居シテ勤王ノ志深ク天下ノ爲ニ謀慮苦心セリ然レ𪜈其志直柔等ト大ニ異ニシテ只志會スル所ハ勤王攘夷ノ說ヲ主張スルニアリ前年馬關ニ於テ外國艦ヲ砲擊シタル時其地ニ在テ盡力シ長ノ戰ヲ助ケタリ故ニ常ニ夷風ヲ快トセズ此頃直柔始メ其他衆士ノ許ヘ數々來テ天下ノ大義ヲ謀リ論スレ𪜈其意趣一同セサル事多シ直柔其餘衆士モ竊ニ是ニ困難シテ能了解セシメン事ヲ直柔ニ商ル因テ直柔モ然ル可ト時々是ヲ諷論スルニ終ニ了解スルノ域ニ至レル歟數々又直柔ノ寓居河原町

四條上ル近江屋某方ヘ來テ閑談スル事數刻爰ヲ以テ其交情日ニ厚ク竟ニ水魚ノ交ヲ得タリ一日在京ノ同志ヲ集會シテ直柔一ツノ建言書ヲ草シテ衆ニ示シテ各違論ナキ否ヲ問フ其書ノ意タルヤ幕府大權返上ノ後事務大小凡テ政體ニ關セル條件ニシテ是ヲ容堂公ニ出サントナリ各同一然ル可シト云フニヨリ又是ヲ後藤ノ許ニ贈レリ同十一月三日又同志ノ衆士ト會シテ云ク前ニ幕府ニテ神戸開港ノ約成テ遠カラス貿易ヲ始ムルナラン然ルニ今大權返上ノ期近ニ迫テハ彼地ニテ貿易セン事聊事ノ障碍トモナラント少シク難メル所アリ因テ思フニ暫ク是ヲ延期スルニ如カス然レ𪜈又大坂堺兵庫各地ノ商人（其頃大坂ノ十人衆ト唱ヘシ者貿易排リトセラル）等如何ナル情實ニ成リ至レルヤ諸君我カ爲ニ竊ニ各地ヘ行テ是ヲ捜索センヿヲト云フ皆領掌セリ爰ニ於テ先ツ横濱ヘハ長岡鍵吉大坂ヘハ前河內愛之助小野淳輔神戸堺ノ兩所ヘ菅野覺兵衛安岡金馬野村辰太郎等ヲ行カシメテ此情狀索ントシ一ト先ツ一同大坂ヘト指シテ共ニ下坂セリ而ルニ同十六日ノ朝在京ノ陸奥陽之

助白峰俊馬前ニ此二士ハ京ニ殘テ直柔ニ従屬セリ此兩士ヨリ大坂土佐堀二町目薩摩屋某方ニ居レリ此時横濱其他ヘ未發行セスシテ爰ニ在リ其衆士ノ旅寓ヘ飛書シテ曰ク昨十五日夜直柔中岡愼太郎等不慮ノ賊害ニ遭タルノ趣ヲ報知セリ衆是ヲ見テ大ニ驚キ劇ニ急船ニ乘シ飛カ如クニ入京シテ河原町四條上ル旅寓近江屋某ガ許ニ到リ見ルニ直柔主従ハ已ニ絶命シ中岡ハ重瘡ヲ負ヘ𪜈未タ存命セリ因テ衆士涙ヲ拂テ其側ヘ進ミ寄リ此時陸援隊中ノ人々ハ水戸人香川敬三鯉沼伊織事土佐人田中謙助外二三名來會シテ昨夜ノ始終ヲ尋子問フ昨夜賊ト闘爭ノ間其家ノ人々ハ皆逃ケ隱レテ更ニ知ル者ナシ漸曉ニ及テ陸奥白峰ノ二士ノ旅寓ニ報知セシニヨリ二士馳來テ介抱シ且汚穢ヲ掃除シテ周旋セル折衆士大坂ヨリ馳來ルナリ其時愼太郎眼ヲ開テ云ヘル昨十五日午後三時頃ヨリ當今ノ謀議トシテ我レ此旅舍ニ來リ談論過刻夜ニ入稍々夜九時頃ニヤ有ケン十津川ノ者ト僞リ三人打連來テ名刺ヲ出スニヨリ直柔ノ僕是ヲ受取二階ヘ上ルヲ跡ヨリ三人續

テ上ルヤイナ其僕ヲ矢庭ニ切仆シ一人進ンテ我ヲ目掛テ切掛ル故有合フ短刀取ルモ遲シト受留ルニ打太刀餘リテ頭ヘ切付ラル丶ニヒルマス賊ノ足許ヘ飛入テ足ヘ搔付ヨト思ヒシニ豈計ラン刀ト共ニ抱入爭フ間ニ左ノ腕ヲ切ラレナカラ尙短刀ニテ刺ントスル中直柔ト戰ヒ居タリシ中一人馳來テ我カ肩ヨリ肋ヘ掛テ切込レ其儘伏テ働キ得ス始メ亦我ト同時ニ一人ノ賊直柔ヲ望ンテ擊掛ル故直柔床ノ刀ヲ取ラントスル間ニ馳入テ肩ヨリ脊ヘ掛ケ擊付ルヲ切レナカラニ刀押取鞘ノ儘右ヤ左ト受流シ或ハ外レ拔放ント爭フ中前ニ僕ヲ擊タル一人ノ賊次ノ間ヨリ馳セ來ルヤ否隙ヲ伺ヒ腰ヲ覘フテ橫ニ薙クサレ𪜈少シモ屈スル色ナク尙鞘ノ儘挑爭ス其時一人直柔ヲ捨置テ又我ニ立向ヒ前ニ云シ如ク肩ヨリ肋ヘ切付ラレ仆レ伏シテ動カサル故我ハ已ニ死セリトヤ思ヒケン我ヲ打捨又直柔ヘ擊掛ルヲ伏ナカラ是ヲ見居タル心ハ矢猛ニハヤレ𪜈手足協ハス聲又出テス齒嚙ヲナシテ伏シ居タリ直柔重痍ヲ負ナカラ三人ノ賊ヲ相手ニ爭フ中又頭ヲ橫ニ半

月狀ニ切込レ忽チソコニ仆レ伏ス此時賊ハモウヨイト言テ其儘引退ントセシニ其中一人止メハ如何ニト云ニヨリ外ノ一人立戻リ直柔ノ仆レタル横ヨリ兩足ヲ一刀ニ力ラヲ極メテ切下ロシサアヨカラント三人ハ何所トナク立去タリ其時我ハ元氣稍々復シテ思フヤウ此儘ニテハ變ヲ誰ニカ告クル由ナシ何トカシテ上邸ヘ告ハヤト漸ク匍匐シテ二階ノ窻ヨリ瓦屋根ヘ出ルト雖圧惡寒戰慄シテ進ミ得ス呼ントスレ圧聲出ス伏居タレ圧彌堪ヘ難ク今(以下斷缺)

(公爵毛利家書類)

○慶應三年十一月十五日　(龍馬迸血畫幅記)

自然堂直柔先生。與石川清之助燈下擁爐而閑談。寂若無人者。忽有三暴客。從暗中躍而斬之。予僕雲井龍藤吉亦死之。予時在浪華。聞變而到。到則滿坐狼籍。迸血及幅壁。當時之狀可想也。實慶應丁卯十一月十五日也。

懷山小史　長岡恂謹誌

(坂本彌太郎氏藏)

◎右ハ畫幅ノ上ニ題スルモノニシテ
幅ハ板倉槐堂ノ書セル梅椿ノ圖也

○慶應三年十一月十五日（岩倉具視ノ慟哭ト大久保利通書翰）
十一月十五日夜兇徒アリ坂本龍馬中岡愼太郎ヲ河原町ノ寓舍ニ襲ヒ之ヲ刺ス具視其報ヲ聞キ大ニ駭ク即チ香川敬三ニ命シテ之ヲ存問セシム敬三馳テ至ル龍馬既ニ命ヲ殞シ愼太郎創重ク流血淋漓タリ同志ノ士變ヲ聞キ皆來リ集ル愼太郎ハ敬三ニ遺囑シテ曰ク天下ノ大事ハ偏ニ岩倉公ノ之ヲ負荷セラレンコトヲ願フノミ子之ヲ岩倉公ニ告ケヨ言畢テ絶息ス敬三袖ヲ濕シテ歸リ以テ具視ニ白ス具視曰ク噫何物ノ鬼怪カ予ノ一臂ヲ奪フ之ヲ哭シテ慟ス

〔附註〕當時坂本龍馬中岡愼太郎ヲ刺殺セシモノハ何人タルヤ分明ナラサリキ大久保一藏カ具視ニ答フル書翰アリ茲ニ之ヲ附載ス其文ニ曰ク

唯今歸宿仕御書奉拜見候夜前ハ御入被爲下難有奉存候
一長家老末家召之處被止候儀實否奉伺置候處正三卿ヨリ云々之義爲

御知被下候由奉拜承候此條誠ニ無存掛事ニ而大ニ手順齟齬仕候事ニ御座候

一正三卿短筒之儀委細奉畏候當時第一之御方樣必用之御品御座候間片時モ無クテハ不叶事ト奉存候ニ付私持合之品可差上從此方爲持上候而可然哉御都合モ可有之ニ付一應奉伺候

一坂本首メ暴殺之事彌新撰ニ無相違向ニ聞申候近日來益暴ヲ勵候由第一近勇カ所爲ト被察申候實ニ自滅ヲ招之表カト被存申候

右御受奉申上度早々如此御座候以御序可然御披露奉願候以上

十一月十九日　　大久保一藏

老公

執事中樣

〔注意〕此書中ニ「長家老」トアルハ長門藩家老ヲ曰ヒ「正三卿」トアルハ正親町三條實愛ヲ曰ヒ「坂本首メ」トアルハ坂本龍馬中岡愼太郎ヲ曰ヒ「新撰」トアルハ新撰組浪士ヲ曰ヒ「近勇」トアルハ近藤勇ヲ曰フナリ

（岩倉公實記）

〔參考〕

(上略)予幽居於京北山村。年既久矣。心自與世疎。聽香川子之説始審國内之情態。聽大橋北島坂木中岡坂本五子之説。始審海外之形勢。蓋獲見香川子則松尾藤井二子之惠也。獲見大橋山中宇田田中北島諸子則香川氏之惠也。獲見中岡坂本二子則大橋子之惠也。通好於條公結交於西郷木戸廣澤黑田品川五子則中岡坂本二子之惠也　(岩倉具視賜邸祝宴記抄)

○慶應三年十一月廿二日　(中島信行ヨリ佐々木高行へ)

謹白愈御清適奉恭賀候扨馬關よりも一書奉呈いたし候得共未だ到着の程難計奉存候將弟等も漸く昨夜著船いたし承候處坂龍石誠皆賊殺被致候由確説を得胸算總て相違之仰天伏地心事忘却の段御察可被下候此上何卒御考慮を仰ぎ此上の死處を得申度外他念無之と偏に奉存候いつれ是より上京後藤も執政に御拔擢上京被成候由なれば兎に角御配慮を仰く心底に御座候將上にも明日は御乘船と承る薩侯も御上京一昨日と承る就ては先頃より越前春嶽樣へも拜謁余程御持成等厚有之候由此上ながら龍の心事聊繼ぎ申度返す／＼も御厚配奉仰候天下の事も總て今日に極る事なれは微

心御摧し被下唯死所を得候樣の御考慮奉願候猶在崎之連中へ御申諭之偏に奉願候取紛已に上京の期に臨み深意難盡紙上恐々百拜

十一月廿二日　　　作　　拜

佐　々　木　樣

（佐々木高行日記）

○慶應三年十一月廿七日（龍馬ノ被害ト海援隊士ノ憤怨）

十一月廿七日晴　慶助來ル○松岡内談ニテ來ル○松井周助岩崎彌太郎橋本喜之助歸崎空蟬船入津ニテ坂本龍馬石川誠之助被害候報知アリ直樣海援隊へ相達シ候又後藤象二郎ヨリ海援隊宛ノ書簡渡邊剛八ニ遣ス渡邊來リ大ニ憤怒直樣上京仇討セント云フ自分云フ今日ノ天下一人ノ仇討ノ時ニ非ズ大仇討ノ策肝要ナリト理ヲ以テ示諭剛八漸ク承服ス

（佐々木高行日記）

○慶應三年十一月（佐々木高行ヨリ土藩重役へ）

一筆致啓上候先以　上々樣益御機嫌克被爲遊御座恐悦御互の事に御座候

然は若紫船去る九日入港致し傳太幷慶助商會役人森澤清五郎上山禎七參著相成大に安心致候僕義爾來之役其儘を以御仕置役兼帶被仰付難有仕合に奉存候然は諸君御存の通商法の義は至て不得手少しの方向相立不申恐縮致候何分御用繁之折節參政出崎御難澀の義は相察候得共當方の商法は申迄も無之候得共外國へ關係致候義にて當器の人物御備不被仰付候ては實に大害を引起し候も難計苦心々々何卒急に其筋御詮議被仰付度且僕義此度御差立の御用向は臨時の義にて兼て御達し致候通り諸事規則外之取扱にて何事も制外に致來候て御用相片付申候上は速に歸足致し身前之御詮議相受候含に御座候子細は兼て制外の義は申出置候得共出崎よりして始終諸生之業致候故自然弊風を相增し候は顯然と相考候に付此儘にては向々の取扱に關係致候と深く心配致候中不計も此度御仕置兼帶被仰付商法の筋に相携り候時は何れ是迄象二郎の取扱致し候通何事も同斷の譯に致し不申候ては差支候事に候間大に苦心致候此上は何事も象二郎の取扱

之跡を踏候間左樣御承知被下度思召御詮議振等御座候はゞ急に可然御人撰を以て御差立被仰付度万々希候

一海援隊御國入之義御差支之趣にて相成丈け長崎へ差置可申候得共不工面の筋等出來候節權宜の取計致しまぎれ乘り致候間左樣御承知可被下候」

一前英人引合一件に付書取鎭臺へ差出合に御座候處今日の事に相成既に政權を御返上に相成候上は最早差出候機會を失候樣御座候間其儘に致置候事

一後の英米人一件養生金の義都て不申出候此上申出候共出金不致御國にても御詮議同樣之義被仰越承り申候尚此上は時宜取扱致し可申候

卯十一月　佐々木三四郎

參政大鑑察宛

○慶應三年十二月二日（發信者不明三吉愼藏へ）

坂本大兄身上之事件實ニ奉驚入候只今報知有之候得共今日ハ御勘定日取

込居申候間卽刻罷出可申筈ニ候得共無其儀其儘差上申候誠ニ御同愁殘念至極難盡筆紙いさゐ拜眉其節萬々可申上候草々以上

極月二日

（三吉家文書）

○慶應三年十二月二日（熊野直介ヨリ三吉愼藏ヘ）

急飛脚ヲ以申上候然ハ先月十五日夜半賊京師坂本旅宿へ切込終ニ同人其外石川淸之助共打果候由只今報知有之候間兼而御知已之事故卽時御しらせ致呉候樣山本孝堂ゟ申參り候實ニ殘念至極此事候右御しらせ迄草々

二日暮ノ六時

熊野直介

三吉愼藏樣

尙々海援隊も上京するよしなり

（三吉家文書）

○慶應三年十二月八日（伊藤九三郞ヨリ三吉愼藏ヘ）

大急用

伊藤聿樣

差急前略御高免被遊可被下候然ハ坂本先生石川精《清カ》之助關直次郎三人京瓦町四條上ル處近新と申候宿へ罷在候處去月十五日夜四ツ時過キ賊三人入込切殺シ迯去リ申候由龍先生ハ同夜御果ニテ精之助ハ十七日ニ相果直次郎ハ十六日ニ相果申候との事唯今長崎より浦田軍次郎飛脚ニテ罷越し申候同人ハ直ニ今晩ゟ引返長崎へ歸リ申候右一件之荒增書付ケハ追而寫し取差上可申上候不取敢此段而已御注進奉申上候迄ニ御坐候誠ニ奉驚候得共奥樣◎龍馬の妻にて九三郎方に寓するなりへハ何とも其模樣ハ申上す差控居申候追々御差圖之程ヲ奉待上候右ハ私病中大急旁以大亂書乍恐申上候謹言

馬關

十二月八日酉刻認　九三拜

三吉樣

印藤樣

（三好家文書）

○慶應三年十二月八日（渡邊剛八ヨリ佐々木高行ヘ）

中嶋作太郎ヨリ參リ候間御落掌被下度候匆々頓首

（渡邊剛八事）

大山壯太郎

皇國浮沈之機我輩死節之秋上憂

朝廷下察民苦涕涙如雨心事茫々不盡所思丁卯季冬初八燈火

認於京師之寓舍

中島作太郎（花押）

謹而呈崎陽

諸　盟兄

膝下

近頃鐵面皮之至ニ候へとも此世の名殘り別封御届被下度嗟呼一夕の情千載之思英雄心緒亂如絲男子之鐵膓到于此碎新田義貞何責乎可懼可謹至誤平生之宿志

（佐々木高行日記）

○慶慶三年十二月廿三日（小谷耕藏ヨリ三吉愼藏ヘ）

烈寒之砌ニ御坐候處彌以御精勤可被成めて度奉拜賀候昨日迄ハ御出關被成候趣拜承仕候得共拜眉不得遺憾不少奉存候小生義も坂本氏一件ニ付此度上京仕り申候然ル處當月二日長崎表上船仕り申候處存外之風順ニ而數日滯泊仕り道中ニ而費用等不少路費拾五金相携申候處意外之事ニ而殘り多くも無之迄ニ遣なくし申候而甚以こまり入申候此節之勢不得止御惠奉願候何共赤面之至ニ御坐候得共上京相成丈ヶ頂戴仕度奉相願候先ハ右計御願申上度如此御坐候頓首百拜

十二月廿三日　小谷耕藏

三吉新〻藏樣

侍史

（三吉家文書）

○慶應三年十二月廿四日（海援隊中ヨリ佐々木高行ヘ）

一十二月廿四日雨　今日迄ニ大半用向片附候ニ付明後廿六日歸藩可致ト

其用意致候中野崎吉田堀内高橋大住等來ル同夜海援隊三四輩來ル兩三日延引致呉候様トノ事ナリ○同夜諸生ニ振舞ス

一海援隊一同ヨリノ書簡左ノ通

御書面上委細承知仕候然は明後日頃は好便船有之候趣一同驚愕の至ニ御座候是よりは乳兒の母に離れ候如く實ニ致方を失ひ果候御憐察可被仰付候何れ明朝一同罷出種々御窺申上度候間御聞置の程奉希上候頓首敬白

卯十二月廿四日　　海援隊一同

佐々木様

（佐々木高行日記）

○慶應三年十二月廿八日（石田英吉ヨリ佐々木高行ヘ）

逐日酷寒の候愈御壯健可被爲成御起居奉恐賀候陳は御當地は續て千緒万端御配慮の程奉遙察候上國の形勢も乍恐去る九日　朝廷一大御變革後先相替候義も無御座候様奉伺候處何分不容易大事件故其以後之所相運兼候

御趣歎慨之至御座候此度ハ作太郎出崎候間當人より御承引被仰付此上爲國家万事御盡力伏て奉願候書余拜眉之上可申上右計得御高意度匆々如斯御座候恐々敬白

卯十二月廿八日　　英　吉拜

佐々木樣

閣下

二伸　寒中御自愛可被成專一ニ奉存候　(佐々木高行日記)

○慶應三年十二月卅日　(海援隊中ヨリ佐々木高行ヘ)

以呂波丸沈沒之價金壹萬五千三百四十五兩余當隊中ヘ御渡被仰付趣奉畏候以上

卯十二月卅日　　海援隊

(佐々木高行日記)

○明治元年正月五日　(中島作太郎ヨリ三吉愼藏ヘ)

春冷難堪候得共愈御清適可被成奉大賀候將又舊冬於上國坂龍變死以後倍々以御厄害ニ相成候由何とも御禮申上兼候今日愚弟も上國より歸掛御尊藩通行仕候間鳥渡立寄得拜眉可申含ニ候處折柄御留守ニ而殘懷ニ奉存候附而は崎陽行も差急キ候故此度ハ御無沙汰仕り又々近日上京之節ト存候處出關伊藤氏其外面會候處何分得拜眉候得共出崎後之都合も有之候と奉存候故明日ハ滯關之含ニ御坐候故何卒何れ到著候得は御報被仰付候樣奉相願候先ハ取紛先後亂筆御推讀奉希候恐々謹言

お

正月五日夜認　　中島作太郎

三好(吉愼藏)眞造樣

用書

(三吉家文書)

○慶應三年十一月日（龍馬下宿ノ件）

拜啓御返事大ニ延引致候是ハ井口鹿野二氏と懸け違ひ三度目の訪問ニて

漸く面會致候樣の次第ニて御待兼の事と存候

坂本先生が近江屋ニ轉宿シタルハ前年の暮か當年の春頃以後ノ事ナリ

と最初ニ申出し候者ハ鹿野氏ニ御座候是ハ昨冬小生が聽取リ筆記致候もの御一覽被下候へバ明白と存候酢屋ニ居タルハ其以前ノ事ニテ大政返上當時ハ勿論近江屋ニ在リタルモノニ候然るに此度尾崎男爵の御談話ニ依リ此事紛更の樣子ニ付爲念酢屋嘉兵衞をも訪問致し直接聽取リ申候別紙御一覽被下度候

愚案ニ依レバ尾崎男爵ハ造。酒。業。ノ菱屋利右衞門ト近江屋トヲ混合シテ考へ居らるゝニ無之哉と奉存候尙御一考を煩ハシ奉リ度候右取急ギ當用ノミ申上候餘事後魚申上候

二白乍御手數黑澤局長私宅御一報願上候

頓首々々

九月貳八日夕　〇大正六年

雪　　弟　◎川田瑞穂氏

鏡川先生
侍史

坂本龍馬下宿ノ件

○井口新之助氏談話（大正六年九月廿七日）

坂本氏ガ拙宅（近江屋）ヘ下宿サレタルハ前年（慶應二年）ノ暮カ當年ノ春頃ヨリト思フ拙宅ニハ菱屋ト云フ商號ナシ又三條四條間ニハ菱屋ト稱セシ家ナシ當時醬油商ハ五軒アリ上ヨリ順ニ數フレバ

（一）河原町三條下ル大黑町西側炭屋某極小ナル小賣商

（二）夫ヨリ少シ下リ東入町壺《ツボ》屋（今中彌兵衞）卸問屋

（三）又少シ下リ山崎町西側大市屋（三木利助）同

（四）大市屋ノ向筋ノ中ニ錢屋（河合小平）同

（五）拙宅ニテ四條上ル西側近江屋ナリ

以上五軒以外ニハ醬油商ナシ又他ノ商業ヲ營メル者ニモ菱屋ト稱セル家ナカリシコトハ斷言シテ憚ラズ云々

○材木商酢屋事中川嘉兵衛氏談話（同日）

自分ハ慶應三年當時十四歲ナリシ故正確ナルコトハ承知セズ但シ坂本氏ガ下宿サレタル時ハ二人ノ家來ヲ連レ居タリ一人ハ長岡謙吉一人ハ忘レタレドモなほノ字ノ付ク名前ノ人ナリキ（此時予問テ曰クソレハ高松太郎ニアラズヤ高松ハ名ヲ直ト云ヘリ嘉兵衛曰ク否高松ハ小野淳輔ノヿナラン此人ハ自分モ能ク承知シ居レリ此人トハ全ク別人ニテ少シ威張ル人ナリシ云々）右三人ニテ拙宅ニ下宿シ雲井龍藤吉ハ先斗町ノ料理屋魚卯ヨリ折々來リテ小使ヲナシ居タリ藤吉ハ角力ハ極メテ弱カリシ坂本氏ノ下宿セル以來多數ノ浪人頻繁ニ出入シ幕吏ノ注目スル所トナリシ樣子ニテ急ニ近江屋ヘ轉宿セリ他ノ二人モ共ニ去リ其跡ヘ白峯駿馬氏一人來リ宿泊シ居タリ坂本氏ノ斬ラレシ時白峯氏ハ藩邸ヨリノ報知ニ依リ拙宅ヨリ近江

屋ヘ馳ケ付ケタルナリ坂本氏ガ近江屋ヘ轉宿シタルハ慥カニ記憶セザレ𪜈斬ラル丶少シ前ノヿニテ半年ト隔テ居ラズ精々二三月位前ノヿナリト思フ油小路ヘ仇討ニ行キシ時ハ拙宅ニテ十八人程勢揃ヒヲ爲シタリ中島作太郎氏ハ坂本氏ノ遺物ナル洋服ヲ着ケ少シ長イカラ縫上ゲヲシテ吳レトテ母ニ縫ハシメ一同大笑シタルヿヲ記憶ス菱屋ト云フハ一切知ラズ河原町三條下ル東入醬油商壺《ツボ》屋ニ後藤象二郎氏ガ下宿シ居リテ坂本氏ガ度々金ノ無心ニ行キタル樣子ナリシ云々

○鹿野安兵衞氏談（九月二十八日）

坂本氏ガ酢屋ヨリ近江屋ヘ轉ゼシハ半年位前ノヿニテ一年ト隔テ居ラズ多分六月ニ長崎ヨリ上京シ來レル以後ノヿニアラズヤト思フ大政返上當時（十月）ハ慥カニ近江屋ニ居タリ當時後藤象二郎氏ハ土佐屋敷ノ留守居小屋ニ居リ頻リニ坂本氏ト往復シタル樣子ナリ後藤氏ガ壺屋ニ下宿シ居タルハ其少シ前ノコトニテ坂本氏ノ酢屋ニ居タル時分ナリ此時分福岡藤次

氏ハ河原町四條上ル造酒業大和屋某方ニ下宿シ居タリ三條四條間ニハ菱屋ト稱スル家ナシ尤モ四條下ル東側ニ造酒業菱屋利右衞門ト稱スル者アリ隱居所モアリ隨分立派ナル家ニテ維新後藤村紫朗ガ京都府大參事タリシ時分此隱居所ニ下宿シ居タルモ維新前ニ浪人ノ下宿シタル模樣ナシ云々

川田瑞穗案　右三人ノ談話ヲ綜合スルニ坂本ガ酢屋ヨリ近江屋ニ轉宿セルハ慶應三年春夏以後ノコトナリ(鹿野、中川二氏ノ談話一致セルニ依リ斯ク斷定ス)

隨テ大政返上當時ハ近江屋ニ在リタルコト明白ニテ菱屋ト云フハ誤謬ナリ(井口、中川、鹿野三氏ノ談話一致セルニ依リテ斯ク斷定ス)以上

○慶應三年十一月十五日　(龍馬暗殺ニ關シテ今井信郎等口供書)

(原朱)
兵部省口書(明治三年二月)

箱館降伏人

今井信郎

午ノ三十歳

口書

（前略）

坂本龍馬ヲ殺害ノ義ハ見廻組與頭佐々木唯三郎ゟ差圖ニテ龍馬事不軌ヲ謀リ候ニ付先達テ召捕ニ懸リ候所取リ逃シ候ニ付此度ハ屹度召捕可申萬一手餘候節ハ打果シ可申旨達シ有之私義ハ上京早々之事故委細ノ儀ハ承知不仕候得共佐々木唯三郎先立渡邊吉太郎高橋安次郎桂隼之助土肥仲藏櫻井大三郎私共都合七人ニテ瓦町三條下ル龍馬旅宿ゟ晝參リ候處同人留守ニテ其夜五ツ比再ヒ參リ候處在宅ニ付佐々木唯三郎先ヘ參跡ゟ直ニ桂隼之助渡邊吉太郎高橋安次郎貳楷《階カ》ヘ上リ土肥仲藏櫻井大三郎ハ下ニ扣居候處貳楷《階カ》之樣子は存知不申候得共貳楷ゟ下リ申聞候ニハ召捕可申之處兩三人居合セ候間無據打果シ候旨申聞直ニ立退ケト（此處誤脱ナラン）申事故一同右場所立退二條通リニテ高橋渡邊兩人は見廻組屋敷ヘ歸リ佐々木ハ歸リ外私共ハ旅

宿ニ居リ候間旅宿へ歸リ申候(下略)

午二月

○

(原朱)
兵部省口書

箱館降伏人元新選組

横倉甚五郎

午三十七歳

口書

(前略)

土州藩坂本龍馬討候義は一向不存候得共同人討候者ハ先方ニテハ新撰組ノ内ニテ打殺候樣申居候間油斷致ス間敷旨勇方ゟ隊中へ申通候事承候而已ニ御坐候其餘ハ一向存不申候(下略)

午二月

○

元一橋家來大石捨二郎悴
新選組
大石鍬二郎事
新吉
午三十三歲

（原朱）
兵部省口書

口書

（前略）
且同年十月比土州藩坂本龍馬石川清之助兩人ヲ暗殺之儀私共ノ所業ニハ無之是ハ見廻リ組海野某高橋某今井信郎外壹人ニテ暗殺致候由勇ゟ慥ニ承知仕候先達薩藩加納伊豆太郎ニ被召捕候節私共暗殺ニ及ヒ候段申立候得共是は全ク彼ノ薩ノ拷問ヲ逃レ候爲メニテ實ハ前申上候通ニ御坐候（下略）

○

箱館降伏人

（原朱）
兵部省口書

元新選組相馬肇事

相馬主殿

午二十八才

口書

（前略）

一坂本龍馬儀ハ私は一向存知不申候得共隊中へ廻文ヲ以テ右之者暗殺致候嫌疑相晴候趣全見廻リ組ニテ暗殺致候由之趣初而承知仕候（下略）

○

箱館降伏人

（原朱）
刑部省口書

元京都見廻組

今井信郎口上

午三十才

（前略）

翌卯年五月呼返之上同月廿二日京都見廻リ組被申付七十俵六人扶持宛行ヲ請旅費渡シ方等及遲延候ニ付同年十月始比上京其比在京見廻リ役岩田織部は就御用向歸府後役小笠原彌八郎上京私儀周旋方相勤居候ニ付專ラ諸藩士等ニ交接無暇同僚ノ者ハ姓名も一々不存程ニ有之處十月中比與頭佐々木唯三郞旅宿へ呼寄候ニ付私並見廻組渡邊吉太郞高橋安次郞桂隼之助土肥仲藏櫻井大三郞六人罷越候處唯三郞申聞候ニハ土州藩坂本龍馬儀不審ノ筋有之先年於伏見捕縛ノ節短筒ヲ放シ捕手ノ内伏見奉行組同心二人打倒シ其機ニ乘シ逃去候處當節河原町三條下ル町土州邸向町家ニ旅宿罷在候ニ付此度ハ不取逃樣捕縛可致萬一手ニ餘リ候得は討取候樣御差圖有之ニ付一同召連出張可致尤龍馬儀旅宿二階ニ罷在同宿ノ者も有之候由ニ付渡邊吉太郞高橋安次郞桂隼之助ハ二楷へ踏込私並土肥仲藏櫻井大三郞ハ臺所邊に見張居助力いたし候者有之候ハヽ差圖ニ應し可相防旨ニテ手筈相定メ同日晝八ツ時比一同龍馬旅宿へ立越候節桂隼之助儀ハ唯三郞

ヨリ申付ヲ請一ト足先ヘ立越僞言ヲ以在宅有無相探リ候處留守中之趣ニ付一同東山邊逍遙し同夜五ッ時比再ヒ罷越佐々木唯三郎先ヘ立入松代藩ト歟認有之僞名之手札差出先生ニ面會相願度旨申入候處執次ノ者二階ニ上リ候跡ゟ引續兼テノ手筈ノ通リ渡邊吉太郎高橋安次郎桂隼之助付入佐々木唯三郎ハ二階上リ口罷在私並土肥仲藏櫻井大三郎ハ其邊ニ見張居候處奥之間ニ罷在候家內之者騷立候ニ付取鎭メ右二階上リ口ヘ立歸候處吉太郎安次郎隼之助下リ來リ龍馬其外兩人計合宿之者有之手ニ餘リ候ニ付龍馬ハ討留メ外貳人之者切付疵爲負候得共生死ハ不見留旨申聞候ニ付左候得は致方無之ニ付引取候樣唯三郎差圖ニ付立出銘々旅宿ヘ引取其後之始末ハ一切不存勿論龍馬儀舊幕ニ而如何樣之不審有之者ニ哉前件之通リ新役之儀ニ付更ニ不承且舊幕ニ而ハ閣老等重職之命令ヲ御差圖ト相唱候ニ付其邊ゟ之差圖歟又ハ見廻リ組ハ京都守護職附屬ニ付松平肥後ゟ之差圖ニ哉是亦承知不仕其後旅宿引拂二條城ヘ引移(下略)

午　月　日

○

（原朱）
刑部省口書

一橋家來
大石捨次郎悴
元新選組

大石鍬次郎口上
午三十貳才

（前略）

其節伊豆太郎ヨリ相尋候ニハ於京師土州藩坂本龍馬殺害ニおよひ候も私共之所業ニ可有之其證ハ場所ニ新選組原田佐之助差料之刀鞘落シ有之其上勇捕縛之節及白狀之旨申聞候得共右ハ兼々勇咄ニハ坂本龍馬討取候ものは見廻リ組今井信郎高橋某等少人數ニ而剛勇之龍馬刺留候義ハ感賞可致抔折々酒席ニ而組頭之もの等ゟ噺候を脇聞いたし居候得共右之通就縛

候上は卽坐ニ刎首可被致ト覺悟いたし候ニ付右樣ノ申譯ハいたし候も誓〔虚カ〕言ト被存私所業之趣申答置候處不圖同月中兵部省へ御引渡ニ而(下略)

○

靜岡藩
小笠原若松父隱居
小笠原忍齋

右忍齋儀京都見廻リ役在勤中高知藩坂本龍馬不審之筋有之去ル卯年十一月河原町三條下ル町ニ旅宿罷在候處元見廻リ組今井信郞外五人江與頭佐々木唯三郞より召捕方申談若手ニ餘リ候ハヽ可討取旨をも其筋ヨリ差圖之趣ヲ以申聞候ニ付唯三郞信郞其外之者共一同召捕ニ相越候由信郞申立候ニ付右差圖ハ忍齋ヨリ申付候儀ニ可有之間其節之手續委細書付可申上旨御書付ヲ以御達ニ付靜岡表へ申遣候處忍齋相糺同人ヨリ別紙御請書差出候ニ付則差上申候尤權大參事方江忍齋呼寄說諭ヲ以入念取調候處坂本

龍馬召捕方之儀ニ不限京都見廻リ組動向之義ハ佐々木唯三郎全權ニ而百事委任取扱候義故御尋之次第更ニ心付不申候旨申立事實相違も無之相聞候間此段御聞添之程相願候趣靜岡表ヨリ申越候間別紙相添此段申上候已上

靜岡藩
公用人

四月

杉山秀太郎

小田又藏

刑部省御役所

○

別紙御書付之趣奉得其意候坂本龍馬召捕方及差圖候儀ハ勿論其比之始末一切相心得不申候誠ニ以驚入候次第ニ御坐候右は私儀去ル卯年九月中ゟ病氣ニ而引續同年十二月中願之通退役相成候儀ニ付其比之次第相心得不申候段は御明察被下候樣奉仰望候乍去退役以前配下筋之者ニ右樣之所爲

有之儀ヲ心付不申段無念之至奉恐入候此段申上候

四月　　　　小笠原忍齋

○

去ル卯十一月於西京三條下ル河原町旅宿當藩坂本龍馬石川精之助何者とも不知暗殺ニ逢穿鑿いたし候得共確證無之多分新撰組ニ而も可有之哉与疑念いたし居候處其後於野州流山捕縛人近藤勇申候ニハ元讃州產之由ニ而原田左之助ト申者加リ居候趣出兵之もの及承候右之外心當之義無御坐候以上

高知藩

副公用人

四月　　　　池神〔上カ〕甚藏

刑部御役所

○

申渡

（原朱）庚申九月二十日

（原朱）宮崎少判事達

（原朱）小島中解部　岡部少判事扱

静岡藩

元京師見廻組

今井信郎

其方儀京都見廻組在勤中與頭佐々木唯三郎差圖ヲ受同組ノもの共ニ高知藩坂本龍馬捕縛ニ罷越討果候節手ヲ下サスト雖モ右事件ニ關係致し加之其後及脱走屢官軍ニ抗撃遂降伏いたし候とは乍申右始末不屆ニ付屹度可處嚴科處先般被仰出之御趣意ニ基キ寛典ヲ以禁錮申付ル

　但静岡藩に引渡遣ス

右申渡趣受書申付ル

静岡藩士族

高倉清太郎

右之通申渡信郎儀引渡候間得其意

庚午

九月廿日

○慶應三年十一月十五日（龍馬暗殺ニ關スル記事）

松平勘太郎ニ聞ク今井信郞糺問ニ付去ル卯之暮於京師坂本龍馬暗殺ハ佐々木唯三郎首トシテ信郞抔ノ輩亂入ト云尤モ佐々木モ上ヨリ指圖有之ニ付擧事或ハ榎本對馬ノ令歟不可知ト云々（勝海舟日記、明治二年四月十五日ノ條）

○慶應三年十一月十五日（龍馬暗殺ニ關シ今井信郞答書）

後年大阪新報記者和田天華氏ノ問ニ答ヘシモノナリ、第二卷所載「谷干城談話」及「坂本中岡ノ死」ヲ參照スベシ　編纂者識

拜復未接

芳咳候へ共御英名は夙に傳承罷在候冱寒之節愈々御健勝筆硯に從事被成候段爲邦家奉大賀候扨御照會之件は已に明治四十一年大阪時事に連載相成詳細を盡候間今又不贅史實としては明治四年中刑部省に於て中解部兒島氏の取調を受次官佐々木氏の判決文同七年平山陳平編輯靜岡

藩史に記載有之候得共維新當時事ハ貴諭之如複雜を極候間將來名分明なる時可有之要するに幕府は攘夷因循兵力の微弱なるを曝露し所謂志士なる火事場盜賊に苦るしめられ土崩瓦解せるも勤王愛國の念慮は毫も衰弱したるものに無之は事實の上に顯然たり近藤勇親見錦芹澤鴨の如立場に由て其名を異に致す者と信じ候實に玉石混交の時世是歟非歟後世の史論に讓り左に御回答仕候

一　暗殺に非ず幕府の命令に依り職務を以捕縛に向格闘したるなり

二　新撰組と關係なし余は當時京都見廻り組與力頭なりし

三　彼れ曾て伏見に於て同心三名を銃擊し逸走したる問罪の爲なり

四　場所は京都蛸藥師角近江屋と云醤油店の二階なり

以　上

十二月十七日

遠州初倉村

今井信郎

大阪新報社
和田天華殿

（和田天華氏著「坂本龍馬」所載）

○年月日未詳（千鶴子ヨリ龍馬へ）　◎千鶴子ハ龍馬ノ長姉ニシテ高松某ニ嫁ス小野淳輔即チ高松太郎ノ母ナリ

えゝと思ふうかのふ、わし所もえゝかけんふしうなけれとも、めつ《マ》ニふふしなどふかむハ、茂太郎さんハ四はんふりかよのふ。いやなやまいかやまらねは、とふも石藏もえゝ參らぬ、おまへもよふし有てさそ〳〵御まちかね被成候半んと、御さつし申候、おまへもうたのよんだかあれは御こし、せん日御まもりあけ候所、とゝき候がとふそ〳〵御返事被遣度候。

御らんの末ハ火中々々

おまへも口よふしよふとふそきう御すへ被成人ハよんて返々も御すへ下され度候しふんニきお付んと今ハきおつける人ないぞよ

龍馬様　千鶴

川の西にハ松二木
川の東ハ梅一木
というかへし
松もたのもしいか風がふかんげな
梅ハ春くりや花もさくヨイサ
實モナルゲナ
新板けなしふし
右の哥ハちと目あてがちかふたかしらんおふかたあたりつろふのふし
(坂本彌太郎氏藏)
○年月未詳廿四日(龍馬ヨリ姪春猪へ)
此つば肥前ゟ送りくれ候ものにて余程品よろしくと段々申もの御座候江戸なとにてハ古道具やなとほしかり申候なり何卒御養子のこしニ止り候よふ希入候

此頃外國のおしろいと申もの御座候近々の内さしあけ申候間したゝか御ぬり被成たく存候御まちなさるへく候かしこ

廿四日　　龍　馬

春猪御前

（山崎好昭氏藏）

○年未詳三月廿四日（龍馬ヨリ姪春猪ヘ）

猶南町むばにもよろしく御傳へ御たのみ申あけ候（原註）龍馬先生乳母ノ恩ヲ忘レズ時々思ヒ出セシモノト見ユ他ノ書狀ニモ此如事見ヘタリ此乳母後チニ福井ニ住セシ由ニ聞ク

御文難有然ニ御ちうもんの銀の板うちのかんさしと云ものに京打江戸打と云あり板打中にも色々の通り在之畫圖でも御こしなれハわかり可申候然りといへとも後便ニ一つさし出し可申と存し候御まちかしこ

三月廿四日　　龍　馬

呈　ふぐの春猪樣（原註）此人兄權平氏ノ女ニシテ先生ニハ女姪ニ當ル白痘痕ニテ身躰肥大ノ人ナリシトカ故ニふぐト戯レシナリ

御前へ

（野島寅猪文書）

○年月未詳廿二日（龍馬ヨリ三吉愼藏へ）

舌代

大日本史

但本箱共

右借用仕度此使に御送り被遣候得ハ難有次第奉存候頓首

廿二日　　　龍

三　吉様　　才吉（谷カ）

（三吉家文書）

○年月未詳廿五日（龍馬ヨリ高松太郎へ）

一太極丸の水夫人を殺し候由此事ハ西郷より申來候ニ付小弟宜しく引合致し置候此度毛利望月か下坂致し候ニ付諸事頼置候何れのけも無事なるべしと奉存候

一昨日ハ御書拝見又別紙とも大坂〻の町ふれなと送りくれ候ニ付其御地

の御もよふ能わかり申候
一大極丸此頃荷物積込なともすみ候よし然し彼ハ西村源吉《大坂役人》方へ頼置候フ
ラフ御受取被成御引替可被成候此儀ハ別紙松井周助兄まて送り申候間御
そふたん可被成候

廿五日　　　　　　　　　　龍　馬

太　郎殿

○年月日未詳（龍馬ヨリ後藤象二郎へ）

此本が
三がん
あり申候

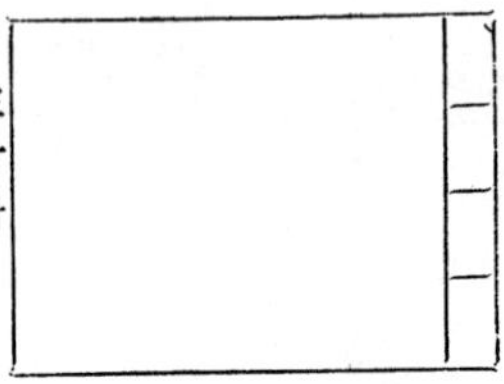

三寸計

右の本を御こし可被遣候大刀のゑかかいてあるナリ

やとにてかゝりてあるたんすのひきたしの下タのはしのひきだしに白らさやのたんとふかある御こし可被遣候

才谷梅太郎

後藤象二郎手跡

（藤本清太郎氏藏）

○年月未詳二日（龍馬ヨリ伊藤九三ヘ）

謹付貴价申候

土佐の定宿に御引取申候つもりニ候間今夕方まて其御もとに御止り可被遣候早々

二日　龍

九三様　才谷

御直披

（伊藤醇氏藏）

○年月未詳廿日（龍馬ヨリ伊藤助太夫ヘ）

此溝淵廣ハ一日も早く長崎にかへし申度されハ船の事ハ伊藤先生及洪堂

兄等の御周旋可被遣候築《マヽ》前くろ崎まて船か長崎まて船か夫レハ廣か心次第也然るに用向かすめハ一日も止り候ハ甚よろしからぬ事故早々出船御セ話可被遣候

助大夫先生ニ御賴事

○洪堂かよく知りておるけれとも又記す

一長崎ゟの船代　　三十四兩

一廣か出せし金
龍か出せし金

右算用高金丈四分ニ割り一分ハ大村の村瀨が出したり洪堂ハ金かなければ出すものなし《日比》のこりハ溝淵と龍馬が二ツ割ニして出すはずなり然るに龍馬も今日ハ金かなけれハ其尻リハ伊藤先生おわつらハせんとすそれで大兄か算用しておやりのうへ龍馬の一分ハとふぞや御手本ハ御面道なから御出シ置可被遣候嗚呼空袋の諸生かしこみ／＼て申頓首々々

廿日　　　　　　　　　　　　　　　龍

伊藤先生

足下　　　　　　　　　　　　（伊藤醇氏藏）

○年月未詳十六日（龍馬ヨリ森玄道、伊藤助太夫へ）

さし出し候使の者ハ小倉根英四郎の親類入木や重平番頭の者與平と申もの何か此者ニ御尋被成又用向御申聞被遣度奉願候頓首

十六日　　　　　　　　　　　　　龍馬

森　様

井　藤様

井藤助太夫様　　　　　　　　　　龍馬

早々　　　　　　　　　　　　（伊藤醇氏藏）

○年月未詳十七日（龍馬ヨリ伊藤九三へ）

九日下の關は《マヽ》發ス同十一日長崎港の口に來る夫ゟ私壹人上陸水夫等ハ同

十四日ニ上陸荷物もあけ申候右よふ御役所まて御達可被遣候百拜

十七日　　　　才谷梅太郎

伊藤九三樣

御直披

(伊藤醇氏藏)

○年月未詳廿八日 (龍馬ヨリ伊藤九三へ)

此度曾根拙藏お土佐商會より御在番役所まてさし立申候宜御引合セ可被遣候何分飯田先生にもよろしく御相談可被遣候草々頓首

廿八日　　　　龍

九三樣　　　　才谷

御直披

(伊藤醇氏藏)

○年月未詳十六日 (龍馬ヨリ伊藤九三へ)

玄道先生唯今御入來相成候依而雅兄早々御出被下す候てハ天下の議論初りかね申候何卒御足おすゝめさせたまへと申すハ

十六日　　　　　　　　　　　　　　　　　　龍馬

伊藤先生　　　　　　　　　　　　　　　　坂本

足下　　　　　　　　　　　　　　（伊藤醇氏蔵）

○年月日未詳（龍馬ヨリ姉乙女子ヘ示セル和歌）

先日申てあけたかしらん

世の中の事をよめる

さてもよにつゝもあるか大井川

くたすいかたのはやきとしつき

戀

きゑやらぬ思ひの《ハカ》さらにうち川の

川瀬にすたく螢のみかは

みしか夜をあかすも啼てあかしつる

心かたるなやまほとゝきす

○

文開く衣の袖はぬれにけり
　海より深き　君の美心

世の人はわれをなにともゆはゞいへ
　わかなすことはわれのみそしる

春くれて五月まつ間のほとゝきす
　初音をしのべ深山べの朝

湊川にて

月と日のむかしをしのふみなと川
　流れて淸き菊の下水

明石にて

うき事を獨明しの旅の空
　磯うつ浪もあわれとそ聞

○

人心けふやきのふとかたる世に

独なけきのます鏡哉

（坂本彌太郎氏蔵）

○詠草

春くれて五月まつまのほとゝきす

初音をしのべ深山べの里

世の中は我れをなにともいはゝいへ

わかなすことはわれのみぞ知る

明石にて

うきことを獨り明しの旅の空

磯打つ浪もあわれとぞ聞く

○

人心きよふやきのふとかわるよに

獨りなげきの増鏡哉

○

短しか夜をあかすも啼てあかしつる

心かたるな山時鳥

秋の暮れ

嵐山夕べ淋しく鳴る鐘に

こぼれそめてし木々の紅葉

將軍大政返上のことありける時

心からのとけもあるか野べはなほ

雪はなからの春風ぞ吹く

桂小五郎揮毫を需めける時示すとて

ゆく春も心やすけに見ゆるかな

花なき里の夕暮の空

○

丸《まろ》くとも一かどあれや人心

あまりまろきはころびやすきぞ

○

文開く衣の袖はぬれにけり

海より深き君が美心

○

月と日のむかしをしのぶみなと川

流れて清き菊の下水

○

さてもよににつゝもあるか大井川

くたすいかだのはやきとしつき

戀

きゑやらぬ思ハさらにうち川の
川べにこがる螢のみかは

補遺

○安政二年九月二十九日　（龍馬ヨリ相良屋源之助へ）

二白御家内へも宜敷御傳聲可被下候以上

一筆啓上仕候冷氣次第に相增し候へ共彌御安全可被成目出度奉存候隨而野生儀道中筋無異議江戸に着仕り築地屋敷に罷在候乍憚御休意被下度候陳者出足の節は御懇念被下又御見事成る御送物被下千萬忝き次第に奉存候早速御禮申上筈の處失禮に打過ぎ候段御仁免可被下候定而御國下御靜謐恐悅至極と奉存候先者右御禮迄早々如此に御座候恐惶謹言

九月二十九日　　坂本龍馬

相良屋源之助樣

御左右

（千頭淸臣氏「坂本龍馬」ヨリ）

○文久二年九月十日（間崎哲馬ヨリ村田忠三郎ヘ）

此地御出足之節未ダ御上屋敷ニ御出之積リニ而罷歸リ見候處日比谷ヘ御歸リ夜ニ入リ而も御立ト承リ楠二ト倶ニ夜會ト詐リ御門出願出候得共御聞屆無之不得已翌朝ニ相成又水戸之客ヲ得漸四ツ頃日比谷ヘ罷出候處守之丞噺ニ昨夜木挽丁御泊リ最早疾ク御立ト申事終ニ染々御暇乞も不申殊ニ大窮中御貝〔マヽ〕も得呈シ不申如何ニモ殘念千萬之事ニ奉存候御道中モ御安全ニテ大坂ニハ御滯留又羽なくして箱根之東〔西カ〕迄御飛越ヘ被成候趣モ委細承知仕御心中奉察候八月廿九日ニハ首尾能御歸着之由御一同樣御滿悅可被成愛度御義ニ奉存候誠ニ御國許出足之節ゟ萬事打明ケ御親切ニ預リ御禮難申盡今更御名殘惜ク奉存候此上ハ申迄モ無御座候得共御舍兄樣御相談之上於御國元文武御勉强財力ヲモ御養ひ機會御待被成度此地楠二（○田上）兄弟爲之助（○田門）外輪ニテハ龍馬いづれも苦心盡力小子事も無事ニ周旋其內御別申候後かの痲疹ト輕キ痢疾トヲヤラカシ大ニ弱リ申候○恕助（○田廣）

も癩疹ニ而終ニ獄中ニ死シ申候哀ナル事ニ御座候彼道具代之分ニ而石碑ヲ立申度相含居候左樣御安心可被遣候〇宮崎君道中難義ニ可有之阿兄モ果シテ死失可惜事ニ御座候〇此表御出足後之模樣時々爲之助半平太(〇武市)眞吉(〇樋口)壽之助(〇嶋村)彌太郎(〇大石)ト連名ニ而申通ジ候間夫々御國へ廻リ島村邊ニ可有之又此度大石先生へ委シク申通ジ候間兩方ニ而御聞取リ御舍兄樣(〇馬太郎)へモ御噺シ被遣度候此急迫之時勢ニ當リ御國元御政事振ひ不申義第一之憂ドふか大灸ヲすへる御手段ハ無之か御舍兄樣且大石之邊御談合被遣度中岡光二へも委細之書ヲ送リ御座候間是亦御逢被成候ハヽ御聞取可被遣候〇桂小五郎大和彌八郎兩人ヨリよろしく申上くれ候樣噂ニ御座候桂周布も此節又此地へ下リ大ニ盡力致居申候〇不相更水藩人頻ニ出縣申候彼藩モ景山公之御贈官ト武田大塲之兩大夫之贄居御免丈ケ漸埒明キ申候

此外御噺如山候得共大石中岡邊ニ而御聞取ト申省キ候

九月十日夜　　　　　　　　　　哲　馬拜

忠　三　郎様

御父兄様へよろしく御傳上被遣度未ダ君之此地ニ御出之内ハ御舍兄様へ之書状半平太へ迄相賴ミ遣シ候折柄御發駕之時分へ參リ候様ニ相覺申候慥ニ相達候哉色々用事モ申上候間御尋被遣度小子も御上屋敷之方余リ己屋ヅミ（上田兄弟同居候上へ森田要吾能勢達太郎二人病氣ニて合宿チ賴み參候）ニ而他藩人ト內談ニも差問候て日比谷ノ君方タ御出之己屋へ獨リ參リ居リ候楠二兄弟モ參リタガリ候得共皆御留守御歩行ニ被備得參リ不申靜カすぎさびしく御座候　（村田家文書）

○文久二年九月頃（龍馬間崎則弘、門田實毅等ト會飲）

壬戌秋日、與門田爲之助、坂本龍馬、上田楠次會飲。時新令始下。

匡時壯略少人知　相遇作歡相對悲　爲酒典衣非俗態　因人成事豈男兒
花柳依稀京國夢　風濤浙瀝虜船旗　繁華銷歇眼前事　休唱江門新竹枝

（滄浪遺稿）

○文久二年十二月五日（龍馬等江戸越邸ニ松平慶永ニ謁ス）

同日歸邸後土藩間崎哲馬坂本龍馬近藤昶次郎來る公對面せられしに大坂近海の海防策を申立たりき（参政内状）

○慶應二年正月二十日（龍馬ヨリ池内藏太家族へ）

池御一同

杉御一同

先日大坂ニい申候時ハ誠に久しふりにかせ引もふし藥六ふく計ものみたれハゆへなくなをり申候夫が京に參り居候所又々昨夜ゟねつありて今夜ねられ不申ふとあとさきおもいめくらし候うち私し出足のせつは皆々様ニも誠に御きつかいかけ候計と存し此ころハ杉やのをはあさんハとのよふニなされてをるろふとも思ひ定而池のをなんハいもはたけをいのししかほりかへしたよふなあとも先もなき議《ギ》論《ロン》をあねなどとこふしよりあせたしいうさるほねおりはなしよめもともどもつハのみこみきくみゝたら

すとふたつのみゝほせくりあけてそきかるへしなんある老人論していう女というものハ人にもよるけれど高のしれたをんなめかの坂本のをとめとやらわるたくみをしそふなやつあまり〳〵たらわぬちゑていらさる事まてろんじよるとすこしてもものしる人になれなれしくしたくそふするうちになにとなく女の別もただしからぬよふニなりやすいものしやなにそききたくなると男の方へたずねありくよふになりかふいうとそのやミタ思ひあたる人かあるろふかの女れつしよでんなと見ると誠に男女の別というものハたゝしい男の心ニハ女よりハべしして女かこひしい事もあるかあの年わかい藏太の玉のよふなるをよめごをなにぞふるきわらぢのよふ思ひきりて他國へてるも天下の爲と思へハこそ議理となさけハ引にひかれす又々こんとも海軍《カイクン》の修行海軍のというハおふけなおふねをのりまはし砲をうつたり人きりたりそれハ〳〵おそろしい義理というものあれハこそひとりのをやをうちにをき玉のよふなる妻ふりすてひきのよふな

るあかごのてきたに夫さへ見すとおけいと（野島氏注、此子名田鶴）ハいさましかりける次第なりかしこ

正月廿日　　龍

杉　御一同

池　御一同

あねにも御見せ

（伯爵田中光顯氏藏）

（野嶋氏注）杉ハ杉山トテ北奉公人町三丁目ニ住ス池内藏太ノ母ハ此杉山ヨリ嫁シ内藏太ノ妻ハ南奉公人町今村某ヨリ來ル當時ハ西町ニ住セリ

○慶應三年五月十七日（龍馬ヨリ三吉愼藏へ）

私儀此頃甚多端別紙福田氏より申上候間御聞取可被遣候長久丸には近日出帆の時土商會の者一人さしそへ御在番役所まで御引合可仕と奉存候百拜

五月十七日　　龍

愼老臺下

（三吉家文書）

○慶應三年五月末日カ　（龍馬ヨリ兄權平へ）

私先頃出京の道にて（四月廿三日の夜）中國海にて私しが蒸汽船と紀州蒸汽船と突當り私しの船が沈沒仕候より長崎へ歸り大議論を發しついに紀州と一戰爭可仕と私が部下へ申聞用意仕候內紀州の方より薩州へ賴申書き物を以て勘定奉行が斷りと出かけ日々手盡し候ものから其まゝにさしゆるし候事に仕候皆人の申候には此龍馬が船の論たるや日本の海路定則を定めたりとて船乘等は聞きに參り申候御笑可被下候（以下缺文）

（維新土佐勤王史ニ據ル）

○慶應三年十一月十五日　（伊藤攝津坂本龍馬ニ忠告之件）

慶應三年卯十一月十五日土藩坂本龍馬直柔此時才原梅太郎ト云フ氏ノ下宿京都河原町四條ヨリ一丁北西側酒屋へ伊東攝津甲子太郎武明ノ事ニハ藤堂平助ヲ同伴シテ相尋ネ坂本氏ニハ同藩中岡愼太郎變名石川清之助此時橫山勘六ト稱スト同席ニテ面會之上異情切迫國事多端ノ次第等大凡二時間余長談ニ及決別ニ際シ此頃新選組見廻

リ組ノ者共ニハ君ヲ附覘フ由ヲ聞ク斯ル町屋ニ二名ニテ居ラルヽハ危殆云フ斗リナシ至急藩邸ニ移リ國家ノ爲メ其身ヲ保護アリ度ト忠告ス中岡氏ニハ御注意難有ト答フルニ坂本氏ニハ何等ノ挨拶モアラザルニ據リ伊東氏ニハ其下宿洛東高台寺塔頭月眞院ヘ歸リ服部三郎兵衛篠原泰之進ニ對シ坂本氏ニハ我々ノ舊新選組ニアリシヲ以テ嫌疑スト覺ヘ危急ノ忠告ヲ聞入ラレズ中岡氏ニハ實モト心附タル樣子ナレド龍馬子ノ採用セラレザルハ殘念ナリト語リシガ果シテ其夜見廻リ組ノ刺客ニ逢ヒ坂本氏主從中岡氏共害セラレタルヲ翌十七《六カ》日聞知シテ殊ニ遺憾ニ思ヒタリシカ其翌十八日ノ夜ニハ其身モ切害セラレタルハ恐ベキ時世ナリケラシ

序ニ云中岡愼太郎氏ニハ其初メ彦根藩ノ佐幕一遍ニシテ勤王ノ念ナキヲ惡ム事殊ニ甚敷同藩ノ同志三十六名ヲ語合不意ニ起ッテ彦城ヲ拔キコレヲ根據トナシ進ンテ伊勢ニ入リ桑名城ヲ陷シ江勢二國ノ兵ヲ併シ名護屋ヲ攻擊シ德川氏ノ咽喉ヲ突キテ中段ヲ切斷セント欲シ其資金ヲ

板倉筑前介ニ借用ス板倉氏ハ金圓ヲ其三十六人ニ渡スト雖モ彥根ヲ屠ル事ハ父母ノ生國ニテ殊ニ忍ビザルヲ以テ種々中岡氏ヲ說得シ更ニ彥根ニ下向シ老臣岡本半介氏ニ出會シ其尊王ヲスヽメ佐幕ノミニテハ危殆ノ時世タルヲ諭シ遂ニ岡本氏今黃石ト改ムモ其說ヲ容レ澁谷龍太郎今ノ谷鐵臣也氏ヲ撰拔シテ上京セシメ中岡氏ヲ初メ同志ニ面會セシメ勤王ノ懇談ニ及ヒ爾來其實効ヲ奏セシハ蓋シ中岡氏ノ盡力ニ據ル處タリ

○慶應三年十一月十八日（近藤土方奸謀伊東武明以下ヲ倂殺ノ件）

伊東攝津武明ハ高臺寺ニ移リシヨリ山陵奉行戸田大和守ノ配下山陵衞士ノ頭ト成リ部下ノ士モ悉ク山陵衞士ト稱シ勤王ニ盡力ス同志ノ中齋藤一ニハ其實近藤勇ノ間牒ナレハ事々ノ擧動ヲ微細ニ通報セシカ既ニ攝津ニハ日本全國皆兵ニ編成セザレバ外國ト兵力ヲ爭フ能ハザルノ献白書ヲ柳原大納言ヲ以テ奏聞シ又藤堂平助ニハ美濃ノ博徒水野彌太郎ト結ヒ農兵數百人相圖次第差出スノ約ヲ堅メ且養豚ヲ盛ンニシテ士力ヲ增殖セント

シ又薩藩大久保市藏氏ト機密ヲ談スル等逐一ニ報スルヲ以テ勇ニハ最早捨置ガタシトテ會藩ニ談シ其處置ハ鏖殺ニスルノ外ナシト評決ス土方ニハ月眞院ノ後山ヨリ大砲ヲ打下シ門前南北ノ街路ニハ小銃ヲ備ヘ一戰不意ニ夜擊スベシトアルニ近藤ハ余リ大層ナリ謀計ヲ以テ鏖殺ニスベシト同年十一月十八日午後勇ノ外妾大坂新町吉田屋ノ舊大夫ナリシト云ノ許ヨリ使ヲ以テ密々國事ニ付御談合申度義アリ御入來被下度トノ書翰ナリ攝津ハ天性公明正大ノ議論ヲナシ毫モ惡心ヲ包含スルナキ良士ナレハ人モ左ナリト疑心ヲ懷カズ承知ノ趣ヲ答ヘテ使ヲ返シタルニ篠原服部以下ニハ一兩日以前齋藤ニハ用意金ヲ持迯ケタル上近藤ニハ如何ナル奸策ヲ設ケンモ量リ難シ出張ハ宜シカラズト諫メケレド採用ズシテ立出タリ夫ヨリ醒ケ井通木津屋橋下ル勇ノ妾宅ヘ行向ヒシ處兼テ用意シテ待請タル事ナレハ山海ノ珍味ヲ調ヘ盛宴ヲ張リ土方山崎原田吉村以下ノ舊友出來リ盃ヲ飛シ攝津ニスヽムル同氏ハ元來酒量アレハ引受々々呑程ニ國事ノ談話ハ明夜ニスベシト

テ只管大酒會ト變シ遂ニ亥之刻過ニ到リサシモノ攝津モ泥ノ如ク醉ヒ暇乞モソコ〳〵ニシテ立出木津屋橋通リヲ東ヘ入リシガ南側火災後ニテマバラナル板塀ニテ其際ヲ通リ掛リシ處ヲ待設ケタル奸徒大石鍬次郎卑怯ニモ大身ノ鎗ヲ以テ板塀ノ透間ヨリ攝津ノ肩先ヲ刺通ス舊別當勝藏ニハ此時已ニ士ニ成リ居タルカ拔刀ヲ以テ是又肩先ヲ切下ク此重傷ニ屈セズ攝津ハ志津兼氏ノ愛刀ヲ拔討ニ勝藏ニ手ヲ負ハセタルマヽ同通ヲ油小路ヘ出北ヘ登リシ處上手ヨリモ五六名ノ奸物拔刀ニテ馳來ル此東側法華寺ノ門前ニ碑石アリシニ攝津ハ腰ヲ掛ケ奸賊メラト大聲ニ呼フト其儘斃レタルハ鎗疵ノ咽喉ニ適シ居タルニヤ一人ノ奸徒側ニ立寄リ其左足ヲ切ルニ少シモ動カザレハ死シタルヲ知リ夫ヨリ其死骸ヲ同通七條ノ四ツ辻ナル眞半迄引來リ其處ニ差置尋テ近藤ノ指圖ニ任セ其町内ノ者兩三名ニ仕立テ月眞院ヘ差向テ屆出タル口上ニハ唯今伊東先生ニハ土州人ト口論ノ上及傷ト成リ向フハ五六名ナリシカ逃去リ先生ハ少シ足ニ疵ヲ御受ケ被

成タレハ駕ニテ御向ヒアルベシ私共ハ町内年寄五人組ノ者ナリトテ引取ル此凶報ニヨリ衆議ヲ盡スニ鈴木ハ弟ノ事ナレハ我等單身ニテ向フニ足レリ万一ニモ近藤ノ術中ニ陷入ハ後日復讐ヲ斗リ吳度ト云々衆ハ又同盟ノ士何ソ見捨ンヤトテ悉ク出張スルニ決ス服部曰ク敵ハ新選組ニ極リタリ甲冑ノ用意然ルベシト鈴木云フ賊新選ナラハ面識タリ我レ禮ヲ以テ怪我人ヲ受取ルニ彼何ソ暴ヲナスベキヤ篠原曰斯ノ如キ隊ニテ斯ノ如キ暴行ス万一其備ヘナキニモ非ス若シ賊ト相戰ハヽ多勢我ハ小勢ナリ然レトモ甲冑ヲ着シ路上ニ討死セハ後世其比怯ヲ笑フベシ各常服ニテ然ルベシト同志爰ニ一決ス然レドモ服部ニハ密カニ衣服ノ下ニ鎖ヲ着セリ夫ヨリ服部篠原加納藤堂富山毛内及鈴木氏ハ岡本武兵衞ナル者ニ駕ヲ命シ人足二人ヲ隨ヘ出張ス此時新井清原ハ江戶ヘ越シ阿部內海ハ山狩ニ出藤井ハ鷲尾侍從ノ一列ニ加リ水野八郎ド改名シテ潜ニ高野山ニ登リシ一人ニテ既ニ此節居合サズ漸々上下人足共合シテ十人ナリ油小路七條ヘ來リシ頃

ハ夜ノ八ツ時過ナリ四ツ辻ノ眞中ニ伊東氏ハ切斃サレ居タルニ一統ハ驚キ歎息スレド詮方ナク死骸ヲ駕ニ入レ人足ヲ促シケルニ片足ヲ外ヘ出シタルニ藤堂ハコレヲ入レントスル際一聲高ク加納ニハ賊來リタリトサケブヤ否三ツ角ノ町屋ヨリ伏兵四十余人拔劔ニテ飛掛ル藤堂平助第一番ニ拔合シ切結フ高臺寺徒ハ素肌ナリ賊ハ多勢ノ上皆鎖ヲ着ス服部毛内ハ北ノ方門柱ヲ後背ニナシテ相支ヘ篠原富山ハ東ノ手ト血戰シ鈴木加納ハ西ノ敵ト切合タリ駕ハ二三間北進シテ武兵衞及ヒ人足ハ其儘ニ散走ス藤堂ハ敵ヲ四方ニ引受ケ數ケ所ノ重傷ニテ斃レ尋テ毛内監物ハ北ノ溝際ヘ切リ伏ラレ富山篠原ハ輕傷ヲ被リ東ヘ走リ鈴木加納モ今ハ多勢ニ敵シ難ク西ノ方ヘ逃ケ散リタル中ニモ服部三郎兵衞ハ剛力ノ大兵頗ル撃劔ノ達者ナルガ深更ナレハトテ獨リ下ニ鎖ヲ着下シ居少シモ多勢ニ恐レス腰ニ桃燈ヲ差シタル儘三尺五寸ノ長劔ヲ以テ向フ敵三人ヲ切伏セ二三人ニ手ヲ負ハセ飛鳥ノ如ク相働ク賊ハ一人ト見ルヨリ取卷ントヌレト東側ナル人

家ヲ後楯ニナシ又門扉ヲ以テ一方トシ二方ニ敵ヲ引受ケ惡戰スコレカ爲メ疵ヲ被ル者多ク賊ハ遂ニ長道具ヲ以テ漸々突留メタリ翌朝コレヲ見ルニ手指數十飛散シ人家ノ壁ニハ鬢ノ毛付タル肉ヲ始メ血痕數十ケ所アリテ其烈戰ノ程想像セラレ恐怖ノ外ナシ此時新選組ニハ即死三人手負殊ニ多ク且又伊東ヲ始メ四人ノ死骸ヲ三日迄道路ニ捨置取收メニ來ル者アラハ猶討殺サント埋伏兵ヲ設ケアリシモ誰一人來ラザリシカ予ハ此四人共交際アルヲ以テ新選組ノ本陣ニ到リ近藤ニ對面シテ死骸ヲ取片付ント云フニ勇ノ曰貴君ハ普通ノ交際ニシテ我等ハ死生ヲ共ニセシ同志ナレハ埋葬スルハ勿論ナレト鈴木ヲ始メ同盟ノ者猶十余人アレハコレヲ待シナリ敵ハ土州人ト聞クニ士道ヲ欠キテ逃隱レタリト覺ユ此上ハ局ヨリ假埋スベシトテ其夜例ノ佛光寺通大宮西ヘ入淨土寺ヘ相收メタリ己ノ罪惡ヲ土州人ニ負ハス其奸舌惡ミテモ余リアリ明治元年三月下旬泉涌寺内戒光寺ヘ改葬シテ石碑ヲモ建立シテ今ニ巍然タリ

（新選組始末記）

○慶應三年十一月（三條實美輓歌）

三條卿の龍馬を追詠する歌に曰く

武士のその魂やたまちはふ
神となりても國守るらん

（千頭淸臣氏「坂本龍馬」ヨリ）

○明治四年八月二十日（家督相續ニ關スル朝旨）

小野淳輔

右者故坂本龍馬儀積年爲勤王苦心不尠候處丁卯之冬不慮之賊害に遭候段不愍に被思召仍而家名被建下永世十五人口下賜其元へ家督被仰付之

（坂本家家譜）

○明治三拾七年三月日（昭憲皇太后靈夢ノ件）

皇后陛下（昭憲皇太后）が葉山御用邸に御滯在あらせられたる去二月初旬の事とか申すも畏けれど或る夜の御夢に白無垢着たる一人の男御座所の入

口に拝伏して臣は維新前國事の爲に身を致したる坂本龍馬と申す者にて候海軍の事は當時より熱心に心掛たる所に候へば今回露國との戰端いよいよ開けん曉には身は亡き數に入り候へども魂魄は御國の海軍に宿りて忠勇義烈なる我軍人を保護仕らん覺悟にて候と申上ぐると見給へば姿はかき消す如くに失せにけり陛下には不思議の事に思召し翌朝御側の者に前夜の御物語あり龍馬の名は兼てより記憶に存すれども如何なる人物にやとの御尋ありければ彼は士州のものにて維新前兇手に倒れ候ひしが夙に海軍に熱心にて海援隊と申すものを組織し自ら之を率ゐたることも候云々と委しく事蹟を申上げ扨て坂本の寫眞を東京より取寄せて御覽に供せしに陛下には夢に見たる男の容貌風采此寫眞に寸分違ひなしと仰せられたるにぞ一同奇異の思を爲し御寢食の間にも軍國を忘れさせ給はねばこそ假の御夢にも斯る事を辯はすなめれとて御側の人々は世にも有難き御心の程を畏み合へりしよし此頃に至て或人より漏れ承はりぬ

(時事新報)

○明治三拾七年三月　(瑞夢御歌所參候某氏作)

相模の海のなみのうへ。國のしづめの富士みえて。
常磐かきはにいやしげる。松の葉山の假宮に。
皇后宮のならせられ。寒さ避けさす頃とかや。
名島の磯にゆきかよふ。千鳥のこゑの更《ふ》け渡る。
よるの大殿《おとゞ》の御座近く。白衣の武士ひれふして。
いとおごそかに申す樣。微臣は坂本龍馬なり。
日露の空にたちまよふ。雲脚いよ〱急なれど。
微臣もちからを海戰に。そゝぎてまもり候へば。
吾海軍のかちいくさ。うたがふべくも候はず。
御安心くましませと。聞えあぐるやたちまちに。
白衣のすがたかきゝえて。岸にくだくるあだなみの。

音ばかりこそのこりけれ。實にも不思議の御瑞夢や。
王政復古のそのはじめ。海援隊の長として。
よのあだ浪をしづめたる。坂本龍馬その人は。
死して護國の鬼となりて。明治の御代にも仕へけり。

○明治三拾七年三月　（琵琶歌瑞夢、杉谷代水）

夫れ魂は冥漠に歸し。魄は地に歸す。忠心義肝の英靈は。永く中有に住《とゞ》まりて。極天后土を護るとかや。こゝに相摸國三浦の郡葉山の里は。東海の沙暖き濱邊にて。畏くも我が皇后の宮陛下には。過ぎし師走の半ばより。寒き都の木枯を。暫くこゝに避けたまふ。波白妙にほのぼのと。霞む島曲の朝景色。磯の松風颯々の。夕べの調べも御感に入り。御景色晴れさせたまへとも。折しも御國に大難あり。國交破れ民草の。兵馬の役や起らむと。假の宮居の夜殿にも。御夢いとゞ安からず。さる程に如月六日の事とかや。夜も更けわたる階前に。白衣着けたる被髪の武士。御前に向ひひれ伏して「微臣は南海の坂本龍馬と申す者にて候。此度露國と戰開かれ候とも。努御心を惱まし給ふべからず。數にもあらぬ。草の葉の。薄きこの身に候へども。一念精に凝るときは。山をも碎く例あり。我が海軍は。微臣が必ず守りて候へば。水の上なる御軍は。勝利疑ひ候はず。御心安く覺召され候へかし」と。言ふかと見ればおぼろおぼろ。姿は消えて無かりけり。皇后の宮は御夢破れ。不思議の事と思せども。怪神亂鬼を信ずるは。身の恥なりとその儘に心に秘しておはしゝが。續く七日の夜もまた。同じ夢をぞ御覽じける。門に呼ぶもの三人にして。曾子が母も走りしといへり。いでや憑據《ちかし》を見てむとて「往んじ慶應の三年西の京に果てしと聞く。坂本龍馬とやら人の寫像やあるあらば、これへ」と仰せたまふ。宮内の侍臣、一ひらの寫眞を求めて奉る。御手に取らして見たまへば、眼鋭く眉聳り、肉落ち髪もおどろにて、王事に身を委す三十年。劒の下に奔馳し、實に憂國の神なれや。二夜の夢にまざ〳〵と、殘る勇士のその面影、二重がさねの撫肩に、桔梗の紋の末までも、露違はぬぞ不思議なる。皇后さては此の由を天皇《みかど》へも奏させたまひしが、日をも時をも過さずして、翌る八日の開戰に、我が海軍に目覺ましき旅順の奇捷をぞ得たりける。あはれ、往年波荒き周防の灘の海上に、長の三艦を叱咤して、幕府の艦を襲撃せし龍馬の靈や今いづこ、忠魂義魄は沈勇の、東郷中將に憑れるか、不敵の膽は壯烈の、廣瀨中佐に宿りしか、瑞夢のしるし今更に、尊くもまた頼母しき。

（山櫻集ヨリ）

○明治三拾七年三月（靈夢行、柏木城谷）

土州奇傑坂龍馬。際會維新風雲忙。慘憺編成海援隊。操縱偏欲防邊疆。
當時柳營多俗黨。百方物色逞跳梁。君也不幸斃兇刄。鴨水溶々遺恨長。
物換星移卅七載。吾皇赫怒討西羌。水陸連戰奏連捷。神火白鳩呈瑞祥。
賢后時駐葉山殿。夢裡武人纒白裳。奏曰臣是坂龍馬。魂魄止艦護忠良。
賢后夢醒不堪訝。下問龍馬報國臈。侍臣具狀献小照。不違行官夢裡裝。
君不見笠置一夢徵楠子。匡濟世道皇猷昌。如今入夢龍馬影。長驅千里我武揚。

（山櫻集ヨリ）

日本史籍協会叢書　115

坂本龍馬關係文書《さかもとりょうまかんけいもんじょ》　一

発行　一九二九年一二月二五日　発　行
　　　二〇〇三年一二月　一　日　覆刻再刊

［検印廃止］

編　者　日本史籍協会

発行所　財団法人　東京大学出版会

代表者　五味文彦

一一三—八六五四　東京都文京区本郷七—三—一　東大構内
電話＝〇三（三八一一）八八一四
振替〇〇一六〇—六—五九九六四

印刷所　株式会社　平文社

製本所　誠製本株式会社

日本史籍協会叢書 115
坂本竜馬関係文書 一（オンデマンド版）

2015年1月15日 発行

編　者　　日本史籍協会
発行所　　一般財団法人　東京大学出版会
代表者　渡辺　浩
〒153-0041　東京都目黒区駒場4-5-29
TEL 03-6407-1069　FAX 03-6407-1991
URL http://www.utp.or.jp

印刷・製本　　株式会社 デジタルパブリッシングサービス
TEL 03-5225-6061
URL http://www.d-pub.co.jp/

AJ014

ISBN978-4-13-009415-3　　Printed in Japan